ANÁLISE
E HISTÓRIA
DA LÍNGUA
PORTUGUESA

CB064286

EVANILDO BECHARA

UMA VIDA ENTRE PALAVRAS
ANÁLISE E HISTÓRIA DA LÍNGUA PORTUGUESA

Professor Titular e Emérito da Universidade do Estado do Rio de Janeiro (UERJ) e da Universidade Federal Fluminense (UFF); Membro da Academia Brasileira de Letras e da Academia Brasileira de Filologia; Sócio correspondente da Academia das Ciências de Lisboa; Representante brasileiro do novo Acordo Ortográfico

EDITORA NOVA FRONTEIRA

© 2022 by Evanildo Bechara

Direitos de edição da obra em língua portuguesa no Brasil adquiridos pela Editora Nova Fronteira Participações S.A. Todos os direitos reservados. Nenhuma parte desta obra pode ser apropriada e estocada em sistema de banco de dados ou processo similar, em qualquer forma ou meio, seja eletrônico, de fotocópia, gravação etc., sem a permissão do detentor do copirraite.

Editora Nova Fronteira Participações S.A.
Rua Candelária, 60 — 7.º andar — Centro — 20091-020
Rio de Janeiro — RJ — Brasil
Tel.: (21) 3882-8200

Impresso nas oficinas gráficas da Editora Vozes, Ltda.

Dados Internacionais de Catalogação na Publicação (CIP)

B391a
    Bechara, Evanildo
        Análise e história da língua portuguesa / Evanildo Bechara. – Rio de Janeiro: Nova Fronteira, 2022.
        264 p. ; 15,5 x 23cm; (Uma Vida Entre Palavras, v. 2)

    ISBN: 978-65-5640-325-0

    1. Língua portuguesa. I. Título.

                                  CDD: 469.09
                                  CDU: 811.134

André Queiroz – CRB-4/2242

Sumário

A Gramática no atual contexto das disciplinas linguísticas 7
A língua dos modernistas: revolução ou tradição? 11
Reflexões sobre a reforma ortográfica 25
Sejam bem-vindos os consultórios gramaticais 27
A língua portuguesa e sua contribuição 31
A polidez e as línguas 41
As palavras também escondem a idade 49
As palavras têm seu destino 51
É preciso ilustrar e promover a língua portuguesa 59
Novos horizontes no estudo do léxico 63
O estrangeirismo e a pureza do idioma 75
O Natal em línguas do mundo 79
Os animais na linguagem dos homens 83
Palavras também têm padrinhos 91
Palavras com padrinhos brasileiros 95
Por que se aprende latim? 99
Por que segunda-feira em português? 105
Português ou brasileiro? 115
Repasse crítico da gramática portuguesa 117
Sobre a retórica e as chamadas figuras 131
Sobre a sintaxe dos demonstrativos 135
Última flor do Lácio 137
Um eco de S. Agostinho na língua de Vieira 143
O *h* medial, o prefixo *sub* e o hífen 149
Para bem compreender um sistema ortográfico 151
Os verdadeiros femininos de "ladrão" 155
O emprego do pronome relativo *que* 157
Para além da norma gramatical 159
O léxico da língua e o folclore 161
Língua portuguesa, uma disciplina fora de moda 163
A gramática dos termos estrangeiros do português 167
A linguística, a gramática escolar e o ensino da língua portuguesa 173

Inovações sintáticas no português moderno 177
A língua literária portuguesa no século XVI: fatos
    linguísticos característicos 183
Uma visão tranquila e científica do novo Acordo Ortográfico 191
Em tempo de ortografia e bom senso 203
As línguas como facilitadoras do diálogo cultural 211
A língua portuguesa na concepção dos fundadores da ABL 217
Para quem se faz uma gramática? 223
As línguas e seus usos caprichosos 233
A missão dos consultórios gramaticais 237
Renovação da língua, neologismos e estrangeirismos 245
Como uma língua funciona 249
Cuidados na leitura e outras questões de língua 251
O idioma português como patrimônio 253
Educação linguística às avessas 255
A língua exemplar 259

A Gramática no atual contexto das disciplinas linguísticas

Longe de recolher-se a um ostracismo pelo peso de seu passado de mais de dois mil anos no cenário dos estudos relativos à pesquisa e ao ensino de línguas, a gramática, pelo esforço e arte de seus melhores cultores, tem procurado, nestes últimos anos, acompanhar e beneficiar-se do progresso que vêm experimentando antigas e novas disciplinas envolvidas direta e indiretamente com o complexo fenômeno da linguagem.

Muitas vezes têm sobrado negativamente para a responsabilidade da gramática, entendida como método analítico de descrição e análise do objeto língua, as justas críticas que fazem ao método didático de transmissão de conhecimento deste mesmo objeto. Neste sentido, o método didático aplicado ao ensino de línguas estrangeiras, favorecidas pelas suas especificidades, tem logrado mais largos êxitos do que quando aplicado ao ensino da língua materna.

Esta inter-relação natural entre o método analítico de descrição e análise da língua e o método didático à transmissão de conhecimentos tem criado e favorecido uma onda de descrédito altamente prejudicial que resulta no estabelecimento de um fosso entre a gramática descritiva, de natureza científica, e a gramática prescritiva ou normativa, de caráter pedagógico, vista esta como produto e abuso do conservadorismo elitista, apesar das judiciosas ponderações de bons linguistas e da orientação ditada pelo bom senso. Entre os estudiosos modernos que se destacam pelo equilíbrio na discussão do problema está o linguista David Crystal que, no capítulo inicial de sua instrutiva e bem elaborada *The Cumbridge encyclopedia of language*, assim se manifesta, numa citação do linguista brasileiro Francisco Gomes de Matos, da Universidade Federal de Pernambuco, ele mesmo campeão entre nós dos direitos linguísticos individuais. Diz Crystal com tal propriedade, que suas palavras deveriam ser a pá de cal nessa falsa dicotomia que tem servido de bandeira desfraldada em livros e artigos de nossa imprensa:

> Se deixarmos de lado estes estereótipos, podemos ver que ambos os enfoques são importantes e têm mais coisas em comum do que as que habitualmente se reconhecem; entre as quais se inclui um interesse mútuo por questões como a adaptabilidade, a ambiguidade e a inteligibilidade. O enfoque descritivo é essencial porque constitui a única maneira de

reconciliar as pretensões discordantes de modelos diferentes; quando conhecemos os fatos do uso da linguagem, encontramo-nos em melhor posição para evitar as idiossincrasias das opiniões particulares e para aconselhar de forma realista sobre questões de ensino ou de estilo. O enfoque normativo proporciona uma maneira de orientar o sentido do valor linguístico que todos nós temos e que, no fundo, faz parte de nossa visão de estrutura social e de nosso lugar dentro dela. Seria quiçá ingênuo esperar que, depois de 200 anos de disputas, se consiga um entendimento imediato dos contrários, mas existem razões para sermos otimistas, depois que os sociolinguistas estão começando a examinar mais seriamente o prescritivismo em determinados contextos, como o de explicar as atividades, usos e crenças linguísticas.

Também por parte dos teóricos das linguagens de língua portuguesa, já era corrente, desde a metade do século passado, a boa lição que pregava os laços íntimos entre os dois enfoques. Assim, Herculano de Carvalho, em Portugal, já preceituava:

O ponto de partida, não apenas o melhor, mas verdadeiramente essencial, para que o ensino da língua materna seja de fato o que deve ser plenamente eficiente, reside numa exata compreensão do fenômeno linguístico em geral.[1]

Nesta mesma trilha orientou-nos J. Mattoso Câmara Jr.:

A gramática descritiva (…) faz parte da linguística pura. Ora, como toda ciência pura e desinteressada, a linguística tem a seu lado uma disciplina normativa, que faz parte do que podemos chamar a linguística aplicada a um fim de comportamento social. Há assim, por exemplo, os preceitos práticos da higiene, que é independente da biologia. Ao lado da sociologia, há o direito, que prescreve regras de conduta nas relações entre os membros de uma sociedade (…). Assim, a gramática normativa tem o seu lugar e não se anula diante da gramática descritiva. Mas é um lugar à parte, imposto por injunções de ordem prática dentro da sociedade. É um erro profundamente perturbador misturar as duas disciplinas e, pior ainda, fazer linguística sincrônica com preocupações normativas.[2]

Armou-se a gramática de numerosas noções do aparato teórico desenvolvido por notáveis linguistas modernos que lhe permitiu, sem favor, caminhar *pari passu* com disciplinas modernas amparadas por forte requisito de cientificidade.

A primeira extraordinária orientação renovadora foi compreender a linguagem nas suas três dimensões: a universal, a histórica e a particular (ou circunstancial), o que lhe permitiu estar ciente de que não se comunica e não se expressa só mediante a língua, mas com a competência do falar em geral (plano ou dimensão universal) e com a competência textual (plano ou dimensão particular). A dimensão universal da linguagem se manifesta no saber elocutivo, pressuposto para todas as línguas, que consiste no conhecimento dos princípios mais gerais do pensamento, um conhecimento geral das coisas do mundo objetivo e um conhecimento que elege uma interpretação dentre várias interpretações possíveis que uma língua particular oferece. Atender às normas do saber elocutivo diz-se falar com coerência, falar com sentido. Dessarte, a coerência não é propriedade de uma língua particular, mas do manifestar o pensamento mediante a língua.

A dimensão particular ou circunstancial da linguagem se manifesta no saber expressivo ou competência textual, que consiste em saber estruturar textos em situações determinadas. Atender às normas do saber expressivo diz-se expressar-se com adequação, e, se levar em conta o objeto representado ou o tema, será considerado adequado; se o destinatário será apropriado e se a situação ou circunstância será oportuna.

A dimensão histórica da linguagem se manifesta no saber idiomático, isto é, no conhecimento de uma língua particular. Atender às normas do saber idiomático diz-se correção: expressar-se com correção é saber falar de acordo com a tradição linguística de uma comunidade historicamente determinada.

Como uma língua histórica, concebida em toda sua dimensão no tempo, no espaço, nos estratos sociais e nos níveis de estilo; como uma histórica, dizíamos, reúne um conjunto de línguas funcionais, entendidas como uma variedade que funciona efetivamente em cada comunidade linguística, fácil se conclui que cada uma dessas variedades possui a sua pauta da correção, a sua norma historicamente determinada.

Tal concepção representa uma revolução não só no conceito de correção idiomático, mas também nos juízos de valor dos saberes elocutivo e expressivo, isto é, como já vimos, na congruência e na expressividade textual.

Até há bem pouco — e infelizmente ainda hoje persiste em alguns estudiosos — chamava-se correção a qualquer conformidade de norma relativa às três dimensões da linguagem aqui referidas, assim, considerava-se incorreto qualquer mau uso no plano do saber elocutivo (congruência), do saber idiomático (correção) e do saber expressivo (adequação textual). Correção só se aplica, a rigor, ao saber idiomático.

Com esta mudança de conceitos, ficou a gramática — tanto no enfoque descritivo quanto no enfoque normativo — habilitada a entender que nem todos os fatos de linguagem pertencem ao seu objeto de estudo, isto é, à língua particular. Ora, o perfeito reconhecimento de seu objeto de estudo representa a primeira consideração necessária e indispensável a uma investigação adequada e coerente. Assim, a dimensão da tradição vinda dos lógicos sobre a pertinência ou não de frases do tipo *A mesa quadrada é redonda* extrapola a competência do saber idiomático para inserir-se no domínio do saber elocutivo, salvo se o falante tiver mesmo a intenção de falar incongruentemente e ser compreendido pelo seu interlocutor, dado o entorno que envolve as circunstâncias do discurso.

Assim também fica a gramática habilitada a compreender que em construções do tipo do português *amor de mãe* ou do latim *amor matris*, isto é, os empregos dos chamados "genitivo subjetivo" (= a mãe ama) e "genitivo objetivo" (= o filho ama a mãe), as duas línguas não apresentam manifestação linguística para tais distinções, ao que só se pode chegar por uma adequada compreensão do sentido textual mediante o concurso do saber elocutivo e do saber expressivo, além, naturalmente, do condicionamento lexical e sintático das unidades envolvidas.

Diante de diversas pautas de correção relativas a cada língua funcional, sobreleva a necessidade da conceituação da *norma* a que Eugenio Coseriu chamou *exemplar* que, diferentemente da natureza da correção, que reflete uma tradição linguística da comunidade historicamente determinada, resulta (a exemplaridade) de uma eleição de fatos linguísticos (mais no campo da morfossintaxe do que da fonologia) ditada por injunções sociais e culturais: o exemplar, portanto, não será nem "correto" nem "incorreto", mas sim integrante de uma etiqueta sociocultural. E dela só dará conta a gramática normativa. A gramática sem adjetivos (comparada, contrastiva, etc.) de uma língua não é a gramática de toda língua, mas de uma variedade dela.

Isto está longe de significar que o professor de língua não reconheça a existência de fatos de variedades outras da competência linguística de seus alunos, para os quais não deve olhar como prejuízos ou com juízos preconceituosos. Tais diversidades devem ser aproveitadas inteligente e habilmente pelo professor como fatores que façam dos alunos poliglotas na própria língua, fatores decisivos no cultivo e extensão da competência linguística que lhes permitirá passar do conhecimento intuitivo ao conhecimento reflexivo do idioma para que eles possam estimular a criatividade linguística, como lembra Coseriu. A atitude e o empenho de preservar nos alunos a mesmice idiomática, negando-lhes o acesso à língua exemplar, sob o pretexto, aliás, distorcido, de que é uma imposição das classes dominantes e da elite, resultam de uma falsa noção de democracia que repercutirá negativamente no percurso do destino desses alunos no seio da sociedade.

> Texto publicado no jornal *Mundo Português* e na revista *Na Ponta da Língua*, originalmente em duas partes: 5/5/2003 e 15/5/2003.

Notas

1   CARVALHO, José Herculano de. *Estudos linguísticos*, 2.º volume, "Sobre o ensino da língua materna", p. 221.

2   CÂMARA JR., Joaquim Mattoso. *Estrutura da língua portuguesa*, Editora Vozes: 1984, p. 5.

A língua dos modernistas: revolução ou tradição?

Passados setenta anos da onda modernista que assolou as letras brasileiras durante a Semana de Arte Moderna, em 1922, e depois dela, vale a pena refletir um pouco sobre tal movimento e insistir em alguns pontos de linguagem que certos ufanistas apressados apontam como fatos vitoriosos na língua literária contemporânea do Brasil e, por isso mesmo, justificativos, dizem, de uma revisão nas normas erigidas na gramática tradicional.

Para orientar-nos nesta seara já contamos com algumas pesquisas sérias realizadas num grande corpus de autores modernos brasileiros, dentre os quais se impõem os trabalhos de Luís Carlos Lessa e Raimundo Barbadinho Neto[1]. Curiosamente estes dois autores, independentemente, partiram da ideia de escrever uma gramática da feição brasileira da língua e, ao levantarem os problemas, chegaram à conclusão, implícita em Lessa e explícita em Barbadinho, de que, no fim de contas, como bem escreveu a nossa Rachel de Queiroz em comentário a livro deste último estudioso:

"O fato constatado, provado por Barbadinho em milhares de exemplos, é que nós somos muito mais comportados do que se assoalha por aí, estamos naquele meio onde se situa a virtude. Nem tanta obediência que nos tolha a espontaneidade, nem tanta derrubada que nos deixe a tropeçar atrapalhados nos cacos da língua velha."

Com outras palavras, numa época em que alguns modernistas não tinham nascido, enquanto outros mal saíam das fraldas, mestre João Ribeiro, com toda a sua inclinação da modernidade, comentava o depois dessa rebeldia inicial própria dos jovens:

"Mas vencida essa crise de crescimento, se não se quer ser infante toda a vida, não há outro endereço mais que o do amor e respeito aos modelos eternos da linguagem.

"O mais moderno e o mais livre de todos os escritores portugueses, Eça de Queiroz, consagrou os últimos restos da vida a limar e a castigar o seu formoso e suave estilo, restituindo-o, quanto pôde, à nobreza antiga da língua. É que o espírito, na morte, se reintegra e continua eterno na sua própria espécie, e só o corpo se contenta com volver e perder-se em outras fermentações e outras tantas modas e mutações da vida universal."[2]

Está claro que havia por parte de modernistas uma intenção antiacadêmica, refletida em declarações contundentes de escritores como Mário de Andrade, que creditava ao movimento o mérito de promover "uma reacomodação da linguagem escrita à falada (já agora com todas as probabilidades de permanência) muito mais eficaz que a dos românticos". [3]

Do ponto de vista linguístico — que é o que agora mais de perto nos interessa —, cabe fazer um retrospecto daqueles fatos que se têm considerado geralmente como divisor de águas entre a tradição e a revolução, a tradição e a modernidade, para distinguirmos, se os houver, aqueles que vieram para ficar na moderna literatura brasileira.

Abro aqui um parêntese para repisar um fato de muitos conhecido: todo movimento inovador, qualquer que seja a natureza, tem sempre seu lado iconoclasta, isto é, pretende derrubar conceitos e preconceitos arraigados por uma tradição, substituindo-os por novos parâmetros, que o tempo se encarregará de minimizar ou apodrecer. Felizmente, o radicalismo no domínio das letras parece ser menos ortodoxo que o que se dá no domínio dos ideais políticos. Estou a lembrar-me do que nos afirma ninguém mais autorizado a essa crítica do que Stalin. Respondendo a questão formulada por companheiros de partido sobre a necessidade de se alterar a língua russa para que pudesse, depois da revolução de 1917, servir de expressão a uma nova ideologia política, declarou que tal medida não se impunha por errônea e contrária aos preceitos filosóficos do movimento, e que, por isso, a língua do comunismo deveria continuar sendo a mesma que utilizara Puchkin, morto em 1837, na sua obra literária, tanto na prosa quanto na poesia.

Antes de entrar nos fatos de língua propriamente ditos, vale recordar que a "reacomodação da linguagem escrita à falada", citada por Mário de Andrade no trecho acima, não foi apanágio dos modernistas, uma vez que, pelo menos na prosa, essa aproximação já estava praticada por escritores da marca de um Joaquim Manuel Macedo, um Aluísio de Azevedo, um Manuel Antônio de Almeida, um Lima Barreto, para não falar em Machado de Assis, de quem Sousa da Silveira disse "grande escritor, que soube ser ao mesmo tempo clássico, moderno e brasileiro".

Adotarei aqui, por mais apropriado ao interesse destas observações, a orientação que seguiu o professor Raimundo Barbadinho nos seus trabalhos sobre a norma literária do modernismo brasileiro, isto é, fixar-me-ei naqueles fatos linguísticos que são geralmente arrolados como um divisor de águas que demarca a tradição e a inovação. Do levantamento que se vai fazer a seguir, patenteia-se a verdade desta afirmação tantas vezes repetida pelo professor Barbadinho em referência à norma literária dos nossos modernistas: "mais rebeldia nos gestos que nas obras."

O primeiro assunto que é trazido à baila nas discussões para mostrar o atraso das normas registradas nas gramáticas escritas no Brasil em relação aos usos dos modernistas, é, sem sombra de dúvida, o da colocação do pronome átono a começar período, do tipo: *Me diga, Te empresto, Se fala*, etc. Ora, a exaustiva pesquisa nos modernistas levada a efeito pelo professor Barbadinho revela-nos o contrário da afirmação generalizada, segundo a qual esta prática virou regra na língua literária desses escritores. Assim é que no livro de Oswald de Andrade *Memórias Sentimentais de João Miramar* que, segundo o autor, estava fadado a ser "o primeiro cadinho da nossa nova prosa", só aparece um único exemplo, contra dezesseis de acordo com a tradição. E vale a pena ressaltar que mesmo esse único não é da responsabilidade do autor, e sim do personagem.

A mesma ausência de pronome átono a iniciar período ocorre em *Chuva de Pedra*, "o primeiro livro modernista" de Menotti del Picchia e em *Epigramas Irônicos e Sentimentais* de Ronald de Carvalho.

O caso de Manuel Bandeira é bem interessante: em *Libertinagem*, dos onze exemplos registrados, há seis casos do pronome átono colocado no início do período, contra cinco em obediência à tradição. Mas nas três obras posteriores (*Estrela da Manhã*, *Lira dos Cinquent'Anos* e *Belo Belo*) este uso inicial do pronome é tão pequeno, que salta aos olhos.

Isolado de seus companheiros é o exemplo de Mário de Andrade, que usou e abusou da posição inicial do pronome átono. No seu afã de sistematização, pretendeu estender essa possibilidade que realmente ocorre com *me, te, se, lhe, nos* a *o* e *a*. Manuel Bandeira, em cartas e artigos, censurou esse critério do amigo, critério que "em matéria de linguagem tem sido sempre o responsável por tantas regrinhas cerebrinas que afinal acabaram criando este abusivo regime gramatical contra o qual reagiremos".[4] Continua no mesmo artigo M. Bandeira:

"Considero perfeitamente legítimo o emprego da variação *me* no princípio de qualquer período (…) Considero, porém, erro iniciar o período pelas formas oblíquas *o, a, os, as*, ou *se*" com o futuro e o condicional, por não se basearem estes casos em fatos da língua falada, popular ou culta: o povo não diz *O vi*, diz (e muita gente boa também) *Vi ele*, forma que Mário só admitiu quando o pronome é sujeito de um infinitivo seguinte (*Vi ele fazer*): ninguém, nem povo nem pessoa culta, diz *Se diria*. Discuti muito esses dois pontos com o meu amigo, sem que nenhum de nós lograsse convencer o outro."[5]

Por maior que seja o prestígio de Mário de Andrade e a influência que pudesse exercer nos escritores que o cercavam e nos jovens que, direta ou indiretamente, iriam com ele no futuro acertar o passo, não se pode confundir a língua do combatente mestre paulista com a língua literária do modernismo brasileiro.

Ainda no terreno dos pronomes pessoais, outro uso que também tem sido apontado como divisor de águas é o referido na transcrição de Manuel Bandeira, isto é, o emprego de *ele* em lugar do tradicional *o* como complemento dos verbos transitivos diretos: *Vi ele* por *Vi-o*.

Quem estuda historicamente a nossa língua, sabe que este emprego era conhecido, em épocas passadas, da norma literária. Aliás, um repasse nas ocorrências registradas nas línguas românicas, sem exceção, oferece-nos um quadro que patenteia que os empregos das formas retas e oblíquas dos pronomes, bem como, nestas últimas, das formas átonas e tônicas, não se davam nem se dão com a regularidade e a precisão com que hoje muitos estudiosos gostariam de que ocorressem. A posição de tonicidade e atonicidade dos pronomes e ainda a relativa distância que estes podem manter do verbo da oração permitem trocas de formas corretas e correntes em todos os períodos da língua, com correspondência em outros idiomas da família.

É o caso do emprego obrigatório da forma de sujeito do pronome quando, coordenado a um substantivo, funcionam ambos como complemento verbal: "Tendo como base o homem, e, mais ainda, eu como espelho, como posso confiar num sistema diretivo para a comunhão dos povos?"[6]

O exemplo da nossa escritora é similar a este da novela da italiana Gemma Ferruggia: *Il fascino* (1897) "(...) ci aveva molto turbate, Flaminia ed *io*"[7] ou a este das *Novelas*[8] da espanhola que se escondia debaixo do pseudônimo de Fernán Caballero: "(...) por lo que toca al tío A. *y yo*", ambos citados na preciosa *Sintaxe das Línguas Românicas* de Meyer-Lübke.

É ainda o caso do emprego de pronome reto em função de complemento verbal quando reforçado por *todo, mesmo, próprio* ou numeral: *Vi todos eles*, ao lado de *Vi-os todos*: "dei um pulo desesperado / e o leão comeu *nós* dois."[9]

Mas convido o paciente leitor a retornar ao início do comentário relativo ao emprego de *ele* como objeto direto, entre os modernistas. As pesquisas de Barbadinho e Lessa mostram que, apesar de corrente, está longe de ser absoluto esse uso e até se dá o fato seguinte: à medida que se sucederam as obras de modernistas e se sucedem as dos contemporâneos, esse uso vai diminuindo a olhos vistos. Nos dias de hoje, vê-se isso claramente nas produções, por exemplo, de um Rubem Fonseca, cujo amadurecimento na arte narrativa vem marcado também por um apuro das construções dentro da boa tradição gramatical.

Curioso é que a reportagem televisiva, felizmente não generalizada, no afã de seguir a todo custo a onda novidadeira que assola os jovens países cuja infância não teve ainda tempo de consolidar um padrão de cultura, emprega às vezes um *ele* por *o* em situações que não reproduzem o falar espontâneo brasileiro e, por isso mesmo, chocam os ouvidos e a sensibilidade do falante nativo.

No uso de *ele* por *o*, cabe, por fim, registrar que, como bem assinalou atrás Manuel Bandeira, Mário de Andrade só acabou admitindo a prática "quando o pronome é sujeito de um infinitivo seguinte" ("Vi ele fazer").[10]

Sabemos todos o quanto Manuel Bandeira e Mário de Andrade discutiram questões de linguagem a serem adotadas no texto literário. A correspondência mantida entre eles — hoje só conhecida praticamente a parte ativa do escritor paulista — é um rico manancial de observações úteis a quantos se interessam por língua portuguesa.

Consoante o testemunho de Bandeira, lembrado aqui, Mário só acabou admitindo o uso de *ele* por *o*, ou, generalizando, o emprego do pronome de forma subjetiva pelo de forma objetiva (por isso, também, *eu* por *me*, em expressões do tipo *deixe eu entrar* por *deixe-me entrar*), quando o pronome é sujeito de um infinitivo.

Tal prática é outra construção que, segundo alguns, se consagrou entre modernistas e que, portanto, deve ser incluída no rol das novidades a que se deve curvar a gramática que registra a norma padrão. Todavia, não é esta a conclusão a que chegaram as pesquisas dos estudiosos que se debruçaram nos textos dos modernistas. Raimundo Barbadinho ensina que das formas *deixe eu ver* e *deixe-me ver* os nossos modernistas, "sem sombra de dúvida, se decidiram em benefício da última das duas".[11]

E, em relação ao escritor paulista citado, acrescenta:
"Mário — quando sem preocupação de ostentar acintosamente os *brasileirismos violentos* — não constitui exceção."[12]

O emprego do pronome oblíquo tônico como sujeito de verbo no infinitivo (*O livro é para mim ler* por *para eu ler*) é plebeísmo assinalado há tempos nos compêndios gramaticais de língua portuguesa. O nosso extraordinário lexicógrafo Morais, nascido no Rio de Janeiro, em sua *Gramática*, escrita em 1802, já assinalava que o correto era, nestas construções, o emprego de *eu* e *tu* em vez de *mim* e *ti*, respectivamente.

Esta construção *para mim fazer*, que estava, entre brasileiros, restrita a classes culturalmente menos favorecidas, hoje se vai alastrando entre crianças pertencentes a famílias mais escolarizadas, talvez por estarem em convivência mais demorada com pessoas de nenhuma ou pouca escolaridade.

Cumpre alertar para que não se confunda esta construção vitanda com outra, aparentemente similar, em que o pronome pessoal está regido de preposição e, por isso, deve assumir a forma oblíqua tônica (*mim*, e não *eu*). Tome-se esta frase: *Para mim ler esses relatórios é muito cansativo*.

Vê-se que o *mim* não funciona como sujeito do infinitivo *ler*; este *para mim* pode ser lido com pausa, separado de *ler*, e esta pausa pode ser assinalada por vírgula: *Para mim, ler esses relatórios é muito cansativo*.

A independência sintática em relação a *ler*, além da pausa, pode ser indicada pelo deslocamento do sintagma *para mim*, afastando-se do infinitivo: *Ler esses relatórios para mim é muito cansativo* / *Ler esses relatórios é muito cansativo para mim*.

O professor Barbadinho lembra este exemplo de Rachel de Queiroz, que está nas mesmas condições de nosso exemplo, onde não fere a gramática o emprego de *para mim*:
"No momento era impossível *para mim* viajar porque não havia mais navio e em avião não se conseguia lugar",[13] acerca do qual ensina corretamente o autor de *Sobre a Norma Literária do Modernismo*.

"(…) observe-se que o sujeito deste infinitivo é *viajar*, e que *para mim* se integra na oração é *impossível para mim*."[14]

Mas o que nos interessa aqui é saber do grau de aceitação desta prática na língua literária contemporânea. E aí a pesquisa revela-nos que se trata de uso extremamente reduzido, frequência que fica ainda mais diminuída quando se patenteia que, em muitas ocasiões, a construção não ocorre no discurso do autor, mas de seus personagens.

É, portanto, mais um uso moderno que não ganhou foros de cidade para ser agasalhado pela gramática normativa.

Os que insistem na renovação das normas da língua escrita contemporânea apontam como um dos mais fortes alicerces do divisor de águas que separa a tradição da inovação, o emprego de *lhe* por *o* junto a verbos transitivos diretos, como ocorre nas construções "Eu *lhe* vejo", "Nós *lhe* estimamos", "José *lhe* convidou para a festa" e similares.

É costume dizer-se que em tais frases se faz uso do pronome *lhe* "como objeto direto". Na realidade, o assunto está a exigir maior reflexão.

Casos como os acima lembrados não podem, a rigor, confundir-se com construções verbais que, através do tempo, experimentaram mudança na natureza do complemento verbal objetivo. É fato corriqueiro, e as sintaxes históricas o assinalam, que muitos verbos mudaram a natureza do complemento objetivo, isto é, verbos que se construíam com objeto direto passaram a fazê-lo com objeto indireto, e vice-versa, sem nenhuma alteração semântica.

Por exemplo, no português antigo era mais frequente o emprego dos verbos *perguntar* e *rogar* acompanhados do pronome *o* para referir-se à pessoa a quem se fazia uma pergunta ou se rogava, e sem preposição o complemento que enunciava aquilo que se desejava saber ou solicitar. Said Ali (*Gramática histórica*) lembra os seguintes exemplos extraídos da *Demanda do Santo Graal* (século XIV), dentre outros: Perguntaram-*na* que demandava;[15] Pergunto-*o* se era chegado;[16] Pergunto-*o* que homĕ era.[17] Rogarom-*no* por deos que lhe disesse daquele sonho.[18]

Se nos restringirmos a Camões, podemos ver um mesmo verbo com complemento objetivo direto ou indireto, sem que se lhe altere a significação. Os verbos *perdoar* e *socorrer* estão neste caso; apenas em *Os Lusíadas* vale lembrar que a preferência recai no objeto indireto com *perdoar* e direto com *socorrer*:

Queria perdoar-*lhe* o Rei benigno (III, 130)
(Que desta sorte o quis) *lhe* não perdoam (III, 130)
Levemente *o* perdoa, e foi servido (X, 49)
Que a socorrê-*la* vinha diligente (III, 65)
Vai socorrer o filho, e assi ajuntados (III, 81)
Foi o soberbo Afonso a socorrê-*la* (III, 99)
Este que socorrer *lhe* não queria (VI, 48)

No português moderno, prevaleceu, para *perdoar*, o objeto indireto *lhe* para pessoa e objeto direto da coisa perdoada: Eu *lhe* perdoei a insolência. Perdoei-*lha*.

Não havendo duplo complemento verbal, a pessoa perdoada pode continuar a ser expressa na forma de objeto indireto (*lhe*), ou então de objeto direto (*o*): O ofendido *lhe* perdoou / O ofendido *o* perdoou.

Já o verbo *socorrer* fixou modernamente o seu complemento na forma de objeto direto: As autoridades *as* socorreram.

O fenômeno da mudança de complemento ou da prática indiferente de *o* ou *lhe* com o mesmo verbo numa só época e num só escritor não se dá apenas no português; no mundo românico ou fora dele, repete-se a possibilidade.

Todavia, no caso de "Eu *lhe* vejo", "Nós *lhe* estimamos", "José *lhe* convidou para a festa", não houve mudança na natureza do complemento, e a prova disto se patenteia com a permuta do complemento pronominal por forma nominal, isto é, por um substantivo: "Eu vejo *o vizinho*", "Nós estimamos *o vizinho*", "José convidou *o vizinho* para a festa", todos os complementos constituídos por sintagmas não preposicionados.

Não estamos, pois, diante de mudança de regime verbal, mas de uma nova oposição entre *o* e *lhe*, não mais assentada na oposição complemento objetivo direto x complemento objetivo indireto. Trata-se, aqui, de uma novidade na distribuição

de *lhe* aplicado agora à *pessoa com quem se fala*; nos registros popular e informal, esse *o* (*a*) é desbancado por *ele* (*ela*).
Falando com o ouvinte, diz-se nesses registros:
Então, ontem *lhe* vi na praia.
Pedro, José *lhe* convidou para o baile?
Mas em referência à pessoa de quem se fala, não se emprega *lhe*:
— Pedro, você tem visto o José?
— Não; há muito não *lhe* vejo.
Esse *lhe*, na qualidade de pronome interlocutório, em oposição a o (ou ele), não assume um compromisso imediato com a transitividade verbal, e, por isso mesmo, aparece tanto junto a transitivos indiretos (*eu lhe escrevo, eu lhe falo*) quanto a diretos (*eu lhe vejo, eu lhe abraço, eu lhe convido*).

Em que circunstâncias, quando e onde nasce esta novidade na sintaxe do português são questões que estão a exigir análise mais minuciosa. Além da possível influência de construções verbais com alternância de *o/lhe*, conhecidas de todos os períodos da língua, aponta-se, como lembra Antenor Nascentes,[19] a analogia com os pronomes *me, te, nos, vos*, já que todos podem funcionar na frase como objeto direto ou indireto. O mesmo mestre acrescenta que: "Desaparecidos *o, a, os, as*, ficou a forma *lhe* dona do campo, sem se precisar apelar para a conservação da dupla sintaxe."

Todavia, faltam estudos sobre esse "desaparecimento" de *o, a, os, as*; por outro lado, é assaz complexo falar-se em "desaparecimento" dessas formas, quanto elas apresentam, vivas e fortes, as parcerias *ele*(*s*), *ela*(*s*), na função de objeto direto.

No tocante à expansão territorial desse *lhe*, já a *Gramática* de Antônio Morais Silva declarara: "Eu *lhe* amo, *lhe* adoro, são erros das Colônias", domínio geográfico que também precisa ser fixado com maior precisão.

A verdade, porém, é que no Brasil é praxe difundidíssima entre pessoas de pouca e média cultura e corre avassaladora na fala espontânea de toda a sociedade.

Está claro que tal uso não passaria despercebido aos modernistas, que utilizariam a sintaxe, mas com uma parcimônia digna de relevo. As pesquisas do professor Barbadinho documentam esta parcimônia, "válida ainda com respeito àqueles escritores que se mantiveram insuperáveis em sua fidelidade à linguagem popular, preservada na tradição oral, em toda a sua pureza".[20]

Este mesmo pesquisador chega a criticar a afirmação de Cavalcanti Proença que, estudando a língua e o estilo de José Lins do Rego, afirmara: só excepcionalmente *o* e variações aparecem; o *lhe* é regra em O Moleque Ricardo.

Reexaminando o mesmo romance, Barbadinho chega à conclusão contrária, pois dos noventa pronomes complementos, vinte só atestam o emprego de *lhe* nesta construção, contra setenta em consonância com o uso padrão.

Pelo exposto e se no estabelecimento das normas de uma gramática deve o autor estar atento ao testemunho do corpus pesquisado, pode-se afirmar que nada há que alterar no tocante ao que está estabelecido, na língua escrita padrão contemporânea, para o emprego de *o, a, os, as* como objeto direto e de *lhe* como objeto indireto entre os complementos do verbo.

Um fato linguístico de que os reformadores da tradição espelhada nas gramáticas normativas fazem estrondosa propaganda é o uso da preposição *em* por *a* depois dos verbos de movimento.

Na realidade é este um terreno assaz delicado de nossa sintaxe ou, para falar com mais propriedade, da sintaxe românica, pois que, ao lado de normas que se foram fixando através do tempo com validade para a língua literária, não se devem perder de vista certas derivas de data latina que refletiam entrelaçamentos, principalmente, das noções de repouso e ponto de partida. Acresça-se a isto a possibilidade de certos empregos estilísticos de que se servem os escritores na hora em que o sistema, dando ensejo a esses entrelaçamentos nocionais, lhes permite variar a expressão e estabelecer sutis matizes semânticos.

Acerca desses entrelaçamentos é de uma extraordinária riqueza de dados, numa exposição cristalina, o parágrafo 433 (da versão francesa) da *Sintaxe das Línguas Românicas* do suíço-alemão Meyer-Lübke. Os dois maiores sintaticistas da língua portuguesa não desdenharam, em suas descrições, a ação desses entrelaçamentos de noções contíguas. Epifânio Dias, na preciosa *Sintaxe Histórica Portuguesa* §183, b), referindo-se à possibilidade de a preposição *em* poder indicar o termo do movimento (no sentido próprio e no translato) depois de "verbos e locuções (*entrar*), os verbos que exprimem a ideia de *deixar entrar* ou *fazer entrar*, v.g. *admitir, receber, deitar* (por exemplo: *vinho* em um *copo*), *lançar, meter*; a loc. *dar com algo*, v.g. *em terra* (...) *saltar em terra*", e rejeitando, nestes casos, a simples explicação por meio da continuidade ininterrupta da preposição latina *in* com acusativo, ensina:

> Designa-se (o termo movimento) não como tal, mas como lugar onde, sendo que se considera proleticamente, não o movimento, a que se referem aqueles verbos e locuções, mas o estado que se segue àquele movimento.

Esta lição de Epifânio corre paralela à de Meyer-Lübke, num parágrafo referido acima:

> Tout ce qu'on pourrait dire, c'est que, chez les Romains, quand il s'agissait d' indiquer le lieu vers lequel tendait un mouvement, l'arrivée et le repos qui la suivait dans ce lieu se seraient représentés à leur esprit avec plus de vivacité que le mouvement exprimé par le verbe lui même.

Também Said Ali relaciona certos usos da preposição *em* com a noção de movimento, e chega a declarar:

> Menos conspícuo é o emprego de *em* com acepção diretiva; mas é justamente esta tão importante que sem o seu conhecimento não saberíamos explicar a presença de *em* em bom número de locuções.[21]

Depois desta pequena digressão onde se põem de relevo fatores históricos e estilísticos, percebe-se melhor a visão redutora que atribui a *em* com verbos de movimento uma "característica" do português do Brasil, especialmente um uso dos nossos modernistas.

A meu ver, no momento em que surgiram os entrelaçamentos de noções que circunscrevem a área dos verbos de movimento, faltou a Portugal, como judiciosamente comenta Said Ali, "em tempo oportuno, academia ou estudioso dado ao exame da questão deste gênero, que arbitrasse normas seguras para futuros escritores".[22]

Por outro lado, sabemos que na elaboração da língua literária portuguesa — e não é fenômeno isolado — exerceu papel fundamental na hora da escolha o peso da autoridade do latim clássico, o que naturalmente fez prevalecer o emprego de *a* sobre suas rivais mais próximas para as noções aqui estudadas: *em* e *para*. Mas os escritores portugueses da fase dessa elaboração da língua literária, especialmente os prosadores (séculos XVI e XVII), não chegaram a construir um corpo homogêneo que se impusesse idiomaticamente à geração subsequente. Só no século XVIII e no XIX se começou a elaborar, colhendo daqui e dacolá, nem sempre com felicidade e exatidão, a pauta normativa que, acrescida pelo trabalho de investigadores cientificamente mais bem aparelhados, se incorporou aos compêndios dos nossos dias, sem que ainda tenha chegado à exaustão a que tanto aspiram os escritores hodiernos.

É o caso do emprego da preposição *em* com verbos de movimento, dentro da sistematização que a tudo aplicava Mário de Andrade, de que nos fala Manuel Bandeira. Lendo o escritor paulista, de vez em quando topamos com determinados usos da preposição *em* que prejudicam a inteligência perfeita do texto ou cria nele uma ambiguidade. Só se explica pelo seu constante "forçar a nota para focalizar o problema" com a construção do tipo, lembrada por Bandeira:

Manhãzinha
A italiana vem *na* praia do ribeiro.

"Interpreto — diz este abalizado crítico — que o que se quis dizer no poema é que a italiana veio à praia do Ribeirão para lavar a roupa. Podemos dizer *na praia* ou *à praia*, mas imagino que se Mário não andasse preocupado com a sistematização, teria escrito naturalmente *à praia*, construção que imediatamente excluía a possível interpretação de que a italiana vinha pela praia, ao longo da praia."[23]

Apesar da frequência de alguns usos de *em* onde a norma literária insistiria no emprego de *a* (*ir na cidade, chegar na cidade*), a verdade é que não se pode afirmar que estas mesmas predileções têm valor geral. Em Mário de Andrade há a presença, aqui e ali, de construções do tipo *chegar à cidade*, embora seja mais rara *ir à cidade*. Lembra Barbadinho[24] que em *Losango Cáqui* e em *Clã do Jabuti* não se encontra nenhum exemplo de *a*, nestas circunstâncias; mas já em *Remate de Males* e *Lira Paulistana* "as duas sintaxes se equilibram". Em *O Moleque Ricardo*, de José Lins do Rego dos noventa e sete casos existentes, cinquenta e três testemunham a presença de *a* contra quarenta e quatro de *em*. Em *Memórias Sentimentais de João Miramar*, de Oswald de Andrade, só se registram ocorrências com *a*, enquanto em *Mar Morto*, de Jorge Amado, se encontram trinta e seis usos de *a* e doze exemplos de *em*.

Tudo isto sem levar em conta construções fixas de lugar translato do tipo *chegar à conclusão, chegar ao fim, chegado à bebida, ir ao que importa, ir ao jogo, ir à vida, ir à luta* e tantíssimas outras.

O último bastião — *last, no least* — contra o qual irromperam os defensores da "modernização" da gramática normativa com validade para a língua escrita culta é o emprego do verbo *ter* pelo *haver*, com significado existencial. É este outro caso de sintaxe do português que merece ser estudado no âmbito românico, já que o embate entre *ter* e *haver* pela sobrevivência é um episódio de que o português não tem exclusividade, estando o fio condutor já no latim.

O professor Sousa da Silveira ("*Ter* usado impessoalmente", na *Miscelânea Said Ali*), em artigo de 1938, procurou mostrar alguns fatos linguísticos que apontavam para a expansão de *ter* sobre *haver*. Realmente cedo *ter* começou a desbancar *haver* em muitos papéis: a) em expressões do tipo *esta terra há nome* para esta *terra tem nome* (hoje *esta terra nomeia-se, chama-se*, "é conhecida pelo nome" *de*, etc.); b) na constituição de tempos compostos do tipo de *hei feito* (*tenho feito*).

Por outro lado, dispunha a língua de certas expressões paralelas em que ter aproximava de *haver* e *existir*, à semelhança de *há animais na floresta* e *a floresta tem animais* ou de *não há dúvida, não existe dúvida, não tem dúvida*. Nas *Dificuldades da língua portuguesa* Said Ali incluiu excelente artigo sobre *haver* e *ter* no qual muitos de seus empregos intercambiáveis são eruditamente estudados, e apontados alguns momentos da luta pela sobrevivência travada entre estes dois verbos.

Contava ainda a língua de outros tempos — fato que se colhe com frequência nas narrações de cronistas dos séculos XVI e XVII — com o emprego do verbo *ter* com sujeito próprio, mas do qual se afastava com tal distância que ou era deduzido pelo contexto, ou que o leitor moderno dele só com muita atenção dava conta. Alguns estudiosos chegam a não perceber esse fato e apontam exemplos do tipo como se fossem testemunhos do *ter* já em função existencial. Citarei inicialmente, como exemplificação mais evidente, este passo de um missionário português que chegou ao Brasil em 1583, Fernão Cardim:

> Todo este gentio tem por cama umas redes de algodão, e ficão nelas dormindo no ar; estas fazem lavradas, e como ficão no ar, e não tem outros cobertores nem roupa, sempre no verão e inverno tem fogo debaixo.[25]

No trecho seguinte a dedução do sujeito já se faz mais caprichosa:

> Os Ilhéus distam da Bahia 30 léguas: é capitania do senhorio, sc. de Francisco Giraldes: é vila intitulada de S. Jorge; terá 50 vizinhos com seu vigário; tem três engenhos de açúcar: é terra abastada de mantimentos, criações de vacas, porcos, galinhas e algodões: não tem aldeas de índios, estão muito apertados dos Guaimures, e com eles em contínua guerra; não se estendem pelo sertão a dentro mais de meia até uma légua, e pela costa, de cada parte, duas ou três léguas.

Os nossos têm aqui casa, aonde residem de ordinário seis; tem quatro cubículos de sobrado bem acomodados, igreja e oficinas; esta situada em lugar alto sobre o mar: tem sua cerca aprazível, com coqueiros (…).[26]

Vitorioso o uso de *ter* existencial na língua falada espontânea, tentaram os modernistas transplantá-lo para a língua escrita culta, debaixo da responsabilidade da língua do narrador. Antes dos modernistas, tal emprego do verbo *ter* como traço idiomático de personagem não constituía a novidade entre nós, ao lado de outros fatos linguísticos que os escritores deixavam consignados em suas páginas. Assim é que Machado de Assis põe na boca de Prudêncio dois desses fatos: o *ele* como objeto direto e a preposição *em* com o verbo ir:

É um vadio e um bêbado muito grande. Ainda hoje deixei *ele* na quitanda, enquanto eu ia lá embaixo *na* cidade, e ele deixou a quitanda para ir *na* venda beber.[27]

Sob a responsabilidade do narrador ocorrem entre os modernistas numerosos exemplos de *ter* e *haver*. O fato é tão corriqueiro, que dispensa documentação; todavia, tem toda validade a seguinte afirmação de Barbadinho:

Não se pode negar que esse emprego do verbo não tenha terminado vitorioso, mas daí a se dizer que tenha chegado a suplantar o velho uso canônico (que ainda hoje impera soberano, como passaremos a ver) soaria falso.[28]

Passa o mesmo estudioso da língua dos nossos modernistas à documentação: em *Jubiabá*, de Jorge Amado, encontram-se oitenta e cinco ocorrências de *haver* contra trinta e uma de *ter*; Rachel de Queiroz, em *O Brasileiro Perplexo*, emprega sessenta e oito vezes *haver* e vinte e quatro *ter*; Drummond, em *Alguma Poesia*, apresenta dezesseis exemplos de *haver* para onze de *ter*, enquanto em *Memórias Sentimentais de João Miramar*, Oswald de Andrade utiliza oito casos de *haver* e três de *ter*.

Só Mário de Andrade é que com muito mais frequência prefere *ter* a *haver*; mas curiosamente nas anotações à *Gramática Secundária*, de Said Ali, põe lado a lado os dois verbos com valor existencial.

Diante da afirmação, na *Gramática Secundária*, acerca de verbos impessoais:[29] "O verbo *haver* usado com o sentido de *existir* é impessoal", acrescenta Mário: "Os verbos *ter* e *haver* usados com sentido de *existir* são impessoais."[30]

Em Mário de Andrade o verbo *ter* jamais desbancou totalmente o verbo *haver*. Num conto redigido em 1943, *Nelson*, inserido em *Contos Novos*, o autor joga com os dois verbos sem que possa estabelecer um critério seguro para explicar a presença de um ou do outro. Esta ambivalência chega a permitir a coexistência no seguinte trecho:

"Olhou em torno e não *tinha* ninguém. Certificou-se ainda si ninguém o perseguia, mas positivamente não *havia* pessoa alguma na rua morta, era já bem mais de uma hora da manhã."[31]

De tudo o que se viu até aqui conclui-se que vários aspectos da norma gramatical que o modernismo brasileiro — especialmente pelo peso carismático de Mário de Andrade — tentou remodelar e até desbancar, persistiram depois da onda iconoclasta, e que, por isso mesmo, as novas normas não alcançaram a vitalidade que lhes desse foros de cidadania. Nem as realidades da língua falada por si sós se entronizam na língua escrita — como supunha o notável escritor paulista — nem as línguas se inovam partindo necessariamente de erros que nela se cometem.

A técnica histórica do falar própria de uma comunidade linguística — que se reflete, na exposição da gramática normativa — paira acima das revoluções efêmeras das modas e modismos, por mais geniais que sejam os seus criadores.

> Texto publicado no jornal *Mundo Português* e na revista *Na Ponta da Língua*, originalmente em seis partes: 18/9/1992, 9/10/1992, 6/11/1992, 27/11/1992, 25/12/1992 e 8/1/1993.

Notas

1   Nota: Consulte-se com muito proveito o artigo do mestre Sílvio Elia: "A Contribuição Linguística do Modernismo" nos *Ensaios de Filologia e Linguística*.
2   RIBEIRO, João. *Páginas de estética*, Editora Clássica: 1905, p. 121.
3   ANDRADE, Mário. "Modernismo" *in O empalhador de passarinho*, Editora Martins: 1972, p. 189.
4   BANDEIRA, Manuel. "Mário de Andrade e a questão da língua" *in Poesia e Prosa II*, Editora José Aguilar: 1958, p. 1214.
5   Ibid., p. 1213.
6   NETO, Raimundo Barbadinho. *Em busca da verdade da língua: dois estudos sobre a norma literária do Modernismo*, Ao Livro Técnico: 1977, p. 18.
7   Meyer-Lubke,W. *Grammaire des Langues Romanes*, 4 vols., trad. fr. de Doutrefont e Rabiet, Stechert: 1923, p. 176.
8   Meyer-Lubke,W. *Grammaire des Langues Romanes*, 4 vols., trad. fr. de Doutrefont e Rabiet, Stechert: 1923, p. 61.
9   NETO, Raimundo Barbadinho. *Em busca da verdade da língua: dois estudos sobre a norma literária do Modernismo*, Ao Livro Técnico: 1977, p. 18.
10 BANDEIRA, Manuel. "Mário de Andrade e a questão da língua" *in Poesia e Prosa II*, Editora José Aguilar: 1958, p. 1213.
11 NETO, Raimundo Barbadinho. *Em busca da verdade da língua: dois estudos sobre a norma literária do Modernismo*, Ao Livro Técnico: 1977, p. 15.
12 Ibid., p. 16.
13 QUEIROZ, Rachel. *Dora Doralina*, Ed. José Olympio: 1975, p. 192.
14 QUEIROZ, Rachel. *Dora Doralina*, Ed. José Olympio: 1975, p. 21.
15 *Demanda do Santo Graal*, edição de Reinhardtstoener: p. 1.
16 *Demanda do Santo Graal*, edição de Reinhardtstoener: p. 35.
17 *Demanda do Santo Graal*, edição de Reinhardtstoener: p. 37.

18   *Demanda do Santo Graal*, edição de Reinhardtstoener: p. 109.
19   NASCENTES, Antenor. *O linguajar carioca*, 2.ª ed., Editora Simões: 1953, p. 128.
20   NETO, Raimundo Barbadinho. *Em busca da verdade da língua: dois estudos sobre a norma literária do Modernismo*, Ao Livro Técnico: 1977, p. 19.
21   ALI, M. Said. *Gramática Histórica*, 2.ª ed., I, Editora Melhoramentos: 1931, p. 244.
22   ALI, M. Said. *Investigações filológicas*, Editora Grifo: 1975, p. 79.
23   BANDEIRA, Manuel. "Mário de Andrade e a questão da língua" in *Poesia e Prosa II*, Editora José Aguilar: 1958, p. 1215.
24   NETO, Raimundo Barbadinho. *Em busca da verdade da língua: dois estudos sobre a norma literária do Modernismo*, Ao Livro Técnico: 1977, p. 62.
25   CARDIM, Fernão. *Tratados da terra e gente do Brasil*, J.Leite & Cia: 1925, p. 166.
26   CARDIM, Fernão. *Tratados da terra e gente do Brasil*, J.Leite & Cia: 1925, p. 296.
27   ASSIS, Machado de. *Memórias póstumas de Brás Cubas*, 4.ª ed, Ed. Moderna Literatura: 2005, p. 191.
28   ASSIS, Machado de. *Memórias póstumas de Brás Cubas*, 4.ª ed, Ed. Moderna Literatura: 2005, p. 38.
29   ALI, M. Said. *Gramática secundária da língua portuguesa*, Editora Melhoramentos: 1966, p. 121.
30   PINTO, Edith Pimentel. *A gramatiquinha de Mário de Andrade*, Livraria Duas Cidades: 1990, p. 166.
31   ANDRADE, Mário de. *Contos novos*, Editora Martins: 1972, p. 146-147.

Reflexões sobre a reforma ortográfica

Sabemos todos que está em curso projeto de reforma ortográfica da língua portuguesa com vistas a uma possível unificação da maneira de grafar as palavras do nosso idioma. São várias as razões de ordem prática que justificam tal projeto, de modo que julgamos desnecessário nelas insistir.

É preciso dizer, porém, que são razões de ordem prática, e que portugueses e brasileiros poderiam continuar utilizando sistemas ortográficos diferentes, como fizeram até aqui, sem que isto tenha qualquer significação essencial para o destino do idioma de um lado ou de outro do Atlântico.

Um projeto como este apresenta problemas delicados que podem ser mais bem resolvidos por técnicos da ciência da linguagem, embora, é verdade, seja a ortografia assunto que interessa a todos os que trabalham com o idioma, nos mais diversificados níveis de cultura e ocupação profissional.

As tentativas que se vêm empreendendo ao largo do tempo, em Portugal e no Brasil, para se chegar à desejada unificação ortográfica, têm enfrentado incompreensões por parte das pessoas que se dizem ou se julgam abalizadas a emitir opiniões sobre a matéria. Desejamos, neste artigo, comentar alguns desses votos e salientar a sua sem-razão.

Uma crítica que amiúde se ouve é que se pretende reformar a língua com tal proposta de unificação ortográfica. A crítica não procede, já que a ortografia é mera roupagem exterior das palavras — cuja essência é seu aspecto oral —, e está para a língua como a vestimenta para o indivíduo: o trocar de vestimenta não implica a troca da própria pessoa. A nossa língua já passou por várias reformas ortográficas e nem por isso elas ensejaram qualquer modificação fundamental no idioma.

Muito ligado à objeção anterior é o argumento de que prevalecerá na proposta de reforma, ou de uso português ou o brasileiro. A crítica não é pertinente, porque a ortografia não invade nem anula o terreno da variedade dos usos linguísticos. Formas com diferentes pronúncias existem não só entre os países de língua portuguesa, mas também dentro de um deles, numa mesma região e até numa mesma pessoa, em circunstâncias variadas. Um bom sistema gráfico tem de respeitar essas variedades e agasalhá-las igualmente, desde que pertençam ao uso considerado exemplar pela comunidade dos falantes. Nestes casos, a proposta de unificação ortográfica é sinônima de colonização linguística só para aqueles indivíduos que acreditam que a independência do seu país está garantida mais pela maneira como escrevem as palavras do que pela maneira como orientam suas ideias e suas ações.

O projeto de reforma tem de ter habilidade de evitar propor normas que atentem contra a existência dessas variedades. Outro ponto de prudência é não sugerir alterações tão radicais, que afastem a forma gráfica das palavras portuguesas das demais línguas de seu tronco mais imediato.

Graças a reformas ortográficas inteligentes — onde sobressai o esforço de Gonçalves Viana —, a língua portuguesa já se desvencilhou de muitos excessos etimológicos, embora, por outro lado, algumas tivessem permitido o advento do acúmulo de regras de acentuação que precisam, num futuro próximo, ser admitidas com mais racionalidade. A expansão do uso dos acentos se deveu, em boa parte, a uma necessidade de levar às pessoas os elementos indicadores de boa pronúncia. Hoje, com recursos dos meios de comunicação de massa, especialmente o rádio e a televisão — sem desprezar a escola —, este papel não deve ficar somente a cargo dos acentos gráficos, mas deve, sobretudo, ser tarefa dessas agências de cultura.

Outro ponto que consideramos importante é que uma reforma não trate logo de tentar resolver, de uma só vez, todos os problemas que envolvem a ortografia. As mudanças devem ser paulatinas para não ferirem hábitos inveterados de grafia: uma reforma é recebida de modo diferente pelas pessoas que pertencem a diferentes gerações. Alterar, num só momento, as regras de acentuação, o emprego de certas letras, a utilização do hífen, as abreviaturas e mais particularidades pode, pelo volume das inovações e diversidade das matérias, deixar aspectos importantes mal resolvidos e, assim, desacreditar o que de bom e verdadeiro existe na proposta.

Problemas ortográficos, problemas de fatos gramaticais — uma vez que a língua está em perpétuo movimento —, a oficialização de nomes estrangeiros, o aportuguesamento dos empréstimos hauridos em outros idiomas, tudo isto exige uma permanente reflexão dos órgãos competentes da sociedade no sentido de contribuírem, à medida do possível, para a unidade da língua comum e literária, unidade importante para seu ensino e divulgação.

Texto publicado no jornal *Mundo Português* e na revista *Na Ponta da Língua*, em 12/7/1990.

Sejam bem-vindos os consultórios gramaticais

Não é de hoje que importantes órgãos da imprensa reservam espaço para que o professor ou homem de letra teça comentários sobre fatos de língua materna e que, respondendo a dúvidas gramaticais que lhe são endereçadas, tenha oportunidade de orientar o consulente e, na sua companhia, outros leitores para quem tais dúvidas também poderiam constituir problemas.

Tornaram-se célebres os consultórios gramaticais de jornais brasileiros que se estamparam, no início deste século, assinados por Cândido de Figueiredo, Cândido Lago, entre outros.

Também se celebrizaram as críticas a lições disseminadas nesses consultórios, lições que não encontravam respaldo nem no testemunho dos escritores chamados clássicos — antigos e modernos —, nem dos ensinamentos de gramáticos e filósofos de boa formação e informação linguística. Nesta linha, já foram lembrados em várias oportunidades desta seção livros de mérito da lavra de Heráclito Graça, Mário Barreto, entre outros.

As revistas especializadas em estudos superiores de língua portuguesa (*Revista de língua portuguesa*, *Revista de filologia portuguesa*, *Revista filológica*, entre outras) concediam breve espaço para que os leitores encaminhassem suas dúvidas e as vissem discutidas pelas autoridades da envergadura de Mário Barreto, João Ribeiro, Antenor Nascentes, José Oiticica, Conde Pinheiro Domingues, Cândido Jucá (Filho) e tantas outras.

Tal atividade demonstrava outrora e demonstra hoje que o homem comum sente interesse pelos problemas de língua materna, problemas que deseja ver solucionados, principalmente com receituário de efeito curativo imediato e, quase sempre, dentro do frio inquestionável doméstico do "pão pão, queijo queijo": rápido e sem exceção. A verdade é que os fatos de língua se nos apresentam, aos especialistas, muito mais complexos do que parecem ao comum dos mortais, de modo que nem sempre podemos oferecer aos consulentes receituários simples e de efeito infalível. A bem da verdade dos fatos, a resposta consciente pode frustrar a quem espera regras práticas, simples e indiscutíveis.

Há, sem dúvida, aqueles que, consultados, simplificam a questão, condenam outras possibilidades, passando por cima da boa lição dos escritores e especialistas, e transformam ou empobrecem a língua para fazê-la um instrumento de regrinhas a toda hora desmentidas e uma camisa de força da expressão comunicativa. Desses falsos donos da língua se vingaram os escritores, em prosa e em poesia. Monteiro Lobato criou, nesse sentido, o personagem Aldrovando Cantagalo — o primeiro mártir da língua, que nasceu e morreu por causa de erro de gramática — e o há pouco lembrado aqui Lima Barreto ferreteou Cândido Lago, a respeito de quem assim pronunciava:

A gramática do velho professor era de miopia exagerada, não admitia equivalência, variantes; era um código tirânico, uma espécie de colete de forças em que vestira as suas pobres ideias e queria vestir as dos outros.[1]

Os consultórios de ontem não dispunham nem da bibliografia com que hoje conta o estudioso, nem a língua tinha merecido investigação que já conhece, apesar de ainda estarmos muito atrasados em vários setores do idioma, quando se compara o português com o inglês, francês, alemão e até mesmo o espanhol, por exemplo. Assim, todos esperamos que os consultórios, que os importantes órgãos da imprensa paulista e carioca põem à disposição de seus leitores, apresentem respostas que não demonstrem desconhecimento do que já se fez até aqui em matéria de gramática descritiva e normativa.

Assim é que, em lição recente de um desses consultórios acerca de *à mão* e *a mão* (sem acento grave), se afirma que *à mão* só merece o acento grave quando significa ao alcance, à disposição: *O documento deve ficar à mão dos auditores. Deixou tudo à mão.* Sempre que *a mão* for o instrumento de uma ação, não haverá crase (= não há artigo definido). Nesse caso, temos apenas a preposição: *Ele escreveu o documento a mão. Fez tudo a mão.*

Eis aqui uma questão já sobejamente tratada pelos velhos gramáticos (Epifânio Dias e Ernesto Carneiro Ribeiro) e não descurada pelos mais modernos. A questão posta em termos "instrumento" e "não instrumento" é aqui irrelevante, pois essa ideia está contextualmente explícita no substantivo *mão*, e *à* e *a* são ambos correntes e corretos nesses casos, como demonstraram os escritores e os especialistas. É de real importância o artigo de Said Ali, intitulado "O acento em à", no livro *Meios de Expressão e alterações semânticas*, saído em 1930, em que examina o percurso do uso do acento em *à*, independentemente da existência do fenômeno fonético da crase. Epifânio Dias, na *Sintaxe histórica portuguesa*,[2] emprega (e manda empregar, naturalmente) as expressões em que entra a preposição *a* em contextos que aludem ao instrumento, meio: *enxotar à pedrada, ir à vela, pescar à linha, matar à fome.* Carneiro Ribeiro, em *A redação do Projeto do Código Civil*, trata explicitamente do caso de *à mão* contrariando a Rui Barbosa e as lições do tipo da que estou comentando aqui. O comentário correto e completo do velho Eduardo Carlos Pereira, na *Gramática expositiva*,[3] que desasnou tantas gerações, tem uma lição que cabe ao caso como luva:

"Quando o consequente não pede o artigo, não há crase [note-se que se refere justamente ao fenômeno fonético, e não explicitamente ao uso do acento grave]: *Ferir a bala, a cacete, a chumbo.* Porém para evitar a confusão da preposição *a* com o artigo *a*, confusão que traz ambiguidade à frase, é por vezes necessário acentuar-se [não se emprega "crasear-se"] a preposição [o sublinhado é de Carlos

Pereira], quando o seu consequente é substantivo feminino: *Floriano Peixoto declarou que receberia a intervenção estrangeira à bala*. *Bala* nesta locução adverbial não tem artigo, é tomada indeterminantemente; entretanto, a ausência do acento pode trazer confusão, fazendo a expressão — *a bala* — o complemento objetivo de *receberia*, em vez de complemento circunstancial que é (...). Desta necessidade eventual generalizou-se a praxe de acentuarem muitos escritores a preposição quando o seu consequente é um termo feminino."[4]

É com lições deste jaez que os modernos consultórios gramaticais disseminados pelos nossos jornais podem contribuir eficazmente para as opções reflexivas e estilísticas, bem como para o suficiente domínio da língua exemplar, instrumento da cultura de um povo.

Bem-vindos, pois, a essa tarefa de todos nós!

Texto publicado na revista *Mundo Português* e na revista *Na Ponta da Língua*, em 25/12/1997.

Notas

1 BARRETO, Lima. *Recordações do escrivão Isaías Caminha*, 1.ª ed., Editora Clássica: 1909, p. 235.
2 DIAS, Epifânio. *Sintaxe histórica portuguesa*, 1ª ed., Livraria Clássica Editora: 1918.
3 PEREIRA, Eduardo Carlos. *Gramática expositiva*, 1.ª ed., Weiszflog Irmão Editora & Co: 1907.
4 PEREIRA, Eduardo Carlos. *Gramática expositiva*, 1.ª ed., Weiszflog Irmão Editora & Co: 1907.

A LÍNGUA PORTUGUESA E SUA CONTRIBUIÇÃO

Já nos é por demais sabido que o contato de grupos sociais favorece o aparecimento de contribuições mútuas em todas as atividades que tais grupos exercem, seja no intercâmbio de objetos materiais ou culturais. Páginas do maior interesse e curiosidade escreveram navegantes, viajantes e aventureiros portugueses ao narrarem novos costumes de povos com que entravam em contato na expansão da Fé e do Império por todas as partes das terras conhecidas e, como diz Camões, o gênio lusitano, "se mais mundo houvera lá chegara".

Entre informações desta natureza, vale registrar o comentário de Fernão Mendes Pinto sobre o fato de os chineses comerem com o auxílio de dois pauzinhos, enquanto, por sua parte, riam dos portugueses e dos demais europeus, que levavam a comida à boca com as mãos. Isto porque o garfo, na Europa, só foi introduzido nessa função, pela corte francesa, no século XVI, mesmo assim com alguma crítica, como nos ensina Said Ali, num informativo artigo intitulado "Refeições", saído na *Revista de Cultura*, do Cônego Fontes, em 1933, e mais tarde incluído no livro *Investigações Filológicas*.[1] Registre-se que o uso do garfo era proibido nos conventos, como prática pecaminosa.

As navegações e o comércio portugueses foram responsáveis pela divulgação, no mundo europeu, de muitas práticas correntes entre gentes estranhas de África e Ásia. Os historiadores e sociólogos, entre outros investigadores, têm ressaltado o papel dessa atividade na introdução ou reintrodução na Europa, entre os séculos XV e XVII, de numerosas novidades, como o gosto pelo açúcar, pelo chá, pelo pudim de arroz, pela pimenta, pela canela, como pelo uso da sombrinha, do chapéu de sol, da porcelana e do azulejo árabe, pela varanda à moda das Índias Orientais, das telhas convexas, das cornijas arredondadas, das casas de verão em forma de pagode, dos jardins e leques chineses, dos tapetes e perfumes orientais e até, do Oriente para o europeu do Norte, o hábito do banho diário. O leitor interessado nessas contribuições pode consultar o livro de Gilberto Freyre *Interpretação do Brasil*,[2] de onde extraímos toda esta rica informação.

É muito natural que esses contatos de cultura e civilização constituem o grande corredor que facilita os empréstimos linguísticos, de que hoje tanto se preocupam políticos, intelectuais, professores e a imprensa em geral, entre nós. Como já dizia o notável linguista francês, cujas lições têm ainda a força da oportunidade, Michel Bréal, no final do século XIX:

Uma nação que recebe com simpatia as ideias de fora não deve temer acolher os nomes com que estas mesmas ideias costumam ser designadas. O que se deve condenar é o abuso; e o abuso consiste em utilizar com nomes estrangeiros o que já possuímos. Também constitui abuso empregar as palavras estrangeiras em todas as ocasiões e diante de qualquer auditório.[3]

E mais adiante, numa advertência que tem sido desprezada nas discussões de hoje, que misturam diferentes naturezas de vocabulário:

Não há, pois, solução uniforme para o problema das palavras estrangeiras, as Sociedades que se dedicam a depurar o idioma não podem pensar legitimamente senão na língua da conversação e da literatura. Desde que levem mais longe suas pretensões, aí já só fazem obra inútil e perturbadora.[4]

Mas retomando ao ponto inicial do nosso tema, o propósito deste artigo é lembrar ou relembrar que o português não só agasalha termos de outras línguas; também nossa língua, por intermédio de seus falantes, tem levado para outros povos palavras vernáculas ou, então, ajudou a difundir, nas línguas europeias, palavras recebidas das regiões por onde passaram navegadores, viajantes ou aventureiros lusitanos.

Num capítulo de suas *Palestras Filolójicas* (com jota, como escrevia), Gonçalves Viana arrola uma série de palavras portuguesas entradas no japonês: *améndoa, alféloa* (daí o nosso *felô*), *bálsamo, padre, bateira, veludo, abóbora, bolo, canário, capitão, capa, calção, charamela,* (vinho) *tinto, confeito, copo, compra, frasco, irmão* (frade), *jibão, marmelo, pão, cristão, lanceta, raxa, sabão, açafrão, senhor.*[5]

Claro está que tais palavras não aparecem em japonês com a roupagem fônica do português, o que logo explica aparentes enganos na ordenação da lista alfabética acima; por exemplo, *padre* é em japonês *báteren, veludo* é *birodo, abóbora* é *bóbura, tinto* é *chíntu, cristão* é *quirixtan, lanceta* é *ranseta, açafrão* é *safuran.*

Explicam-se tais diferenças porque não há em japonês os sons correspondentes aos grafemas portugueses *l* e *v*, representados, respectivamente, naquele idioma, por *r* brando e *b*. O grafema *f* somente aparece antes de *u*; a sílaba *ti* passa a *chi* (txi), e *tu* a *tsu*. Tudo isto conforme a lição de Gonçalves Viana, cujas obras importantíssimas tanto no domínio da fonética, quanto no da lexicologia e ortografia, estão hoje injustamente esquecidas.

Entre as contribuições que o competente filólogo português radicado no Brasil Conde Pinheiro Domingues — de nome completo Eduardo José Pinheiro Domingues —, falecido em 1947, está uma série de eruditos artigos sob o título "O português em outras línguas", publicados na *Revista Filológica*.[6]

Nos referidos artigos, Pinheiro Domingues não apenas relaciona termos de origem portuguesa, mas também palavras de outras procedências, especialmente orientais, que os navegadores, viajantes e comerciantes lusitanos se encarregaram de transmitir às línguas da Europa, durante o período da expansão de Portugal por aquelas terras.

Começa por tratar da palavra *lânchara*, denominação de um tipo de embarcação asiática, que já vem dicionarizada desde Bluteau, no século XVIII. O termo está documentado com exemplo de 1515 no precioso *Glossário luso-asiático* do Monsenhor Sebastião Rodolfo Dalgado, como *pequena, rasa e ligeira embarcação de remos, na Malásia*.

Do português a palavra passou para o francês *lanchar, lanchare*, para o italiano *lancara, lanchara*, para o inglês *lanchara*, para o neerlandês *lanchare*. Posteriormente, o conhecido historiador italiano G. Pietro Maffei latinizou-a em *lanciara*.

A história da palavra estava assim delineada e documentada, quando o competente filólogo e linguista húngaro, depois radicado em Nimega (Holanda) Benedek Elemér Vidos, no livro altamente importante *Storia delle parole marinaresche italiane passate in francese*,[7] defende a tese de que o responsável pela transmissão às línguas da Europa, especialmente o francês, fora o italiano, e não o português, baseado na ocorrência em Maffei. Pinheiro Domingues rebate corretamente a lição, esclarecendo que a documentação concede o privilégio à nossa língua, já que, como vimos, o aparecimento aí é de 1515, enquanto em italiano, em Maffei, é de 1588, depois de ter encontrado o termo em João de Barros e Fernão Lopes de Castanhedas, latinizando o português *lanchara* em *lanciara*.

No segundo artigo, Pinheiro Domingues, apoiado no dicionário etimológico francês de Albert Dauzat, muito rico, aliás, no registro de formas de seu idioma tomadas ao português, estuda a controvertida história de *abricó*, na forma primitiva *abrioque*. Está, em geral, assentada para P. Domingues a lição de Rebelo Gonçalves, segundo a qual "do latim *praecocia*" (plural neutro do adj. *praecox,- cis*) veio o plural grego *praekókia*, donde o singular *praekókion*; de este se originou, por sua vez, o ár[abe] *al-barcoc*, produtor das formas das línguas peninsulares (port. *albricoque*, esp. *albarcoque*).[8] *Persica praecocia*, em latim, denomina os pêssegos precoces, como se viam os atuais abricós, variedades de damascos.

Sendo a forma portuguesa *albricoque* a mais próxima do árabe *albirqûq*, ao lado do catalão *albercoc*, é provável que daí tenha dimanado o termo para as demais línguas da Europa. Surgiram formas sem a aglutinação do artigo árabe (como o catalão *bercoc*), ou com o artigo, como no português. A forma *albaricoque* se explica pela inserção do — a — para desfazer o grupo consonantal de *albricoque* (a este fenômeno chama-se em gramática *anaptixe* [x = cs] ou *suarabácti*).

Do português *albricoque* ou do catalão *albercoc* sai o francês, primeiro *aubercot*, depois *abricot*, que passou ao inglês *apricot*; do seu plural veio o alemão *aprikose* e daí o russo *apricos*, pelo neerlandês *aprikoos*. A futura investigação para a elaboração do imprescindível dicionário histórico da língua portuguesa irá trazer mais luzes sobre a prioridade ou não do português para a difusão do nome do fruto pelo mundo afora.

Faltou-nos falar, aproveitando a história de *abricó* em português, saído do francês *abricot*, e este provavelmente do português *albricoque*, que *abricó* é um bom exemplo de palavra de *torna-viagem*, assim se denominam as palavras que uma língua fornece a outra, e que, mais tarde, é emprestada para a língua de origem, muitas vezes transformadas na vestimenta e no significado. Bom exemplo disto é a palavra *feitiço*, que, proferida como palatal a consoante da última sílaba em dialeto português crioulo da costa africana, passou para o francês *fétiche*. Mais tarde, a forma francesa retorna ao português sob a vestimenta estrangeira *fetiche*, daí *fetichismo*, alterada no significante material e no significado.

A expressão "palavra de torna-viagem" quase sempre não é lembrada — como o fenômeno, naturalmente — nos estudos de história de palavras.

Acaju e Caju

Outra contribuição de nossa língua a diversos idiomas é *acaju* ou *caju*, lembrada nos referidos artigos do Conde Pinheiro Domingues.

Representa a palavra tupi *aka'yu* (pronunciada *acadju*), fonte das formas portuguesas *acaju* e *caju*, tupinismo que os portugueses levaram do Brasil para línguas da Europa e da Ásia.

Segundo a lição de Antônio Geraldo da Cunha, no seu importantíssimo *Dicionário Histórico das Palavras Portuguesas de Origem Tupi*:

> [...] são expressivas, amplas e minuciosas as descrições do caju nos textos dos séc. XVI e XVII. De par com as referências muito elogiosas à fruta propriamente dita [isto é, ao pedúnculo comestível do fruto do cajueiro], há numerosas alusões à sua castanha e, bem assim, ao emprego da madeira do cajueiro em tinturaria. Do óleo extraído dessa madeira fabricavam-se tintas de boa qualidade, com a qual se tingiam tecidos, envernizavam-se móveis, etc. Os móveis de mogno envernizados com a tinta do cajueiro, segundo técnica já referida em textos franceses do séc. XVII, passaram a ser conhecidos como móveis *acaju*.[9]

Na designação do próprio mogno (*Swietenia mahagoni*), por metonímia, a forma francesa *acaïu* está datada desde 1640; em 1557 já aparece no livro de A. Thévet *Les singularités de la France antarctique*.

A datação mais antiga em português de *caju* é do ano 1576 e o termo aparece no *Tratado da Província do Brasil*, de Pero Magalhães de Gandavo.

Além do francês *cajou* ou *acajou*, penetrou o tupinismo no italiano *acagiù*, *cagiù*, no espanhol *caiu*; no inglês *acajou*, *cashew* (resultante da transcrição fonética de *caju*), no alemão *akajou*; no concani *kázu*; no malaio *káju*, *gájus*, entre outros idiomas.

Alcatraz e Albatroz

Só um mergulho na história destas duas palavras pode explicar-nos os íntimos laços que as unem.

Alcatraz é, com toda possibilidade, o representante do árabe *gattâs*, a que se prefixa o artigo *al* e em que se insere, por acréscimo (epêntese), a consoante -*r*-, como, na lição de Pinheiro Domingues, aconteceu com *alcatruz, aldrava, alicerce, Gibraltar*, etc.

Por falar em *alcatraz*, durante muito tempo se pensou fossem os dois termos oriundos de uma mesma fonte. Todavia, uma pesquisa realizada por J.J. Hess von Wyss, trazida ao domínio dos estudos linguísticos pelo romanista alemão Arnald Steiger, no seu prestimoso livro *Contribución a la fonética del hispano-árabe y de los arabismos en el iberorrománico y el siciliano*,[10] que mostrou que o *gattâs* árabe é uma espécie de águia de mar, o que o faz semanticamente aceitável aproximar-se do nosso *alcatraz*, designativo de uma espécie de pelicano, o mergulhão. A única dificuldade, segundo o grande etimólogo Corominas, no seu *Diccionario crítico etimológico castellano e hispánico*,[11] é explicar a mudança do *g* em *c*, já que as formas com g só aparecem no inglês *algatross* (século XVI) e, talvez daí, no francês *algatroz* (1701), portanto testemunhos secundários. A mudança pode, talvez, ser explicada pela aproximação, por etimologia popular, com o português *alcatruz*, espanhol *arcaduz*, porque, na sugestão do arabista francês Devic, o pelicano também tem o costume de carregar água no seu volumoso papo. Para que o leitor entenda a aproximação suposta por Devic, cabe lembrar que *alcatruz* é um termo de procedência grega (*xádos*), oriundo do hebraico, e introduzido no árabe *al-xadus*, que designa antigo vaso para líquidos, e do grego, pelo latim *cadu*, está representado no português *cado*.

O termo árabe passou ao português e ao espanhol, e da Península Ibérica emigrou para o italiano antigo *alcatrazzo*, francês *alcatras* e ao inglês adulterado em *albatross*, o qual se aplicou a outra ave, por ser de cor branca (cf. latim *albus* 'branco', 'alvo').

É este inglês *albatross*, formação corrompida de *alcatraz*, que passa a ser a fonte do francês *albatros*, que, por sua vez, será o responsável pelo espanhol *albatroz* e pelo português *albatroz*.

Assim sendo, o espanhol *albatros* e o português albatroz são palavras de torna-viagem, porque emprestaram, inicialmente, a sua prata da casa procedente do árabe *algattâs* (*alcaduz* e *alcatraz*) ao inglês, e daqui a receberam indiretamente de volta sob a forma de *albatross*, pelo francês *albatros*. Curiosa e interessante é a vida das palavras.

Se o leitor atento tiver a curiosidade de abrir o dicionário português, saberá que nossa língua conta com outra palavra *alcatraz*, que nada tem que ver com a denominação do nosso pelicano, pois significa 'aquele que conserta ossos deslocados'. Trata-se de outro termo árabe *al-gatrât* por *al-gatarât*, cujo plural significa 'pedaços' ou 'peças' de qualquer coisa. Sob a forma *alcatra* especializou-se no significado de 'peças de carne da rês situada onde termina o fio do lombo e em que se pegam os rins'. Sinônimo de *alcatraz* na acepção de 'consertador de ossos deslocados' é outro termo árabe *algebrista*, de *álgebra*, lembrado por Pinheiro Domingues. Destarte, não estranhe o leitor se se lhe deparar o livro de Antônio Francisco da Costa *Algebrista perfeito, ou modo de praticar exatamente as operações de álgebra tocantes à cura das deslocações e fraturas do corpo humano.*[12]

Albino

Eis aqui outra palavra que Dauzat, no seu *Dicionário etimológico francês*, conforme assinala Pinheiro Domingues, diz ter sido introduzida no idioma de Racine por via portuguesa, a partir do século XVIII, precisamente atestado em 1763, em texto de Voltaire.

O termo aparecia na expressão *negros albinos* com a qual os portugueses se referiam aos negros brancos da costa africana. O filólogo Clédat, autor de prestimosas obras sobre o francês e o latim, registra, no seu *Dicionário etimológico*, que do adjetivo latino *albus* 'branco' (fosco) se tirou o novo adjetivo *albino*, o qual, aplicado quase invariavelmente no plural na citada expressão, acabou fixando, no francês, a forma *albinos* como se fora singular: *un albinos*, em vez de *un albino*.

O excelente *Dictionnaire génerale* de Hatzfeld e Darmesteter aponta a data de 1771, mas já vimos o recuo para 1763; Pinheiro Domingues cita-nos textos franceses bem mais antigos, a partir de 1666.

Há etimólogos que conferem a honra da fonte de *albino* ao espanhol, mas a maioria dos estudiosos tende a atribuí-la à nossa língua. A verdade é que nos textos espanhóis antigos o que predomina é o emprego de *blanco* ou *albo*; a datação mais recuada de *albino* em espanhol que Pinheiro Domingues encontrou é de 1609 e pertence à crônica da *Conquista de las Islas Malucas*, do licenciado Bartolomé Leonardo. Só estudos posteriores esclarecerão o debate; mais uma vez se impõe a elaboração de um dicionário histórico português, que dirimirá dúvidas como esta.

Como sinônimos de *albino* nesta acepção temos os termos *aça*, de provável origem bântica, e o tupinismo *sarará*.

Como cognome, já havia em latim *albinus*, derivado de outro cognome *albus* que, na língua comum, como vimos, significava 'alvo', 'branco'.

Anil

Anil, como designativo da cor azul-escuro, nos veio do árabe *annil*, que o recebeu do sânscrito por intermédio do persa. É termo que vive no português, na lição de Pinheiro Domingues, "desde os primórdios da língua", exemplificado em texto de 1179, inserido nos *Portugaliae Monumenta Historica, Leges et Consuetudines*, vol. I, p. 407.[13]

Do português passou às demais línguas. A *anil* prende-se, naturalmente, *anilina*.

Nosso idioma conta com outro *anil*, que não tem, nem pela origem nem pelo significado, parentesco com o árabe *anil*. Este segundo *anil* prende-se ao latim *anile*, derivado de *anus* 'mulher velha', com o significado de *velho, senil*, já entrado em desuso modernamente.

Areca

Denomina-se *areca* um gênero de palmeira asiática, comumente cultivada em parques e jardins, e dela se extrai a goma, o palmito, o córtex, material com que se fabricam fibras para cordas, e o coco, que entra numa mistura para mastigação, chamada *bétele*. Sobre tudo isto nos informa o rico *Dicionário* de Aurélio Buarque de Holanda.

O termo *areca* provém de uma língua indígena do sul da Índia, na costa do Malabar, do malaiala *arekka*, talvez deturpação de *adakka* ou *adekka*. Chegando ao Oriente, os portugueses não só conheceram a palavra, mas a transmitiram ao espanhol *areca*, italiano *arecca*, inglês *areca*, alemão *Arekapalme*, *Arekanuss*, entre outros idiomas.

Auto da fé

Auto da fé, hoje mais comumente *auto de fé* e, no início, *auto da inquisição*, é outra expressão que Pinheiro Domingues arrola entre as contribuições da língua portuguesa a outros idiomas.

Estabelecida definitivamente a Inquisição do Estado em Portugal pela Bula do Papa Paulo III, aos 23 de maio de 1536, o primeiro *auto da fé* realizou-se em Lisboa, na Ribeira Velha, em setembro de 1540, segundo João Lúcio de Azevedo, citado por Pinheiro Domingues.

Entendia-se por *auto de fé* o ato final a que chegavam os processos da Inquisição pelos quais os réus eram condenados pelo crime de heresia ou erros equivalentes.

Do português passou para o francês *auto-da-fé*, espanhol *auto de la fé* (mais antigo do que *auto de fé*), catalão *acte de fe*, italiano *auto da fé*, romeno *autodafeu*, inglês *auto-da-fé*, alemão *antodafé*.

A forma *auto* prende-se ao latim *actu-* graças à normal vocalização da consoante –*c* em *u* do grupo — *ct* —, em palavras de proveniência culta, quando precedido de vogal: *actu* → *auto*, como o arcaico *tractu* → *trauto*.

Bailadeira

É outra palavra arrolada por Pinheiro Domingues dentre aquelas que os portugueses emprestaram a outras línguas. Está evidente ao leitor que o termo designa a bailarina, e tem seu emprego registrado em textos do século XVI. Rodolfo Dalgado, no seu precioso *Glossário*, só consigna a palavra como designativo de 'mulher que na Índia dança por profissão', e é neste significado que *bailadeira* passou a outras línguas: francês *bayadère*, espanhol e catalão *bayadera*, italiano *baiadera*. Do empréstimo francês recebemos o termo o inglês *bayadere*, o alemão *Bajadere*, o romeno *baiadera*, o sueco *bajadär*, entre outros.

Curioso é que sob a forma francesa *bayadère* ou *bayadera* a palavra se insinuou em escritores de língua portuguesa do século XIX, como exemplo de torna-viagem, à semelhança do que ocorrera com *fetichismo*.

Ao lado do culto *bailadeira*, correu também a forma popular *balhadeira*, que talvez justifique melhor, segundo Gonçalves Viana,[14] o francês *bayadère*.

De *balhar*, do latim **balleare* por *ballare*, proveio *balhadeira*, como de *bailler* tivemos *bailhadeira*, e de *bailar*, *bailadeira*. Citado por Pinheiro Domingues, ensina padre Augusto Magne: "de *balhar* que considera mais antigo, com epêntese de — *i* — resultou *bailhar,* e de *bailhar,* por dissimilação, teria vindo *bailar* que na linguagem culta suplantou *balhar.*"

Portugal

Portugal, não para designar o país, mas um tipo de laranja doce; é o último termo da lista de Pinheiro Domingues, que vimos nesta seção resenhando há algumas boas semanas. Está claro que o número de empréstimos portugueses, direta ou indiretamente a outras línguas, é bem maior. Ficamos nestes aqui consignados em homenagem ao grande estudioso que foi o professor português Conde Pinheiro Domingues que, palavras suas, obrigado "a abrir o guarda-chuva do exílio para escapar às tempestades demagógicas que fustigavam" o seu país, escolheu por último a nossa terra, a cidade do Rio de Janeiro, e, entre nós, batalhando como professor de curso secundário, erigiu uma obra de lexicologia e de lexicografia, principalmente, que só por injustiça do destino ficará esparsa por jornais e revistas.

Mas tornemos ao nosso tema. A palavra *laranja* é, como ele ensina, de imediata origem árabe clássico *naranj*, árabe granadino *naránja*, e estas formas do persa *naräng*. Talvez originalmente a laranjeira seja da Cochinchina. Era cultivada na Europa a laranjeira azeda; desconhece-se quando chegou a Portugal a laranjeira doce, chamada também da China, embora saibamos que era aí vulgar no tempo de Vasco da Gama. Foram exatamente essas laranjeiras doces da China que os portugueses transplantaram para sua pátria e daí comerciaram no resto da Europa.

Assim como a laranja, deve-se aos árabes, entre muitas, a introdução, em outros países, da cana-de-açúcar, do arroz e a criação do bicho-da-seda.

Não é de admirar, portanto, que tal espécie de laranja passasse a ser conhecida nesses países por *portugal*: italiano *portogallo,* sardo *portugallu,* romeno *portocal,* grego moderno *portokálli,* albanês *portokal,* árabe do Egito *burtugâna.*

Texto publicado no jornal *Mundo Português* e na revista *Na Ponta da Língua,* originalmente em cinco partes: 22/3/2001, 29/3/2001, 5/4/2001, 12/4/2001 e 19/4/2001.

Notas

1 ALI, M. Said. *Investigações filológicas,* Editora Grifo: 1975.
2 FREYRE, Gilberto. *Interpretação do Brasil,* Tradução de Olívio Montenegro, José Olympio: 1947.
3 BRÉAL, Michel. *Essai de sémantique,* 1ª ed, Paris, Hachette: 1897, p. 290.
4 BRÉAL, Michel. *Essai de sémantique,* 1ª ed, Paris, Hachette: 1897, p. 291.
5 VIANA, Gonçalves. *Palestras filolójicas,* 2.ª ed., Livraria Clássica Editora: 1931, p. 192-193.

6   DOMINGUES, Conde Pinheiro, *O português em outras línguas*. Revista filológica, ano II, n° 3, fev.: 1941.
7   VIDOS, Benedek Elemér. *Storia delle parole marinaresche italiane passate in francese*, L.S Olschki: 1939.
8   DOMINGUES, Pinheiro, Revista *A Língua Portuguesa*, vol. I: p. 151-153.
9   CUNHA. Antonio Geraldo da. *Dicionário histórico das palavras portuguesas de origem Tupi*, Melhoramentos: 1978, p. 86.
10 STEIGER, Arnald. *Contribución a la fonética del hispano-árabe y de los arabismos en el iberorrománico y el siciliano*, Editora Hermano: 1932.
11 COROMINAS, Joan. *Diccionario crítico etímológico castellano e hispânico*, Editorial Gredos, Madri: 1954.
12 COSTA, António Francisco da. *Algebrista perfeito, ou modo de praticar exatamente as operações de álgebra tocantes à cura das deslocações e fraturas do corpo humano*, Lisboa: 1764.
13 *Portugaliae Monumenta Historica, Leges et Consuetudines:* ivssv Academiae Scientiarvm Olisiponensis edita: 1856-1961.
14 VIANA, Gonçalves. *Palestras filolójicas*, 2.ª ed., Livraria Clássica Editora: 1931, p. 23.

A POLIDEZ E AS LÍNGUAS

Entre os aspectos importantes de que quase não se cogita num curso de língua portuguesa dentro e fora da escola, está a aquisição de um conjunto de usos idiomáticos que exprimem não só ideias ou estados psíquicos de pessoa para pessoa, mas também o grau de civilidade desses indivíduos. Se a linguagem nos distingue dos outros animais como humanos, essa polidez na linguagem aponta para o grau de nossa educação.

Há sociedades que cultivam mais do que outras essa preocupação de polidez linguística no trato entre pessoas: a França e a Itália, por exemplo, sempre se orgulharam de cultivar formas polidas — e não só gramaticalmente corretas —, embora de uns tempos a esta parte se ouçam queixas nesses países de que se acentua uma perda ou certo esmorecimento dessa verdadeira ufania do espírito culto francês e italiano. A crise de cultura e, como consequência, o relaxamento de certas normas de educação e cortesia, a par de um movimento salutar de diminuição das distâncias entre classes sociais (sem a danosa confusão de liberdade com libertinagem), têm contribuído para reduzir as construções de linguagem que, sobre a função própria da intercomunicação humana, traduza o grau e o nível de educação dos falantes e o respeito que nutrem entre si.

Algumas dessas construções têm longa história, como é o caso, por exemplo, do uso dos pronomes plurais *vós* e *nós* na referência a uma só pessoa. A forma da 2.ª pessoa do plural desbancava a esperada forma do singular para exprimir o respeito a interlocutor importante, de alta classe social, de modo que *tu* ficava restrito às situações de intimidade. São os chamados plurais de modéstia e majestade. Esta prática já vinha do latim: das línguas românicas só o romeno não apresenta este emprego. De igual maneira temos o inglês *you* (= "vós"), que eliminou hoje totalmente o singular *thou* (= "tu").

Todo falante de língua portuguesa deve conhecer a conotação de modéstia que pode ter o emprego de *nós* por *eu* em certas situações do convívio social: é o autor de livro que não se quer mostrar excessivamente egoísta, e diz: "Ao escrevermos esta obra"; é o dono da casa que, junto de seus convidados, fala de "nosso apartamento" em vez de "meu apartamento".

Como sinal de nobreza e cortesia é que nasceram formas de tratamento do tipo vossa excelência, vossa senhoria, vossa magnificência, o senhor, a senhora e congêneres. O uso e abuso de *vossa mercê*, sabemos todos, foram desgastando foneticamente a expressão de tal modo que, fazendo-se abstração de formas intermediárias, daqui saiu o trivialíssimo *você*. Para a língua portuguesa já contamos com boa soma de estudos devidos a nacionais e estrangeiros em que os pronomes e fórmulas de tratamento de respeito e intimidade, usados segundo a importância do interlocutor, as situações sociais, as idades e as intenções estilísticas, têm sido historiados e descritos com muita propriedade.

Ainda neste capítulo do emprego dos pronomes, cabe lembrar o caso da ordem deles, quando se precisa explicitar as pessoas do discurso. Ao lado da forma natural e estilisticamente neutra da disposição *eu e tu, eu e você, eu e ele*, em que se nomeia primeiro o pronome designativo do falante e depois aquele referido ao interlocutor, pode-se, como sinal de polidez e respeito, inverter a ordem e dizer *tu e eu, você e eu, ele e eu*. Alguns puristas, sem mais detido exame, viram nesta inversão das pessoas do discurso imitação francesa e, por isso, condenaram o procedimento. Aliás, poderiam também pensar numa imitação do espanhol, já que franceses e espanhóis costumam assim deslocar tais pronomes quando desejam imprimir à expressão um toque de sua educação e apreço à pessoa a quem se dirigem. A verdade, porém, é que conhecedores profundos de nossa sintaxe, Mário Barreto, por exemplo, ensinam que é indiferente dizer, quanto à vernaculidade, *eu e tu* ou *tu e eu, eu e ele* ou *ele e eu*.

Sabemos todos que a gramática exige a concordância do verbo na 1.ª pessoa do plural quando o sujeito composto da frase é constituído por pronome de 1.ª pessoa e por pronome de 2.ª ou 3.ª pessoa, ou ainda por substantivos ou fórmulas de tratamento aplicados à pessoa a que nos dirigimos: *eu e tu trabalhamos, eu e ele saímos cedo, eu e meu irmão o visitamos, eu e o senhor estudamos português*.

Extrapolando a norma gramatical, a intenção de marcar o traço da polidez tem levado alguns escritores (que sempre timbraram em exprimir-se com muito respeito à vernaculidade) a substituir a regra da primazia da 1.ª pessoa pelo privilegiamento da 3.ª pessoa — nestes casos, não ocorrerá o pronome *tu* —, principalmente se o predicado ou parte dele antecede o sujeito. Mário Barreto[1] cita os seguintes exemplos: "... e S. Ex.ª respondera, declarando aceitaria, sob a condição de *anuírem o barão do Rio Branco e eu*" (Rui Barbosa). "Dize-lhe que não há sobre a terra um lugar onde *caibam ele, eu e o meu ódio*" (Alexandre Herculano). Lembra ainda nosso ilustre sintaticista este do espanhol: *"Admiradas quedaran tu madre y yo!"* (Cervantes).

Liberto do princípio gramatical, Mário Barreto considera tal concordância uma liberdade ou uma licença, nunca um erro. Acredito que, no exemplo de Rui, a intenção de expressar a modéstia teria ficado a meio caminho se o verbo fosse posto na 1.ª do plural — anuirmos —, como, segundo o testemunho de Cândido Jucá (filho), emendou nas provas tipográficas do passo referido o nosso Rui Barbosa.

Não fiz referência ao fato no momento próprio, mas cabe agora lembrar que, usando *nós* por *eu* ou *vós* por *tu*, o adjetivo a eles referido pode ficar no singular, para indicar que se trata de referência a uma só pessoa: Antes sejamos BREVE do que PROLIXO, diz o conselho. Por isto e pela cortesia que devo aos leitores, deixarei a continuação desta conversa para o próximo artigo.

A 3.ª pessoa é também um artifício usado na língua para traduzir aquilo a que chama Rodrigues Lapa modéstia cerimoniosa, e ocorre, por exemplo, nos requerimentos a autoridades competentes: *Fulano de tal… pede*, em vez de: *Eu, Fulano de tal, peço*.

Os títulos devidos a pessoas por que nutrimos respeito e consideração fazem parte das normas de etiqueta da linguagem: *Sr. José, Madame Aurora, D. Eugênio Sales*. Acerca deste último, *Dom* — abreviado *D.* —, cabe lembrar que a boa tradição da norma do idioma é empregá-lo junto ao nome batismal (*D. Eugênio*), e não junto ao nome de família sozinho, como às vezes se usa: *D. Sales, D. Silva*, etc.

Se a pessoa tem título, menciona-se este, acompanhado ou não de *Senhor*: *O Sr. Doutor sai hoje?* ou *O Doutor sai hoje?*

Já que estamos no terreno do bom emprego de fórmulas de tratamento, creio serem oportunas duas observações. A primeira diz respeito ao uso de *V.Ex.ª, Vossa Rev.ma., Vossa Santidade*, etc., e *S. Ex.ª, S. Rev.m.ª, Sua Santidade*, etc.; à forma com *vossa* aplica-se 2.ª pessoa, isto é, àquela a que nos dirigimos: *V.Ex.ª permitiu…* A forma com *sua* refere-se à 3.ª p., àquela de quem falamos: *Digo-lhe que Sua Santidade não falará no próximo domingo*.

A outra observação é para lembrar que estas fórmulas de tratamento, apesar de integradas pelo pronome *vossa*, levam desde muito o verbo à 3.ª pessoa do singular; *V.Ex.ª sabe, diz, determina*, etc. Digo desde muito, porque, no início, enquanto fórmulas de tratamento respeitoso como *Vossa Mercê, Vossa Majestade, Vossa Alteza*, não se tinham totalmente fixado, o uso misturava-as com os cerimoniosos *vós, vosso*. Só a partir do século XVII tais expressões desbancam o concorrente *vós* e possessivos correspondentes. Não levando em conta este histórico dentro da norma idiomática, um ou outro gramático tem, sem razão, defendido o emprego, nos dias de hoje, do verbo na 2.ª pessoa do plural e do uso dos possessivos pertinentes; numa atitude oposta, um ou outro estudioso tem condenado o uso da norma vigente até o século XVII em obras históricas de escritores modernos que, versando episódios anteriores àquela época, procuram trazer a seus romances, entre outros elementos decorativos, a linguagem dos tempos de antanho. Alexandre Herculano, por exemplo, tão seguro historiador e tão profundo conhecedor do idioma, é dos que se têm recorrido a este estratagema estilístico e tem sido, pelas razões expostas, injustamente repreendido. Tal emprego é ainda um recurso para fugir ao anacronismo.

Pondo de lado os pronomes pessoais e fórmulas de tratamento respeitoso, passaremos a ver a polidez refletida em outros modos de expressão. As condições de vida moderna e a diminuição das distâncias sociais promovida pela educação política têm procurado dourar a pílula da ordem e do comando de superior a inferior, de mais velho a mais jovem, ou, no trato cotidiano, nas mais variadas circunstâncias e situações que aproximam as pessoas. O imperativo categórico ou exortativo da gramática, aquele que se usa para exigir o cumprimento das ordens, não bem condiz com este movimento de respeito mútuo procurado pelo falante, pois a ordem (agora mais um pedido ou uma súplica, um desejo) é expressa por entoação ascendente ou elevação do tom de voz. Naturalmente, a princípio, procurou-se amenizar a situação com o expediente de ser enunciado o pedido em tom de voz amena, com a curva entonacional descendente. Já era uma tentativa de solução.

O estratagema utilizado deveria, todavia, encontrar sérios obstáculos porque se restringia à língua falada, já que não se tinha como registrar na escrita a mudança da curva melódica da frase; por outro lado, continuava-se com o emprego de mesmo modo verbal. Era necessário buscar novos meios de expressão.

O movimento seguinte neste sentido foi a utilização de expressões que traduzissem com mais eficácia a polidez, juntando-se, para tanto, ao imperativo, fórmula como *por favor, por obséquio,* etc.: *Entregue-me isto, por favor.* Ou então frases com falsas interrogações, já que não se espera nenhuma resposta imediata: *Quer fazer o favor (a gentileza, o obséquio) de entregar este livro ao porteiro?*

Cabe lembrar que a entoação como sinal e expressão de polidez não fica restrita ao uso do imperativo, mas se estende a outros elementos de unidades linguísticas.

Outra manha de linguagem para atenuar as situações de ordem ou comando é o uso do plural do verbo como se o falante quisesse associar-se à ação que deseja que o seu interlocutor execute: *Levemos o livro ao porteiro.* Tal expediente é aproveitamento do chamado plural de convite, que muitas línguas conhecem. Assim, a mãe que, insistindo em dar o remédio que o filhinho rejeita, induz a criança a fazê-lo com a seguinte falsa associação: *Vamos tomar o remedinho.* É tão interessante este uso, que a mãe pode dizer: *Vamos tomar o remedinho e depois vamos passear,* onde a efetiva companhia só se dará em relação ao passeio. O remédio a criança tomará sozinha.

Por este caso, vemos que, mesmo entre pessoas que não guardam cerimônia entre si, a polidez pode refletir-se na linguagem. De modo que é frequente entre amigos o imperativo ser substituído pelo presente do indicativo: Tu vens comigo hoje ao cinema. *Não te esqueces do meu pedido.*

Suaviza-se a expressão do tipo *Eu quero telefonar* ou *Eu preciso sair* substituindo-se o presente pelo imperfeito: *Eu queria telefonar* ou *Eu precisava sair.* Muitas vezes o interlocutor por fingida brincadeira ou por não descodificar corretamente o uso do imperfeito, replica: *Então já não quer? Não quer mais?*

A pergunta com vista a obter informações de outrem, mesmo nos casos em que a função precípua do nosso interlocutor seja atender a esses pedidos de informação, vem, entre pessoas educadas, acompanhada de variadas expressões de polidez: *Que horas são, por favor? Quer fazer o favor (a gentileza, o obséquio) de me dizer as horas? Poderia dizer-me as horas, por favor?* E assim por diante. Em tais situações, o francês usa *s'il vous plaît.* Só entre pessoas de intimidade é que se dispensam tais fórmulas: *Que horas são?* Fora deste caso, a não utilização dessas expressões é sinal de pouca civilidade e atenção às boas normas da convivência social.

Muitas vezes, o interlocutor não entende a pergunta que lhe foi dirigida, e aí é necessário solicitar à pessoa que a repita. Familiarmente, basta um *quê?* um *como?* ou mesmo um *hein? (hem?)* ou um *hã?* Menos familiarmente, *como disse?* Todavia, se não houver intimidade e se quiser o interlocutor ser mais gentil, põe a língua à sua disposição algumas maneiras para expressar a polidez. Além de *Queira repetir, por favor, (faz favor)* ou *Não entendi, desculpe-me,* podemos empregar, como, por exemplo, fazem os espanhóis e franceses, *Perdão*. Em francês, em tais situações, é sinal de vulgaridade o emprego de *Quoi*? Traduz-se aí a polidez por meio de *plaît-il* (e não *s'il vous plaît*?), *comment [dites-vous]*?

Nas fórmulas de agradecimento, usa-se de *[muito] obrigado*, por *[muito] agradecido*, onde os adjetivos *obrigado* e *agradecido* devem concordar, como é de regra, com a pessoa a que se referem, isto é, se homem, *obrigado, agradecido*, se mulher, *obrigada, agradecida*: José respondendo: *Muito obrigado*! Maria: *Muito obrigada*! Na língua coloquial e popular empregam-se esses adjetivos sem flexão de gênero, isto é, Maria agradecendo, *Muito obrigado*! Uma vez por outra ouço a homens: *Muito obrigada*! ou *Obrigadinha*!

Embora não seja caso de polidez, é oportuno neste momento lembrar que no oferecimento que se faz a alguém mediante a expressão *Está servido*, emprega-se entre nós sem flexão também a forma adjetiva *servido*: *José, você está servido*? (em geral mostrando o que se está a comer ou beber), *Maria, está você servido*? ou, simplesmente, em ambos os casos, *Servido*? Acontece que *servido* há de concordar com a pessoa ou pessoas a que estamos oferecendo algo: *José, servido*? *Maria, servida*? *Vocês aí, estão servidos*?

Nas respostas afirmativas ou negativas, manda a etiqueta que, entre pessoas de cerimônia, não se use simplesmente *Sim* ou *Não*; cumpre dizer *Sim, senhor* (*senhora*) ou *Não, senhor* (*senhora*), fórmulas que têm os dois elementos tão solidários entre si, que não se faz pausa entre o *sim* (ou o *não*) e o vocativo *senhor* (*senhora*), apesar de haver obrigatoriamente a vírgula.

Nas situações de desmentidos, em que se contraria o dito ou o pensado pelo nosso interlocutor, as manhas de linguagem para não ofender o semelhante são também variadas. Já o nosso padre Antônio Vieira, trezentos anos atrás, nos dizia mais ou menos isso, pois cito de memória e modernizando-o, que o *não* (no seu texto escrito *non*, o que facilita o entendimento de parte de sua argumentação) é uma palavra terrível, não tem direito nem avesso, e por qualquer lado que o tomemos, sempre nos será desagradável, sempre nos magoará. Assim é que estamos constantemente a suavizar nossa opinião contrária: um dos recursos utilizados consiste em substituir a negação por uma interrogação: em vez de *Você não está com a razão* dizemos *Estará você com a razão*? *Pensa você mesmo assim*?

É no léxico, no uso de palavras que procuram atenuar certos conceitos e opiniões, que a polidez nas línguas é mais evidente, é moeda corrente em todos os estratos sociais. São os *eufemismos* que têm também sua contrapartida, os *disfemismos*. Chamam-se *eufemismos* os vocábulos e expressões que procuram atenuar o impacto negativo que provocam entre pessoas certas alusões a doenças, defeitos, ofensas, superstições e outras noções que ferem a decência ou machucam a sensibilidade. Está claro que não entram só aqui as razões de cortesia, mas ainda o respeito a crenças religiosas e superstições. Muitos desses eufemismos têm origem em tabus linguísticos, de modo que se torna muitas vezes difícil fazer entre eles nítida e rigorosa separação. Os eufemismos e disfemismos se acham hoje bem estudados, na área da língua portuguesa, por mestres que escreveram trabalhos notáveis, como são, entre muitas outras, as obras de João da Silva Correia, Delmira Maçãs e Heinz Kröll — todos com especial atenção para Portugal — e Mansur Guérios e Silveira Bueno, mais particularmente para o Brasil. A cortesia está presente na designação de algumas profissões e ocupações como, por exemplo, o antigo *boticário* é substituído por *farmacêutico*; a *empregada* (*doméstica*) ou *criada* passa a *secretária* ou *mulher a dias*; a alusão a *dona de casa* passa a *prendas domésticas*; o *calista* muda-se em *pedicuro* (*pedicure*); o *salão de barbeiro* (depois *cabeleireiro*) em *salão de beleza* ou, estrangeiramente, *coiffeur* (ou *hair-dresser*); os *lixeiros* são hoje os *homens da limpeza*. Modernamente os programas de respeito e amparo aos velhos se dizem programas ao *idoso* ou à *terceira idade*. Também certos males têm substitutos eufêmicos: a *tuberculose* é referida como *tísica, doença do peito, fraqueza, doença dos pulmões*; da *epilepsia* diz-se *mal santo* ou *sagrado* (por se supor de origem sobrenatural); as doenças venéreas são conhecidas como *doenças feias, doenças do mundo, mal do mundo, mal francês* ou *gálico* (por se considerar proveniente da França). A *morte* e o *diabo* contam com numerosos eufemismos pelas razões óbvias; encheria aqui o espaço com denominações para *morrer*, desde as de caráter literário e religioso, como *finar-se, ir desta para melhor, passar ao reino de Deus*, até as populares *ir para a cidade dos pés juntos, esticar as canelas* ou *vestir pijama de madeira*, sem contar irreverências que o sentimento de respeito e cortesia aos leitores e às boas normas me impedem de lembrar. É de leitura proveitosa o livro do amigo Heinz Kröll *O Eufemismo e o Disfemismo no Português Moderno*, publicado pela Biblioteca Breve do Instituto de Cultura e Língua Portuguesa superiormente dirigido pelo Dr. Fernando Cristóvão, e o do amigo de saudosa memória Mansur Guérios intitulado *Tabus Linguísticos*, trazidos à luz, em 2.ª edição, pela Companhia Editora Nacional e pela Universidade Federal do Paraná.

Uma das fontes dos estratagemas de linguagem com vista a imprimir respeito e cortesia às expressões eram, sem dúvida, os laços de atenção que interligavam os membros da família e, num campo mais vasto, da comunidade; hoje estes laços estão mais frouxos, quando não, infelizmente, deteriorados, especialmente nos grandes centros urbanos. O justo movimento de emancipação das mulheres e a busca do nivelamento delas aos homens trouxeram a queda de alguns traços distintivos entre os dois sexos: a aparência física, os trajes, os adereços e, como não poderia deixar de ser, a linguagem. Os termos grosseiros — antigamente, pelo menos em público, privativos do homem — ganharam foros de cidadania entre as mulheres, e os palavrões correm soltos dos velhos às crianças no recesso do lar, na via pública, nas áreas de lazer de luxuosos condomínios, na escola. A onda contra a censura — mesmo nos casos em que o bom senso a recomendaria — levou ao cinema, ao teatro e já agora à novela de todos os horários os termos chulos. Sabemos que as palavras, como as coisas, se desgastam pelo uso; a frequência que se registra hoje do emprego dessas expressões grosseiras poderá levar a língua portuguesa a uma lacuna no seu repositório de termos chulos, e aí essas pessoas que não passam sem eles ficarão em dificuldades para se maltratarem e se xingarem mutuamente, pois os palavrões estarão tão desgastados, que não se sentirá neles a antiga maledicência que transmitiam. Aliás, isto já está acontecendo. Os atuais dicionários do palavrão se constituirão em peças de museu e de investigação linguística como hoje acontece com os glossários e elucidários da língua arcaica. Se não houver um repensar na educação em sentido amplo, falantes de português terão de expressar unicamente seus xingamentos por meio de gestos, como fazem hoje para um ou outro mau pensamento em relação a seu próximo. Eles se terão aproximado ainda mais dos macacos: *Asinus asinum fricat*, para dar ao tema um sabor de sabedoria clássica.

Texto publicado no jornal *Mundo Portugu*ês e na revista *Na Ponta da Língua*, originalmente em três partes: 27/9/1990, 11/10/1990 e 19/10/1990.

Nota

1   BARRETO, Mário. *De gramática e de linguagem*, I, 15 1-2, Simões: 1955.

As palavras também escondem a idade

Qualquer falante do português estabelecerá facilmente a relação de significação que existe entre as palavras *pé* e *pedal*. Todavia há entre elas outras relações mais, que escapam ao utente pouco informado sobre a vida e a história de palavras numa língua. Desentranhar desse corredor pouco acessível ao comum dos mortais alguns desses segredos que as palavras nos revelam, é a intenção do nosso comentário de hoje.

Entre *pé* e *pedal* se estabelece, além da relação semântica acima referida (*pé* 'parte inferior extrema do corpo humano' e *pedal* 'peça de instrumento em que se assenta o pé'), uma relação cronológica de entrada de cada um desses elementos no idioma. A forma pé revela que se trata de uma palavra mais antiga no português, já que se estampam nela os fenômenos da fonética histórica vigentes no desenvolvimento de nossa língua: *pé* teve um antepassado arcaico *pee* com dois *ee* e dissilábico (pe-e), pois procedia de um dissílabo latino *pedem*, acusativo, cuja marca de caso (isto é, o *-m* final) deixou de ser correntemente ouvido no latim tardio, resultando daí a forma *pede*.

Com o desaparecimento desse modo acusativo é um fato normal e regular (as poucas exceções confirmam a regra), as gramáticas históricas costumam indicá-lo pela forma *pede-* (com um traço final, marca da apócope aludida). Outra generalidade do devenir histórico do português é a síncope do *d* intervocálico *-d-* (*d* precedido e seguido de um traço). Teremos, assim, estabelecido uma cadeia do desenvolvimento histórico: pede- > pee (pe-e, dissílabo) > pé (por crase ou fusão de fonemas iguais).

Se prestarmos atenção, verificaremos que de *pede-* a *pé*, houve, através do tempo, redução do número de fonemas: quatro em *pede* (p-e-d-e), três em *pee* (pe-e) e dois em *pé* (p-e). Não é sem outra razão que se diz que uma das tendências do devenir histórico das línguas é a simplificação, a chamada "lei do menor esforço". Por isso, também, quando os linguistas historicistas do século passado quiseram indicar o desenvolvimento histórico de uma forma anterior a outra, adotaram os sinais > e <, já correntes em matemática, para expressar que para onde estivesse voltada a abertura do sinal, aí estaria o vocábulo foneticamente maior, mais cheio, mais completo. De outro modo, mas dentro do mesmo espírito, dizemos, os que lidamos com fatos linguísticos, que o sinal > 'dá origem a', 'transforma-se em' e < significa 'procede de'.

Como *pedal* é um vocábulo em que não se deu a queda ou síncope regular do -*d*-, significa isto que *pedal* entrou na língua numa época em que já não era regular a síncope, o que vem permitir concluir que entrou em uso posterior a *pé*: na sua forma, *pedal* não reflete as tendências da fonética histórica portuguesa. *Pé* é antigo e *pedal* é mais recente no idioma.

Ocorre o mesmo, por exemplo, entre *mês* e *mensal*. *Mês* < *mense*-, onde se deu a simplificação do *n* do grupo *ns*, além da apócope do *e*- (= do *e* final); em *mensal*, temos intacto o mesmo grupo -*ns*-, o que patenteia ser vocábulo de introdução posterior a *mês*.

Antigamente, uma forma do tipo *pé* e *mês* era chamada *popular*, e outra do tipo de *pedal* e *mensal* era chamada *erudita*, porque, com pequena adaptação ao gênio do fonetismo português, refletia a integralidade da forma originária latina. Hoje, em vez desses nomes, que podem levar o leitor a dar interpretação literal aos adjetivos *popular* e *erudita* — e assim entender uma meia verdade —, preferem-se, respectivamente, as expressões *hereditário* e de *empréstimo*, para indicarem formas que existiam no léxico da época em que o português se constituiu como tal ou, então, formas que foram introduzidas depois dessa fase.

Há empréstimos que se afeiçoam ao gênio da língua que os adota e há outros que guardam vestígios de sua origem estrangeira: só o estudioso sabe que *sinuca* é o inglês *snooker*, mas já *soirée* denuncia procedência francesa.

Como nos ensina mestre Said Ali, esses empréstimos "nunca se restituem; dívidas que jamais se resgatam, salvo com outro empréstimo. Na linguagem faz-se isto sem cerimônia. Não se propõe nem se pede. Tira-se".[1]

O patrimônio linguístico não se enriquece apenas com esses empréstimos, pois que o idioma tem seus processos de formação de novas palavras por meio de elementos, já existentes acrescidos de afixos (prefixos e sufixos) e de combinação de palavras, processo a que se dá o nome de composição.

Texto publicado no jornal *Mundo Português* e na revista *Na Ponta da Língua*, em 22/3/1991.

Nota

1   ALI, M. Said. *Dificuldades da língua portuguesa*, 6.ª edição, Livraria Acadêmica: 1966, p. 169.

As palavras têm seu destino

A célebre frase de um verso incompleto do poeta latino Terenciano Mauro (nascimento e morte em datas desconhecidas, mas durante ou logo depois do século III) referida aos livros, *Habent sua fata libelli* (Os livros têm seu destino), pode perfeita e rigorosamente aplicar-se às palavras, no seu percurso nos livros, nos dicionários, na leitura e interpretação das pessoas, na transmissão oral: *Habent sua fata vocabula*.

São conhecidas histórias de palavras que nasceram da má leitura de textos antigos; algumas dessas invenções tiveram vida efêmera. É o caso de *canto de ledino*, que aparece na écloga de Cristóvão Falcão, na edição de Birckman, e que levou Teófilo Braga a acreditar que na literatura portuguesa houvesse um gênero de *cantos de ledino*, o que nunca existiu. Com esta denominação, o gênero foi agasalhado por mestres de saber profundo, como D. Carolina Michaëlis de Vasconcelos e por Francisco Adolfo Coelho, que logo estendeu a denominação aos cânticos de romaria, além de ilustres estrangeiros, como Ernesto Monaci, Ugo Canello e Menéndez y Pelayo, entre outros.

Quem deu pelo erro de leitura de *canto de ledino* foi Epifânio Dias na sua edição das *Obras de Christóvão Falcão* (Porto, Magalhães & Moniz, 1893). Mostrou que se deveria ler *canto de ledino* (= digno dele), lição que logo abraçou D. Carolina no Quadro da Literatura Portuguesa, que escreveu para o *Grundriss*, de Gröber.[1]

Outras vezes é o erro de revisão que desorienta o leitor. Conhecemos, em nossos estudos de língua, dois ou três casos bem reveladores. O primeiro ocorreu numa obra do filólogo Otoniel Mota sobre o pronome se, na qual procura discordar da interpretação oferecida por Said Ali, em artigo publicado no fim do século passado e, a partir de 1908, recolhido nas *Dificuldades da língua portuguesa*, uma das obras mais profundas e penetrantes que se escreveram acerca do nosso idioma.

O opúsculo de Otoniel Mota, publicado em 1905 e com 52 páginas, com o título *Ensaio Linguístico*, faz finca-pé em alguns exemplos clássicos em que ocorre o pronome *se*, e aí cita o de Castilho, que aparece na bela introdução aos dois volumes da Livraria Clássica dedicados ao padre Manuel Bernardes:

> Por tudo isto se admira Vieira; a Bernardes admira-se e ama-se (assim citado por O. Mota).

Said Ali respondeu ao opúsculo de Otoniel Mota com uma breve nota de rodapé de página, balançando a teoria difundida pelo seu opositor pelo simples fato de estar o exemplo mal transcrito:

> E o mais bonito de tudo é que Otoniel Mota está equivocado: o primeiro membro também tem a preposição *a*. O trecho devia ser citado assim: 'Por tudo isto se admira a Vieira (*e não se admira Vieira*); a Bernardes admire-se e ama-se' (...) Logo, quanto à elucidação que nos havia sido dada, ficará naturalmente o dito por não dito.[2]

Para o outro exemplo, ficaremos devendo ao leitor as referências mais exatas, porque, neste momento em que escrevemos, não topamos entre nossos livros o opúsculo que o competente lexicógrafo Conde Pinheiro Domingues escreveu, sob pseudônimo, para comentar as informações e lições de Laudelino Freire exaradas numa série de alguns volumes com o título *Livros de Camilo*.

Laudelino Freire foi um extremado cultor do vernáculo que, além de obras de sua própria oficina, se notabilizou pelo carinho e dedicação com que manteve, por vários anos, a *Revista de Língua Portuguesa*, a publicação de maior vitalidade no gênero, saída no Rio de Janeiro. A esta *Revista* veio juntar-se a *Estante Clássica*, também com uma dezena ou mais de números relativos a excelentes escritores brasileiros e portugueses, todos eles acompanhados de introdução e notas a cargo dos melhores especialistas, alguns dos quais de rara produção no Brasil, como José Joaquim Nunes e Júlio Moreira.

Não contente com tantas iniciativas em prol do estudo e difusão do idioma, foi responsável, em 1922, por uma edição fotografada da 2.ª edição de 1813 de um tesouro da lexicografia portuguesa, o *Dicionário* de Antônio de Morais Silva, esgotadíssimo e indispensável instrumento para leitura dos clássicos.

Com seu nome ocorre ainda um excelente *Dicionário*, do qual não foi exclusivo responsável. Começou com a colaboração de vários especialistas (João Guimarães, Artur de Almeida Torres, Modesto de Abreu, Alírio Réveilleau, Agenor Macedo, entre outros), como obra de equipe, acabou tendo por principal colaborador até o fim da publicação o professor paulista João Luiz de Campos, especialmente depois da morte de Laudelino Freire, quando já estavam concluídos os materiais relativos às letras A e B.

Apesar desse convívio e experiência das leituras filológicas, Laudelino não era um especialista no rigor do termo.

O seu preparo de vernaculista não lhe evitou várias lições que logo mereceram crítica de estudiosos. É aí que entra o opúsculo do Conde Pinheiro Domingues, lexicógrafo dotado do conhecimento de várias línguas, leitor de uma vasta gama de autores clássicos e pré-clássicos de todos os gêneros literários e dono de uma biblioteca especializada em lexicologia e lexicografia que faziam inveja a qualquer pesquisador europeu ou americano. O Conde Pinheiro Domingues, que ainda menino e moço chegamos a conhecer pessoalmente, estava, como ninguém entre nós àquela quadra, preparado para levantar os primeiros alicerces do nosso imprescindível dicionário histórico, ainda hoje não trazido à luz, infelizmente. Com seu falecimento, em dezembro de 1947, ficaram seus estudos esparsos em revistas, jornais e opúsculos, quase sempre escondidos sob a capa de pseudônimos. Ainda acalentamos o sonho de publicá-los em honra de tão excelente cultor de nossa lexicografia, que reunia ainda — e o dizia com orgulho — a honra de ter sido aluno de Epifânio Dias.

Com esta bagagem de informações técnicas não lhe foi difícil encontrar senões na série em que Laudelino, à medida que ia lendo e relendo os livros de Camilo, lhes apunha comentários, *maxime* de vocabulário. E, num desses tópicos, ao Laudelino defrontou-se-lhe uma palavra que lhe era desconhecida. Dele e dos léxicos todos compulsados pelo comentarista, que logo se imaginou diante de um hápax, isto é, de uma palavra que ocorreu uma única vez em obra de qualquer gênero. Era, realmente.

Veio o Conde e mostrou-lhe que infelizmente não se tratava de um hápax, e sim de um erro de impressão, por azar do pesquisador corrigido na Errata, ao final do livro consultado.

Falávamos de más leituras de palavras que têm levado estudiosos a falsos caminhos. Casos destes ocorreram com mestres de larga experiência e valor, entre os quais lembramos agora João Ribeiro, num dos capítulos desse livro encantador, de leitura saborosa, repleto de lições admiráveis intitulado *Curiosidades Verbais* em 1.ª edição pela Melhoramentos (1927) e, em 2.ª edição, pela Livraria S. José, do saudoso Carlos Ribeiro, com prefácio do não menos saudoso M. Cavalcanti Proença.

Trata-se do cap. 38 em que procura explicar a palavra *granadeces* que aparece numa *Cantiga de Santa Maria* escrita pelo rei-trovador Afonso X, *o sábio do século* XIII. Comenta João Ribeiro, lendo o texto da edição parcial preparada e anotada pelo erudito padre Augusto Magne, que o passo:

> (…) provezendo
> Tas santas *granadeces*,

que o editor interpreta "aumentando as tuas santas excelências", pode ter outra explicação, já que não diz "donde ela se formou". E continua sua lição:

A palavra 'granadece' deriva de "granado", por sua vez derivada de grano = grão. Uma messe granada era a messe já em grão e, portanto, valorizada, de grande preço. A granadece é a preciosidade e excelência ou perfeição.[3]

Depois de citar exemplos de "granado" no livro de *Buen Amor*, do Arcipreste de Hita, do século XIV, conclui:

> Uma cousa 'granada' é a que atingiu o seu máximo valor. E daí natural significação que se deve dar às "granadeces" da Virgem Santa, isto é, o preço, "Paramount", de suas excelências e virtudes.

E para finalizar:

> O intuito dessa anotação é o de apenas ajuntar mais um caso semântico em que a ideia de valor, preço e riqueza deriva dos rebanhos e dos campos. Foi dessa origem bucólica que nasceu a moeda universal.[4]

Ocorre que as pesquisas filológicas e de crítica textual vieram possibilitar-nos o conhecimento de uma fixação textual mais rigorosa e uma das palavras mal grafadas na antiga edição de Leopoldo de Cueto, marquês de Valmar,[5] segundo o moderno editor Walter Mettmann,[6] é *granadeces*, em vez de *grãadeces*, visivelmente filiado a grande e não a grão (grano), como supunha nosso João Ribeiro, com que vai por terra toda sua explicação por metáfora. Deveu-se o desvio do nosso erudito filólogo à má transcrição promovida pela edição de Valmar.

Aliás, a má transcrição da nasalidade nas vogais em textos medievais portugueses levou a falsas explicações o erudito filólogo alemão Oskar Nobiling. Este mestre por motivos de saúde se transferiu para o Brasil, em busca de melhores ares e, em São Paulo, honrou nosso magistério público como catedrático de língua alemã, escrevendo e adaptando entre nós livros didáticos de seu idioma e de inglês.

Nobiling nasceu em Hamburgo, a 30 de março de 1865, e faleceu, prematuramente, em Bonn aos 19 de setembro de 1912, quando mais se esperava de seu profundo conhecimento de línguas românicas, com especial atenção para a literatura medieval portuguesa, campo em que produziu estudos do mais alto valor. Era, portanto alemão, e não suíço, como por vezes aparece nas raras referências biográficas em português.

Em 1907, concorre à cátedra de Filologia Românica da Universidade de Bonn, com a tese *Cantigas de D. Joan Garcia de Guilhade*, trovador do século XIII, escolhidas e anotadas (Erlangen), cátedra conquistada por W. Meyer-Lübke. No mesmo ano e na mesma cidade alemã saem *As Cantigas de D. Joan Garcia de Guilhade*, edição crítica, trabalho ainda hoje modelar.

Seu famoso estudo sobre as nossas vogais nasais publicado em alemão em 1903 e traduzido pelas professoras Dinah Maria Isensee Callou e Maria Helena Duarte Marques, na revista *Littera*,[7] que dirigimos durante a década de 1970, baseara-se na edição preparada pelo orientalista português Guilherme Vasconcelos Abreu (1842-1907). Neste trabalho o editor moderniza e altera a lição dos fatos linguísticos, entre eles, o final do latim *o* nem aparece no manuscrito ora como *am* ora *-ã* (*confissam*, *coraçã*), lição que V. Abreu, com base no étimo latino, sistematiza em *-õ* (*confusõ*, *coraçõ*), o que levou Nobiling a enganos, prejudicando suas conclusões.

Chamamos a atenção do nosso leitor — há já alguns anos, nesta seção — para o caso de palavras que nasceram de má leitura de textos e que, empregadas por pessoas de projeção cultural, acabaram ganhando foros de cidade e entronizadas definitivamente no léxico da língua e nos seus dicionários. É o caso das chamadas *palavras-fastasmas*, "ghost words". Um exemplo clássico é do latim científico *collimare*, que nunca existiu no idioma de Virgílio, até que, provavelmente por falsa leitura de antigas edições de Cícero e Aulo Gélio, o autêntico *colliniare* ou *collineare*, 'alinhar', 'pôr numa mesma linha', foi lido *collimare*. Adotado por Kepler, com aplicação a instrumentos ópticos e tipográficos, e pelos astrônomos do século XVII, passou ao italiano que, com quase toda certeza, serviu de fonte de empréstimo às línguas cultas da Europa, inclusive o português, aqui a partir da 2.ª metade do século XIX.

Originariamente, *colimar* significa observar com instrumento adequado, e depois, por extensão, *mirar*, *visar*, como se lê no *Dicionário Etimológico* do saudoso A.G. Cunha.

Outro exemplo interessante — e este mais complicado — é o que registra a história do nome da conhecida planta ornamental tulipa, da família das liliáceas. Sem conhecer os pormenores da história, quem poderia sonhar que tulipa e turbante, este designativo de um tipo de cobertura da cabeça, estivessem tão umbilicalmente associados?

Tudo começou quando um gentil homem da então região francesa de Flandres, hoje pertencente à Bélgica — Ogier-Ghislain de Busbecq (1522-1592), diplomata, escritor e naturalista, sendo embaixador do imperador Fernando I na Turquia —, introduziu na Europa várias plantas do Oriente: além da tulipa, o lilá e a castanha-da-índia. Da tulipa, nas *Legationis Turcicae epistolae* IV, atribui-lhe a origem turca ("corum [florum] quos Turcae tulipan vocant"). Ora, a tulipa em turco chama-se *lâle*, enquanto a palavra *tülbent*, de origem persa, indica a conhecida cobertura da cabeça, palavra que já tinha entrado na Europa, mormente na Itália, desde o século XV, com a forma turbante.

Não se sabe bem se se tratou de um equívoco de Busbecq, ou do seu intérprete, ou porque se sabia que os europeus viam semelhança da tulipa — especialmente a branca — com a conhecida cobertura de cabeça quando aberto o turbante; o certo é que entrou no italiano sob a forma *tulipano*, mediante o francês arcaico *tulipan*, presa ao turco *tülbent*.

Na realidade, o interesse europeu pela planta começou muito cedo, e às línguas da Europa o termo foi introduzido, como é fácil de ver, pelo francês *tulipe* (antigo *tulipan*) e pelo italiano tulipano, sob mais de uma roupagem. O excelente e bem informado *Dictionnaire Historique de la Langue Française*,[8] da coleção Le Robert, sob a direção de Alain Rey cita um dicionário flamengo-latino-francês do século XVII que registra a forma *tulpe* designativa tanto do turbante quanto da tulipa, e assinala o papel importante da Holanda no cultivo da flor da planta desde essa época até hoje. A passagem no francês da forma *tulipan* (já atestada em 1600) a *tulipe* (atestada em 1611) não se acha ainda perfeitamente explicada; pode-se pensar que o final -*an* fosse interpretado como o sufixo -*ano,* ou ainda pode-se pensar na influência da Holanda como grande centro de cultivo da tulipa e de sua flor.

Da primeira forma *tulipan*, tirada da forma turca *tulipant*, procede o italiano *tulipano*, e provençal *tulipan*, o espanhol *tulipán*, o alemânico *tulipane*, o russo *tioulpan*, o dinamarquês *tulipa*, o sueco *tulpan*.

Da forma do francês moderno procede o português tulipa, que também passou ao espanhol *tulipa*, mais raro que o usual *tulipán*.

Este excurso acerca da origem da tulipa põe luz a uma velha discussão iniciada pelo notável foneticista e filólogo português Gonçalves Viana, nas *Apostilas aos Dicionários Portugueses*.[9] A discussão diz respeito a se se havia de pronunciar *tulipa*, como recomendava o *Novo Dicionário* de Cândido de Figueiredo, ou *túlipa*, proparoxítono, como aconselhavam Roquete, o *Manual Etimológico* e o *Dicionário Prosódico*, de João de Deus.

Para Gonçalves Viana o correto seria *túlipa*, proparoxítono, e assim adota a lição nos seus *Vocabulário ortográfico e ortoépico da língua portuguesa e Vocabulário ortográfico e remissivo da língua portuguesa*. E praticamente a lição generalizada nos léxicos portugueses, e, quando, por exceção, alguns registram tulipa, paroxítono, logo remetem a *túlipa* como a preferida. Outra não foi a acolhida no *Vocabulário ortográfico da língua portuguesa*, da Academia das Ciências de Lisboa.[10]

Entre nós, no Brasil, o corrente é tulipa, paroxítono: o recente *Vocabulário Ortográfico da Academia Brasileira de Letras* agasalha tulipa, e registra *túlipa*, como variante prosódica.

Mas cabe agora perguntar em que se estriba a lição recomendada por Gonçalves Viana, *túlipa*. A explicação prende-se à hipótese de que da Holanda, onde a flor recebe o nome *tulp* (pronuncia-se *tölp*), partiu para o resto da Europa e aparece, nos escritos científicos, sob a forma alatinada tulipa que, para Viana, se há de ler *túlipa*, com o acento na primeira sílaba, visto que entre o *l* e o *p* não há vogal, e a flor predileta dos holandeses de lá é que veio, com o nome que lhe eles deram e os mais povos imitam.[11]

Esta hipótese da precedência holandesa está por ser comprovada; vimos que a forma *tulpe* aparece documentada em léxico do século XVII, enquanto as primeiras datações na Europa remontam a 1554, nos jardins de Viena de Austria.

Por outro lado, é curioso observar que Viana tinha diante dos olhos, pois traduziu do holandês para o português e a inseriu nas *Apostilas*, a lição de um filólogo e historiador do porte do holandês Reinhart Dozy (pronuncie dôzi) (1820-1883) sobre *turbante* e *tulipa*:

> Tulbant, Tulp — a primeira palavra é o persa *dulbant*, ou o turco *tôlband*. Kiliann dá-o em duas formas, convém, a saber, como *turbante*, e como tulipa [tulp]. Como nome da flor, tanto ele como Dodoneu só conhecem *tulipa*; em italiano chama-se *tulipano*, e é a mesma palavra que *turbante* [tulband]; os europeus deram-lhe este nome, porque ela, o que também diz Dodoneu (*Cruydt Boek* [livro das plantas], p. 388b), se parece um tanto com um turbante quando está aberta de todo. Os persas e os turcos chamam a flor lâleh [- lãlehl].[12]

Vimos, no trecho citado, três autoridades holandesas, acostumadas a discussões gramaticais — como é, pelo menos, o caso de Dozy, coautor com Engelmann do famoso e prestante *Glossaire des mots espagnols et portugais dérivés de larabe*[13] —, e em nenhuma há referência a dar à Holanda a primazia de ser o centro difusor da *tulipa* na Europa, nem a discutir a sílaba tônica divergente em turbante e *túlipa*, presos a uma única origem oriental. Parece, pois, que o holandês *tulp* só modernamente teria influído, em Portugal, por influência erudita, na pronúncia proparoxítono de *tulipa*, esta sim forma tradicional que marcha, ao lado da espanhola tulipa, com a sua fonte francesa *tulipe*.

Esta interferência erudita, contrariando o curso da história, tem contaminado muitos nomes, comuns e próprios; a nosso ver, parece ter acontecido isto com o autor da nossa primeira história do Brasil, Pero de Magalhães de Gandavo, hoje alterado para Gândavo, fato de que falaremos num dos próximos artigos desta seção.

A história do léxico português precisa do concurso dos pesquisadores modernos para sair do atraso em que se encontra, só não maior porque tem merecido a atenção de estudiosos portugueses, brasileiros e estrangeiros.

Mas há muito para se fazer ainda.

A atenção maior de excelentes pesquisadores universitários tem-se voltado para a língua falada, fugaz e indomada, repleta de entornos alheios ao domínio propriamente linguístico. Enquanto isso, a língua escrita, que, pela sua relativa fixidez, propicia o diálogo permanente de gerações, fica em segundo plano, quando não esquecida.

Nos países de forte rede educacional e cultural, que já contam com excelentes repositórios lexicais, gramaticais e históricos, a devoção da língua falada é um complemento necessário da pesquisa. A língua portuguesa ainda não goza deste privilégio, de modo que a situação atual se mostra danosa ao patrimônio idiomático, tanto no plano sincrônico (do funcionamento), quanto no diacrônico (da mudança).

A toda hora, temos acréscimos e alterações no domínio do nosso léxico; há semanas, lendo a *Revista Lusitana* (1887-1943), vol. IX de 1906, p. 384, topamos a lição do Rev. Cunha Brito, segundo a qual o que se depreende da lição dos pergaminhos de Ponte é o termo *armuzello*, e não *armazello*, como está no *Elucidário* de Viterbo, e daí transmitido ao Morais, ao Fonseca & Roquete, grafado *armasello,* e ao *Dicionário* de Cândido de Figueiredo, sob a forma *armaselo*. O *Morais*, em 12 volumes, e o *Vocabulário* da ABL registram *armuzelo* e *armazelo*. A forma nascida de erro de leitura, *armazelo*, uma palavra-fantasma, deve ser eliminada do nosso léxico, como o declara Leite de Vasconcelos.[14]

> Texto publicado no jornal *Mundo Português* e na revista *Na Ponta da Língua*, originalmente em cinco partes: 30/12/1999, 6/1/2000, 13/1/2000, 20/1/2000 e 27/1/2000.

Notas

1. Revista Lusitana, vol. III, Porto, 1895, p. 355, nº 1.
2. ALI, M. Said. *Dificuldades da língua portuguesa*, 5.ª ed., Livraria Acadêmica: 1957, p. 95, n.º 2.
3. RIBEIRO, João. *Curiosidades verbais*, 1.ª ed., Editora Melhoramentos: 1927, p. 141.
4. RIBEIRO, João. *Curiosidades verbais*, 1.ª ed., Editora Melhoramentos: 1927, p. 141.
5. CUETO, Leopoldo de, marquês de Valmar. Real Academia Española, Madri: 1889.
6. METTMANN, Walter. *Acta universitatis conimbrigensis*, 4 vols, Coimbra: 1959-1972.
7. NOBILING, Oskar. "As vogais nasais em Português", artigo traduzido — Revista Littera, n.º 12, out.-dez. de 1974.
8. REY, Alan. *Dictionnaire historique de la langue française*, 2 vols., nouv. Édition, Paris: 1994.
9. VIANA, Gonçalves. *Apostilas aos dicionários portugueses*, 2 vols., Lisboa, Livraria Clássica Editora: 1906.

10 *Vocabulário Ortográfico da Língua Portuguesa*, da Academia das Ciências de Lisboa — Imprensa Nacional: 1940.
11 VIANA, Gonçalves. *Apostilas aos dicionários portugueses*, 2 vols., Lisboa, Livraria Clássica Editora: 1906.
12 VIANA, Gonçalves. *Apostilas aos dicionários portugueses*, 2 vols., Lisboa, Livraria Clássica Editora: 1906.
13 DOZY, Reinhart. *Glossaire des mots espagnols et portugais dérivés de larabe*, 2.ª ed., Leyde, E. J. Brill: 1869.
14 *Revista Lusitana* (1887-1943), vol. IX de 1906.

É PRECISO ILUSTRAR E PROMOVER A LÍNGUA PORTUGUESA

Os documentos oficiais ou particulares escritos desde sempre em favor das excelências da língua portuguesa, da necessidade de sua ilustração e da garantia de sua expansão pelo mundo e da luta de expressão para não ser subjugada pelas novidades desnecessárias de outras línguas de cultura — ontem o francês, hoje, o inglês, por via americana — têm tido a vida das rosas de Malherbe, isto é, são ligeiramente passageiras. Mal terminam os últimos ruídos da campanha, engavetam-se os documentos, silenciam os padrinhos da iniciativa e satisfazem-se com isso as autoridades por não terem de gastar quantias não orçadas pela educação e saúde, já que o descaso pelo idioma é um sintoma de que a cultura está doente.

Antigamente, a defesa e a ilustração da língua materna eram a alavanca para defendê-la do prestígio sufocante do latim, garantindo-lhe idoneidade e direito de existência, ou, então, o prestígio de um idioma vizinho, capaz de fazer ruir a sua soberania. Tal ideário se filia à simpatia nascida no Renascimento pelos idiomas vulgares neolatinos, no caso, dando-lhes projeção e riqueza para competir com o grego e o latim. É o caso, na primeira circunstância, num propósito eminentemente linguístico, do português e do espanhol em face da supremacia cultural do latim; na segunda, do espanhol em relação ao italiano, já agora num propósito eminentemente de supremacia político-linguística para os destinos da cultura europeia.

Gozaram, assim, de vida mais duradoura o *Diálogo de João de Barros* (1540) e o de Juan de Valdés (1535), em cujos textos várias questões de língua foram tratadas com maior segurança e inteligência do que vemos discutidas em livros ou na imprensa por pessoas jejunas de informação linguística, filológica ou, então, com forte colorido político. A questão pode, no fundo, ser política, mas de política linguística. Assim é que, para ficarmos no tema dos estrangeirismos e neologismos que tanta tinta tem feito correr entre nós e os portugueses, Valdés, no seu *Diálogo de la lengua*, aí, por volta de 1535, já esboçava uma atitude bastante arejada e em consonância com os melhores teóricos de hoje acerca dos conhecimentos dos novos objetos importados; da expressividade que os termos novos emprestam aos naturais que se vão envelhecendo; e ainda da aceitação de termos novos, provenientes do latim, língua matriz do português e do espanhol, e exemplifica com *facilitar*, *fantasia*, *aspirar a algo*, *entretejer* ou *manejar*, na lição do linguista espanhol, há pouco falecido, Fernando Lázaro Carreter, no seu último livro, intitulado *El nuevo dardo en la palavra*.[1]

A França, que se notabilizou como a língua românica que se apresenta como a mais normatizada no seu emprego padrão pelos esforços seculares de gramáticos, de apoio político e da extensa escolarização que integra a totalidade dos franceses a partir das últimas décadas do século XIX, não é por acaso que se nos impõe à admiração. Isso representa o esforço secular dos homens de letras e dos intelectuais cujos pródomos podem ser rastreados no programa defendido por Joachin du Bellay em *La Defense et illustration de la lange française* (1549), na qualidade de porta-voz da "docte brigade", como teórico da Plêiade, juntamente com Ronsard, Réme Relleu Baif, entre outros. O propósito era a renovação estática da poesia francesa no Renascimento, mas para tanto se impunha a defesa e a ilustração da língua diante da concorrência com o latim.

Assistimos, assim, por todas as nações cultas, a um esforço de intelectuais no sentido de consagrar instituições e obras destinadas à defesa e à ilustração da língua nacional.

Cria-se na Itália, no final do século XVI (1583), a Academia della Crusca. Seu objetivo está explícito na palavra *crusca*, que significa "resíduo de grão esmagado pela moenda". Metaforicamente, queria a instituição anunciar que seu propósito era a purificação da língua, ratificada pela legenda *Il piú bel for ne coglle*.

A Academia della Crusca influenciou o aparecimento de outras agremiações congêneres, como a Fruchtbringende Gesellschaft (1617), a Academie Française (1635), a Real Academia Española (1713) e a Academia Real das Ciências (1779).

Se essas instituições foram produtivas ou improdutivas nos seus objetivos, não é nossa intenção aqui discutir; o que vale ressaltar é a presença de um órgão a que estavam afeitos problemas de língua, de literatura e de teorização poética. Vale a simbologia de defesa e ilustração do idioma e dos temas conexos.

Entre nós brasileiros o movimento se caracteriza pela ação de defesa: defesa contra os solecismos, os galicismos, a alteração semântica de palavras do caudal clássico (séculos XVI-XVII) e até contra lições mal formuladas por vernaculistas desavisados. A muitos dos bons e preparados estudiosos devemos o progresso nessa área.

Mas pouco, pouquíssimo, se tem feito no campo da ilustração e do apoio governamental à projeção da língua portuguesa no mundo, nas ajudas a cátedras universitárias no estrangeiro.

O Dr. Antonio Gomes da Costa, em recente artigo, clamou pela ajuda isolada ou combinada dos governos português e brasileiro, com a presença da Secretaria Cultural do Itamaraty. Com a falta de subsídios oficiais, está ameaçada de extinguir-se a cadeira de língua portuguesa na Universidade de Humbodt (Alemanha) e na Sorbonne (França).

Enquanto isso, numa política inteligente e generosa, vai-se ampliando a geografia cultural da língua espanhola por todo o mundo.

A atividade policianesca com que se tem procurado defender a "pureza" da língua portuguesa segue o caminho oposto de uma orientação e de medidas inteligentes para se atingirem os mesmos objetivos de maneira mais eficaz e duradoura. Tomam-se as providências ou se finge tomá-las, depois de arrombadas as portas que deveriam servir de proteção ao uso decente da língua pátria como atividade e espelho da cultura da comunidade que dela se utiliza. Daí a ineficácia das providências, fracasso que persistirá enquanto não se mudarem as verdadeiras medidas saneadoras na direção certa. E a direção certa consiste numa série de providências que mostrarão, a longo prazo, seus resultados positivos. Enquanto as autoridades pensarem em eleitores, em vez de pensarem em cidadãos (e falam tanto em cidadania como moeda de ouro!), virão medidas paliativas, mais para camuflar o problema e embair as vítimas de um governo desastroso do que para minorar e caminhar no sentido de se chegar à solução do problema.

Está claro que um problema de tal magnitude — como é o problema da educação e da cultura — não deve depender só da ação das autoridades governamentais, mas amplia a participação da sociedade nas mais variadas camadas em que esta se estrutura. Educação e cultura é tarefa de todos, nas áreas de sua responsabilidade e poder: o governo, a escola, a família e o cidadão são partícipes do vasto exército convocado para fazer chegarem a bom termo a educação e cultura.

Sem tais elementos congregadores, virão as medidas repressivas que não produzem os efeitos delas esperados, como temos visto desde sempre.

Para ilustrar e promover a educação e a cultura — de que resultarão os efeitos em benefício da competência linguística dos falantes — é imprescindível uma escola pública de bom nível, capaz de habilitar todos os seus alunos a ocupar com sucesso os espaços demandados pela sociedade. A rede escolar de outros países, tanto do ocidente quanto do oriente, tem-nos mostrado que a consecução desta tarefa não resulta de milagre, mas de uma política inteligente e permanente que, longe de se esgotar no espaço de uma administração governamental, se prolonga pelas administrações subsequentes, por se tratar do resguardo e proteção do patrimônio de todos os cidadãos, independente de classe social ou credo político.

As medidas operacionais para se alcançar tal desiderato são do conhecimento dos professores e dos técnicos em educação: preparação do pessoal docente, remunerado condignamente, com os antigos dois meses de férias, em cujo espaço pode encontrar tempo pare ler e aperfeiçoar-se; escolas dotadas de boa biblioteca. As despesas com compra de livros de sua área e afins devem ser abatidas, sem limites, no imposto de renda, como eram até o final do regime militar, e dasaparecida essa faculdade no início do governo civil.

Relativamente ao alunado, há de ter tempo integral na escola, ser promovido pelo seu empenho e não pelo desastroso expediente da promoção automática. Deve-se criar na escola o hábito da leitura, e não ser esta uma medida sazonal só posta em prática nos eventos da "Semana da leitura".

O contato com o livro e o hábito de leitura exigem uma continuidade que não deve ser interrompida, sob pena de resultados negativos.

Daí ser menos preocupante recente suspensão, sem motivação plausível, do programa federal de distribuição de livros para alunos até o 5.º ano do ensino fundamental, quando já projetava estendê-lo aos do 9.º ano.

Devem ainda as autoridades trabalhar por reimplantar os cursos normais que preparavam professores de ensino fundamental[2]. Dizia com razão um antigo Ministro da Educação francês que não se poderia entregar crianças do primário a pessoas também primárias.

Promover ainda a criação e expansão de bibliotecas de bairro que, com a participação da escola e da comunidade, levem a criança a procurar o livro, desenvolvendo seu hábito de leitura.

Sensibilizar as fontes outras de cultura da sociedade (escritores, jornalistas, intelectuais de áreas técnicas, artistas do rádio e da televisão, entre outros) que abram, à medida do possível e nas comunidades, mais espaço na utilização do português padrão. Como disse certa vez o linguista espanhol Amado Alonso, o movimento que objetiva a fragmentação empobrecedora da fala não leva a nenhum resultado do tipo nacional ou original. Tal movimento põe em risco a própria existência do idioma na variedade de nível do veículo de cultura; a língua não é só expressão, mas também rastro sintomático de situações humanas.

Uma língua considerada em toda sua dimensão histórica é uma realidade integrada por variedades cronológicas, regionais, sociais e de estilo. Mas escolhida a variedade para ser expressão culta de toda a nação, ela se nos apresenta idealmente mais normatizada e, pela ação e projeção da escola e das pessoas de cultura, sobrepaira a todas as outras variedades. Sobre essa variedade que se tornou exemplar, por mais de um esforço de uniformidade, se escreveu a gramática e o dicionário com visão e objetivo normativo, produtos que norteiam os falantes nativos, independentemente do lugar onde nasceram. Assim, Cândido de Figueiredo, num dos primeiros prefácios ao seu *Dicionário*, cuja edição inicial data de 1899, declara que os portugueses também estudam a língua portuguesa em gramáticas escritas por brasileiros. Essa unidade relativa do idioma é imprescindível e necessária à defesa e ilustração da língua das nações que têm o português como expressão de cultura. Fazer nessa variedade ideal cisões com base nos mais diferentes argumentos é trabalhar negativamente para a expressão e expansão do idioma no mundo, porque trabalha para dissolver a unidade linguística relativa que caracteriza a expressão de cultura das línguas a serviço de duas ou mais comunidades diferentes: é o caso do francês, do italiano, do espanhol, por exemplo, e deverá sê-lo do português, em toda a extensão da lusofonia. Tem sido esta a lição dos maiores mestres e conhecedores da matéria no Brasil e em Portugal.

Texto publicado no jornal *Mundo Português* e na revista *Na Ponta da Língua*, orignalmente em duas partes: 13/5/2004 e 27/5/2004.

Notas

1 CARRETER, Fernando Lázaro. *El nuevo dardo en la palavra*, Madrid Aguilar: 2003, p. 15.
2 Atualmente, é necessário ter formação superior em pedagogia.

Novos horizontes no estudo do léxico

O estudo do léxico tem sido praticado, em geral, assistematicamente, ao sabor das ocorrências, nas leituras realizadas e da sempre proveitosa peregrinação às páginas dos dicionários.

Todavia, de uns poucos anos a esta parte alguns linguistas têm tentado aplicar ao léxico os mesmos critérios de descrição que trouxeram enorme avanço ao estudo da fonologia e da gramática: trata-se de princípios de estruturalismo, isto é, de oposições funcionais.

Junto, principalmente, com trabalhos de Bernard Pottier e A. J. Greimas ocupam lugar de relevo alguns estudos de Eugênio Coseriu acerca da descrição estrutural dos lexemas, disciplina a que chamou de *Lexemática*.

Para Coseriu, o atraso do estudo do léxico nessa nova direção se deveu a certas concepções arraigadas quando se comparam as unidades linguísticas integrantes deste campo com as unidades linguísticas pertencentes à *fonologia* e à *gramática*. Por exemplo, diz-se que o léxico é o domínio da língua menos estruturável, ou, o que é mais grave, se duvida de que existam estruturas léxicas semelhantes às que se depreendem na fonologia e na gramática.

Outros dois caminhos tradicionais que têm desvirtuado o estudo estrutural do léxico são: a corrente identificação entre o significado léxico (conteúdo que é dado na língua por essa mesma língua) e a realidade extralinguística é a suposição de que o fato lexicológico por excelência consiste na relação entre o plano da expressão (significante) e o plano do conteúdo (significado), tratando-os assim conjuntamente, como se faz em geral na gramática.

Tais fatos levam-nos a considerar a língua como uma nomenclatura — o que ela não é —, fazendo-nos supor que estudar o léxico é estabelecer o liame entre uma palavra e a realidade extralinguística que ela representa.

Investigar essas distinções com critério permite-nos penetrar com segurança e coerência no estudo estrutural do léxico; mas o tema escapa da intenção destas linhas, que é mostrar — sem escamotear a teoria — como o ensino da matéria pode descobrir novos horizontes nas aulas de língua portuguesa.

Está claro que a depreensão e descrição das estruturas léxicas não podem confundir-se com a visão da língua como uma nomenclatura; mas o conhecimento dessa nomenclatura é um passo inicial da aquisição das palavras por parte do aluno. Só depois de dominar essa relação entre palavra e realidade extralinguística é que o aluno pode penetrar nos meandros da lexemática, isto é, no estudo das palavras (e só dessas!) que correspondem à organização imediata da realidade extralinguística. Esta primeira fase pertence ao aprendizado inicial do léxico, para depois proceder-se à sua descrição científica sob o ângulo dos postulados do estruturalismo funcional.

Um bom exemplo de como se pode levar o aluno, num procedimento sistemático, a senhorear-se dessa "nomenclatura" lexical (não descrição!) dá-nos o professor Sousa da Silveira, numa de suas anotações aos *Trechos Seletos*. Levando-se em conta que o modelo não foi seguido nos livros didáticos, creio oportuna a sua transcrição, ainda que longa. A anotação diz respeito à página de Eça de Queirós sobre a vida numa quinta do Minho, extraída de *A Correspondência de Fradique Mendes*.

Neste trecho de Eça de Queirós, e em outros que estão no presente livro, há referência a trabalhos e coisas do campo; por isso nos parece útil dar ligeira notícia de labor agrícola, não, já se vê, do moderno, em que os processos são outros e aperfeiçoadíssimos, e que não nos interessa quanto à linguagem.

Depois de *adubada*, a terra é lavrada, isto é, aberta em *sulcos* ou *regos* por meio do *arado* ou da *charrua*. Em seguida, o lavrador lança-lhe as sementes, e passa a *grade* que, alisando a terra, faz que nela se escondam as sementes. Estas germinam, revestindo-se então o terreno de uma espécie de relva; é a *seara* ao nascer.

Crescem as hastes, a seara já ondula ao vento e, como aparecem ervas chamadas daninhas porque tiram a força à seara, se limpa a mesma de tais ervas — procede-se à *monda* (*mondar = limpar, é cognato de mundo, adj. = puro, limpo, e imundo = não limpo*). O trabalho da monda costuma ser feito por mulheres. Acompanham-no com cantigas e concorrem para formosear a paisagem com seus largos chapéus de palha (chapéus redondos) e lenços e vestidos de cores variegadas. É o que descreve o poeta:

> Por entre os trigos as mondadeiras
> Enchem as várzeas de cantorias.
> Erva daninha, que bem que cheiras!
> Nasces e afrontas as sementeiras
> E é só por isso que não te crias.
>
> Ranchos alegres, mondando as searas,
> Que rico assunto para os pintores!
> Lembram vistosos bandos de araras:
> Saias, roupinhas de chitas claras,
> Chapéus redondos, lenços de cores.
>
> (Conde de Monsaraz, *Musa Alentejana*, 1908, 15-15)

No verão as hastes secam, a seara torna-se amarela, loura, como dizem os poetas (Bocage, por exemplo, "lourejando as searas flutuantes"), está madura, e então é tempo de *ceifá-la*.

A ceifa, feita pelos *ceifeiros* ou *segadores*, consiste em cortar as hastes rentes ao chão. A parte que fica enraizada no solo chama-se *restolho*. A parte solta, que cai, dispõe-se em *feixes* ou *paveias*; estas se levam em carros para a *eira*, onde se amontoam em *medas*.

Na eira debulham-se as espigas, batendo-lhes com o *malho* ou *mangal*, ou passando-lhes o *trilho*.

A palavra *trilho* vem do latim *tribulum*, donde temos, por metáfora, *tribulação, atribular*, no sentido de *tormento, atormentar*. É cognata do verbo *terere, esmagar, triturar*, cujo supino *tritum* se relaciona, pelo radical, com *contrito, contrição, triturar, atrito, detrimento, detrito*. A alma contrita está como que esmagada pelo reconhecimento dos pecados, e deles se arrepende; assim também quem se acha *pesaroso*, quem tem *pesar*, está como oprimido por um *peso moral*.

Um grande poeta moderno, Guerra Junqueiro, sugeriu à debulha do trigo a mesma ideia de tribulação de martírio:

> Vede lá, vede lá
> Quando no eirado o trigo sofrerá!
> Pelo malho batido num terreiro
>
> Um dia inteiro!
> E um dia inteiro, sem piedade,
> Coitadinho! Rodado pela grade!
> (Oração ao pão)

Debulhadas as espigas, separam-se os grãos da palha atirando-os para o ar, o vento leva para certa distância a palha, e o grão cai no mesmo sítio.

O grão assim separado da palha é posto em sacos e conduzido para o *celeiro, tulha* ou *granel*, donde vai para o *moinho*. Lá é triturado pela *mó* ou *pedra*, e depois peneirado, passando pela tela de peneira e a farinha branca e fina, que é o miolo do grão esmagado, e ficando o farelo, que é a casca. É de Heitor Pinto[1], a seguinte comparação que vem a propósito inserir aqui:

> Não se deve chamar filosofia a que ensina, que dando aos outros a doutrina boa, fiquemos nós com a vida má, semelhantes a peneira que deita fora a boa farinha, e fica com o farelo.
> O moinho, se é movido por água, também se denomina *azenha*. A água que move é, geralmente, a de uma *ribeira* ou *levada*.[2]

O primeiro passo no estudo/ensino funcional do vocábulo, enquanto seção autônoma e indispensável da investigação lexicológica, é delimitar o objeto de sua atenção. Podemos dizer, segundo Coseriu, que o estudo funcional do vocabulário (a que ele, como vimos antes, chama lexemática) é a investigação do conteúdo léxico das línguas, isto é, do significado léxico.

Para penetrarmos no âmago desta proposta de trabalho do lexemático, teremos de ter noção bem clara do que estamos entendendo aqui por *significado* e por *significado léxico*.

O significado é uma das três caras por que se apresenta o conteúdo linguístico. Estas caras são a *designação*, o *significado* e o *sentido*.

A designação é a referência à realidade entendida como extralinguística, isto é, realidade que não coincide com a estruturação que uma determinada língua faz dessa mesma realidade. A designação não é dada por essa determinada língua, mas é dada em todas as línguas, porque se dá no falar em geral.

O significado é a estruturação numa língua das possibilidades de designação. Só há significação nas línguas, e não no falar em geral; e como não há língua fora da historicidade, da dimensão ou nível histórico da linguagem (isto é, só há língua "portuguesa", "espanhola", "alemã", etc.), só haverá "significado" como significado "português", "espanhol", "alemão", etc.

O que pode parecer extremamente complexo nesta distinção entre designação e significado ficará bem claro diante dos seguintes exemplos. Quando dizemos "A porta está aberta" e "A porta está fechada" ou "Pedro leu o livro" e "O livro foi lido por Pedro", estamos diante, em cada caso, de uma mesma realidade, de um mesmo estado de coisas, mas exprimindo-o de maneira diferente em português. A gramática tradicional e algumas correntes linguísticas modernas têm trabalhado com tais frases considerando-as como "sinônimas" ou de "igual significado" e, desta maneira, as consideram correspondentes a uma mesma "estrutura profunda". Na realidade, há aqui confusão entre significado e designação. As frases dos exemplos citados não são "sinônimas" na designação, porque representam o mesmo estado de coisas a que fazem, em cada caso, referência, mas por meio de significados diferentes. Tais frases são "equivalentes", mas não têm, em cada caso, o mesmo significado do ponto de vista do português, do ponto de vista idiomático.

Coseriu alerta-nos para o perigo dessa suposta sinonímia, dessa suposta "igualdade de significado", que se pretende extrair das paráfrases, já que tais paráfrases refletem apenas uma identidade dos "estados de coisas" designados, engano que pode desviar o investigador de conteúdos idiomáticos, único objeto de estudo funcional do vocabulário.

As diferenças entre designação e significado não só se aplicam às funções léxicas, mas também às gramaticais.

Se, nos exemplos acima, pudemos servir-nos de significados diferentes para exprimir a mesma designação, também podemos com um mesmo significado apontar para diferentes designações. Assim, a preposição *com* na construção *com x* tem o significado único, algo como "e x está presente"; mas nas frases seguintes pode designar instrumento, companhia, maneira:

Abria porta *com* a chave.
Dançou *com* Maria.
Assistiu ao espetáculo *com* surpresa.

As variedades de designação são possíveis apenas porque os falantes conhecem o que é *abrir, porta, chave*, por exemplo, e pelo que sabem sobre as coisas, e dadas as situações em que são proferidas as frases, concluem que *com a chave* (que na língua significa " e a chave estava presente") designa o instrumento de que alguém se serviu para abrir a porta. Portanto, não é a preposição *com* que significa instrumento, pois isto não está expresso na língua. Por isso é que na frase *Abrir a porta com o irmão, com o irmão* já não é interpretado como instrumento, porque sabemos, além do que sabíamos antes e da situação, que é irmão, que o irmão não seria um instrumento semelhante à chave: apenas na língua está expresso que *o irmão* estava presente no processo de alguém abrir a porta e se há uma referência à realidade da situação, essa deve ser algo como companhia ou ajuda, ou coisa pelo estilo.

Já o *sentido* é o conteúdo próprio de um texto, aquilo que se entende além do significado e da designação, enquanto intenção expressiva do falante. Recentemente, numa crônica sobre informática, o autor, falando da chegada de um computador de última geração, usou o título *Habemus Pentium*. Este simples título, de cujo significado e designação não temos dúvida, relacionado com o do texto muito conhecido *Habemus papam*, traz subliminarmente a expressão de alegria e bom grado do autor pelo aparecimento desse novo e útil instrumental do labor desenvolvido na informática. A manifestação desse sentido — que pode escapar ao leitor menos atento ou menos capacitado para surpreender as potencialidades expressivas da língua — está, como dissemos, além do significado e da designação. Como fim do texto, que responde à pergunta "que finalmente quer isso dizer?", é o grande filão que revela desde a chave de uma anedota ao sentido profundo de toda uma obra literária.

No estudo estrutural funcional do vocabulário começamos por reunir unidades léxicas de conteúdos significativos afins e, além disso, em pequenas porções.

Assim como nas unidades fonológicas e nas unidades gramaticais não reunimos num mesmo grupo *vogais* e *consoantes*, por um lado, nem *substantivos* e *advérbios*, por outro, assim também quanto aos grupos lexicais, não reuniremos navio com *espada*, nem *flor* com *edifício*. Em se tratando das unidades fonológicas, reunimos, para estudo e descrição, as *vogais orais* e *nasais*, as *consoantes oclusivas* e as *constritivas*; nas unidades gramaticais, reunimos, no verbo, o *presente*, o *passado* e o *futuro*, e assim por diante. Também no léxico, não reuniremos *navio* com *espada*, mas, sim, *navio* com *barco*, com *bote*, com *jangada*, com *transatlântico* e tantas outras designações de "meios de transporte por cima d´água" (opõem-se ao *submarino*, por exemplo), os quais, por sua vez, se opõem aos "meios de transporte por via terrestre" (*automóvel, ônibus*, etc.) e "meios de transporte por via aérea" (*avião, aeróstato, balão, zepelim*, etc.).

Assim sendo, o primeiro movimento no estudo / ensino estrutural do léxico consiste em reunir as diversas unidades léxicas que pertencem a um *campo léxico*. Chama-se *campo léxico* o conjunto de lexemas unidos por um valor léxico comum. Os lexemas subdividem esse valor comum em valores mais específicos, que se opõem entre si por diferenças mínimas de conteúdo léxico, chamadas "traços distintivos" ou *semas*. Dessarte, navio, bote, barco, jangada, transatlântico pertencem ao campo léxico "meios de transporte por água" ou "embarcações". Às vezes, o campo léxico na língua tem uma unidade léxica cujo valor significativo corresponde ao seu valor unitário, abarca todas as unidades integrantes do campo; aqui, a unidade *embarcação* abrange *navio, barco, bote, jangada, transatlântico*, etc., e, por isso, se chama *arquilexema*.

Voltando à semelhança existente entre o estudo e descrição das unidades da fonologia e da gramática com as unidades léxicas, um fonema, por exemplo, difere de outro da mesma classe por meios de traços distintivos. Assim, entre /p/ e /b/ há traços comuns, como "oclusivo", "bilabial", "oral", mas um traço que opõe /p/ a /b/ é a "sonoridade" (ou a vibração das cordas vocais), pois /p/ é uma consoante oclusiva, bilabial, oral, surda, enquanto /b/ é uma consoante oclusiva, bilabial, oral, sonora.

Da mesma forma, *automóvel* e *ônibus* pertencem ao campo léxico "meios de transporte por via terrestre", mas se separam por alguns traços distintivos ou semas: enquanto o *automóvel* é um transporte para um número limitado de pessoas e sem percurso obrigatório definido, o *ônibus* é um *grande automóvel* (para muitas pessoas) que funciona como transporte público e com percurso definido.

É graças a esses traços distintivos que particularizam e diferenciam as unidades léxicas integrantes de um mesmo campo léxico, que o falante sabe e pode distinguir os significados de *navio*, de *transatlântico*, de *barco, bote*, etc. Os dicionários devem estar atentos a esses traços distintivos para bem orientar os seus consulentes.

Além do campo léxico, há também a classe léxica. *Rico, inteligente* e *solteiro* não pertencem, naturalmente, ao mesmo campo léxico, mas pertencem à mesma classe léxica, porque os três se aplicam, ou podem aplicar-se para pessoas "seres vivos humanos".

Classe léxica, segundo Coseriu, é uma classe de lexemas determinados por um *classema*, que é um traço distintivo que funciona em geral em toda uma categoria verbal ("classes de palavras"). As classes léxicas se manifestam nas combinações gramaticais e/ou léxicas dos lexemas: pertencem à mesma classe os lexemas que permitem as mesmas combinações léxicas ou gramaticais, ou léxicas e gramaticais concomitantes. Assim, *rico, inteligente* e *solteiro* se combinam com substantivo designativo de ser vivo humano, por exemplo: *homem rico, inteligente, solteiro*.

Essas classes são, de modo geral, muito conhecidas nossas desde as primeiras aulas de gramática portuguesa. Os substantivos se dividem, por exemplo, nas classes "seres vivos", "coisas", e dentro da classe "seres vivos" podemos separar os "seres humanos" dos "seres não humanos". Para os adjetivos, podemos estabelecer classes como "positivo", "negativo", etc., o que justifica combinações aditivas do tipo *rico e inteligente*, ou combinações adversativas do tipo *rico, mas ignorante*. Nos verbos conhecemos as classes dos "intransitivos", "transitivos", etc., classes que admitem subclasses. Podem-se estabelecer classes menos trabalhadas em nossas gramáticas, com, por exemplo, na base de um classema "direção" (em relação com o agente da ação), podemos ter a classe dos verbos "adlativos" (*comprar, receber, tomar, recolher, pegar*, etc.) opostos aos verbos "ablativos" (*vender, dar, deixar, soltar*, etc.).

Também cumpre distinguir entre classes determinantes e as classes determinadas. As classes determinantes são aquelas caracterizadas por *classes, apenas*, enquanto as classes determinadas são aquelas caracterizadas por traços distintivos do tipo "para a classe x". Com a tal distinção estamos aptos a classificar os lexemas classematicamente determinados, de acordo com as classes determinantes com que se combinam. Os adjetivos, por exemplo, podem ser classificados, com relação às classes determinantes, "seres vivos" — "coisas", num primeiro momento, em adjetivos sensíveis e em adjetivos insensíveis a estas classes; num segundo momento, os adjetivos sensíveis a tais classes podem ser classificados em adjetivos exclusivos de uma classe (como, por exemplo, inteligente, que não se aplica, em geral, às coisas e só a "seres pensantes") e em adjetivos diferenciados em conformidades com as classes como, por exemplo, o português *ruivo* e o francês *roux* contrastam, respectivamente, com *roxo* ou *rouge*, ou o português *louro* e o francês *blond* contrastam, respectivamente, com *amarelo* e *jaune*, em que, em relação "para a classe *cabelo*", só os primeiros de cada série podem ser usados: tanto em português como em francês só se diz *cabelos ruivos / cheveux roux*; *cabelos louros / cheveux blonds*.

Além do campo léxico e da classe léxica, já vistos aqui, vamos falar de mais três tipos de "estruturas" léxicas: a *modificação*, o *desenvolvimento* e a *composição*. Tais tipos diferem dos primeiros pelo fato de serem o campo léxico e a classe léxica *estruturas primárias*, enquanto a modificação, o desenvolvimento e a composição *estruturas secundárias*. Diz-se primária a estrutura cujos termos se implicam reciprocamente, sem que um seja primário em relação aos demais. Um exemplo: *jovem* implica *velho* e *velho* implica *jovem*, mas nenhum é primário em relação ao outro. Já em *vender* e *vendedor*, este implica o primeiro, mas *vender* não implica *vendedor*; em outras palavras, quando definimos o conteúdo *vendedor,* aludimos necessariamente a *vender* ("a pessoa que vende"), mas quando definimos o conteúdo *vender*, prescindimos da referência ao conteúdo *vendedor*. Dizemos, então, que o conteúdo *vender* é primário, em relação ao conteúdo *vendedor*, e este é secundário relativamente ao conteúdo *vender*.

É fácil perceber que as estruturas secundárias correspondem ao tradicional domínio da gramática da *formação de palavras*, as quais, depois de passarem pelos processos de formação próprios do idioma, são incorporadas ao léxico e continuam admitindo as mesmas determinações gramaticais explícitas dos termos primários. Isto é, se de *livro* temos o termo secundário *livrinho*, este admite a determinação gramatical de plural que cabe a *livro*: livro — livros, livrinho — livrinhos.

Os três tipos de estrutura secundária aqui enumerados (modificação, desenvolvimento e composição) se distinguem entre si pela determinação gramatical do termo primário.

A *modificação* corresponde a uma determinação gramatical que não implica qualquer função frásica do termo primário modificado, mas apenas a qualificação deste termo ou, ainda, a repetição duma significação ou o acréscimo de uma orientação à ação do tempo primário, como ocorre nas formações diminutivas, nos coletivos, nos verbos formados com prefixos: *livro* — *livrinho*; *dormir* — *dormitar*; *laranja* — *laranjal*; *cantar* — *cantarolar*; *ver* — *rever* — *prever*; *seguir* — *perseguir* — *prosseguir*, etc.

O *desenvolvimento* corresponde a uma determinação gramatical que implica uma função frásica específica do termo primário, isto é, implica uma alteração da categoria verbal do termo primário. Assim, *belo* + função predicativa = *beleza* ("o que é belo"); *partir* + função predicativa = *partida* ("o fato de partir"); *branco* + função epíteto = *o branco*; *civil* — *civilizar* — *civilização*.

Além da mudança de função frásica (substantivo muda-se em adjetivo; adjetivo muda-se em substantivo, etc.), o desenvolvimento implica uma desconcentração ou generalização da significação, quando comparada com a base do desenvolvimento: assim, *prata — prateado* ou *audição* ("ato de ouvir") — *audível* ("qualidade do que se pode ouvir").

Um termo que surgiu de um desenvolvimento pode ser base de outro termo desenvolvido: *rico — enriquecer — enriquecimento*. Neste procedimento em série, pode-se saltar uma etapa, isto é, pode-se criar um termo sem que exista na norma da língua o termo implicado anteriormente. Comparem-se as séries plenas: *fala — falar — falado; visita — visitar — visitante* com as séries destituídas de verbo-base do adjetivo do final do processo de desenvolvimento: *barba — verbo — barbado, farsa — verbo — farsante*.

Outro aspecto digno de nota no desenvolvimento é a possibilidade da existência de homófonos resultantes de bases diferentes: *matar — morto* (ao lado de *matado*), *morrer — morto*.

Assinale-se que pode haver combinação da modificação com desenvolvimento: *ver — rever* (modif.) *— revisão* (desenv.); *cobrir —* (desenv.) *— descobrir* (modif.) *— descobrimento* (desenv.).

A *composição* implica sempre a presença de dois elementos básicos unidos por uma relação gramatical. Há dois tipos de composição: um em que um dos elementos combinados é de natureza pronominal genérica — como "alguém", "algo", tipo a que Coseriu chama *composição prolexemática*.

Este tipo corresponde a uma parte daquilo que a gramática tradicionalmente rotula de derivação. Assim, *ler* + "agente promocional" = *leitor* ("aquele que lê"); *livro* + agente promocional" = *livreiro* ("aquele que comercia livros").

Na composição prolexemática há um elemento determinante (o que se apresenta no significante) e outro determinado (o que está representado no significante) e outro determinado (o que está representado no significante pelo sufixo derivativo ou por zero), sendo a categoria verbal do composto a do determinado, conforme se depreende dos exemplos acima.

No outro tipo de composição, os elementos presentes são lexemas. Por isso, é chamado *composição lexemática* e corresponde ao que tradicionalmente recebe o nome de composição.

São exemplos de composição lexemática: *guarda* + *roupa — guarda-roupa; mata* + *borrão — mata-borrão*.

Tipos de composição como *guarda-roupa, mata-borrão* representam os dois casos aqui mencionados, pois implicam uma composição prolexemática com sufixo derivativo de expressão zero (*guardar — guarda —* equivalente a "guardador", "que guarda") e uma composição lexemática, em que entra o lexema (composto) *guarda* + o lexema *roupa*.

A quem nos acompanhou com atenção até aqui fica patente que esta proposta de estruturas secundárias se afasta da proposta tradicional de processos de formação de palavras divididos em *derivação* e *composição*, porque esta última proposta só leva em conta o plano de expressão ou a relação entre o plano do conteúdo (o do significado) e o da expressão (o do significante). Na proposta de Coseriu, o interesse localiza-se no plano do conteúdo. O conceito tradicional de derivação põe em evidência a combinação de uma palavra com um morfema, da qual deriva nova palavra, enquanto o conceito tradicional de composição põe em evidência a combinação de duas palavras autônomas. Isto é válido quando a preocupação do analista se centra e se limita a plano da expressão, mas tal modo de proceder à análise não dá conta das estruturas do plano do conteúdo.

Até aqui vimos as estruturas léxicas no plano paradigmático, isto é, no plano em que os lexemas se encontram numa oposição imediata entre si, ou, em outras palavras, em que — para ficar no caso das estruturas secundárias — *casa* se opõe a *casinha* ou *ver* se opõe a *rever* (quanto à modificação); *civil* se opõe a *civilizar* e este a *civilização* (quanto à modificação); *civil* (quanto ao desenvolvimento); *guardar* se opõe a *guardador* (quanto à composição). Vamos agora examinar as estruturas léxicas no plano sintagmático ou das combinações dos lexemas condicionados numa língua, isto é, no fato de determinado lexema se combinar com outro ou ainda de um lexema implicar outro lexema. Isso significa que agora se trata duma solidariedade, duma combinação (daí sintagmática) no plano da estrutura dos semas ou traços distintivos, em que certas unidades léxicas estão implicadas por outras unidades léxicas.

O critério para a distinção dos diversos tipos de combinações ou solidariedades é o modo como os lexemas de um paradigma estão determinados, em seu conteúdo, pelos lexemas de outros paradigmas. Chamam-se *determinantes* aqueles cujos conteúdos estão implicados como traços distintivos em outros lexemas, e lexemas *determinados* aqueles que recebem esses mesmos traços distintivos ou semas. Assim, por exemplo, "árvore", unidade léxica determinante do paradigma "planta", funciona como traço distintivo no paradigma dos verbos como "cortar" e outros, com o qual surge, precisamente, a unidade lexical determinada "podar" (diz-se *podar árvores* e não *podar dedos*); da mesma forma, "cavalo" funciona como traço distintivo no paradigma dos nomes das cores, com o qual estão implicadas cores como "baio", "alazão" (diz-se *cavalo baio* e *cavalo alazão* e nunca *cachorro baio* ou *galo alazão*).

Distingue Coseriu três espécies de solidariedades léxicas conforme a determinação semântica de uma palavra por meio de uma classe, de uma *arquilexema* ou de um *lexema*, ou, em outros termos, conforme uma classe determinada, um determinado *arquilexema* ou um determinado *lexema* funciona como traço distintivo de uma palavra em pauta: *afinidade* (quando implica a classe do lexema determinante), *seleção* (quando o arquilexema do primeiro lexema funciona como traço distintivo no segundo) e *implicação* (quando todo o lexema determinante funciona como traço distintivo no lexema determinado).

Exemplos de *afinidade*: *prenhe* e *grávida* são lexemas que têm como traços distintivos, quanto ao conteúdo "fecundação", a classe "animal" (dito de animal) e a classe "pessoa" (dito de pessoa); por isso *prenhe* é combinável com lexemas como *cachorra*, *gata*, etc. enquanto *grávida* é combinável com lexemas como *mulher*, *vizinha*, etc. Há também afinidade com os lexemas relativos ao conteúdo "trazer ao mundo" repartidos entre a classe 'animal' (*parir, dar cria, ter filhote,* etc.) e a classe 'pessoa' (dar a luz).

Exemplo de *seleção*: *pena* e *pelo*, no 'sistema piloso', incluem como traço distintivo os arquilexemas *ave* e *mamífero*; por isso dizemos que homem, macaco, cachorro, cavalo têm *pelos*, enquanto o passarinho, a gaivota, o papagaio têm *penas*.

Exemplo de *implicação*: lexemas como *relinchar, ladrar, miar, cacarejar* contêm, como traço distintivo, o conteúdo total dos lexemas *cavalo, cão,* gato e *galinha*, respectivamente.

Destas considerações teóricas até aqui expostas se têm beneficiado os dicionários unilíngues e bilíngues, de modo que se tornem mais informativos ao leitor que os consulta. Um dos pontos que traduzem progresso é fugir, na apresentação dos verbetes ou lemas, às definições puramente científicas, que pouco ou nada dizem do significado que tais lexemas têm na língua. Tinha muita razão, nesse sentido, a crítica feita pelo linguista norte-americano L. Bloomfield acerca da inutilidade, para quem deseja saber o que significa na sua língua a palavra *sal*, das explicações técnicas do tipo: "cloreto de sódio" ou "substância que se forma na interação entre um ácido e uma base". Isto pertence à química e só aos químicos dizem alguma coisa.

Apenas não cabia total razão a Bloomfield, porque misturava os lexemas da língua com os termos da nomenclatura técnica das ciências e, assim, atribuía às ciências a tarefa de conceituar o significado do léxico, que é, como vimos, domínio da linguística. Como lembra Coseriu, a química se ocupa da coisa 'sal', enquanto a linguística se ocupa do significado "sal". No dicionário, "sal" será apresentado como uma "substância branca, cristalizada, de sabor acre, solúvel na boca, que se usa como tempero em culinária", conforme está no *Dicionário do Português Básico*, de Mário Vilela.

Repare-se que nesta explicação vai o autor aludindo aos diversos semas que compõem o significado do lexema: *substância branca* (referência ao sema 'cor'), *cristalizada* (ao sema 'forma'), *de sabor acre* (ao sema 'sabor'), *solúvel na água* (ao sema 'mutação da forma'), *que se usa como tempero na culinária* (ao sema 'utilidade'). Desta forma, reunindo tantos semas, o significado léxico de 'sal' diz mais ao consulente do que uma explicação, também encontrável em dicionários, do tipo: "substância usada na alimentação como tempero", através da qual só se alude ao sema 'utilidade'. Ora, essa economia de semas ou de traços distintivos faz com que a explicação sirva a várias substâncias usadas na alimentação como tempero. Torna-se, portanto, pouco útil, quase ineficaz, ao consulente.

O acúmulo de semas permite a distinção entre, por exemplo, duas substâncias "usadas na alimentação como tempero": o *sal* e o *açúcar*. Se retornarmos a sequência de semas que integram o significado léxico de "sal", finalmente observamos que todos menos um (o relativo ao 'sabor') se aplicam ao de "açúcar": "substância branca, cristalizada, solúvel na água, que se usa como tempero."

Um exemplo que já se tornou clássico é o da enumeração dos semas que entram nos significados do campo léxico de "assento", estudadas pelo linguista B. Pottier para o francês. Para não alongar a rica lista de lexemas que entram nesse campo léxico, aludiremos apenas a seis deles: banco, tamborete, cadeira, poltrona, sofá e divã. Relacionaremos, inicialmente, os semas que integram alguns significados desse campo, como fez Mário Vilela em *Estruturas Léxicas do Português*:

1. 'objeto que serve para alguém se sentar'
2. 'com pés'
3. 'com encosto'
4. 'com braços'
5. 'para uma pessoa'
6. 'feito de material rijo'

Banco é um objeto que serve para alguém se sentar, dotado de pés, geralmente sem encosto e sem braços, quase sempre para uma pessoa e feito de material rijo (madeira, cimento, mármore, etc.).

Tamborete é um objeto que serve para alguém se sentar, dotado de pés, sem encosto e sem braço, para uma só pessoa e feito de madeira.

Cadeira é um objeto que serve para alguém se sentar, dotado de pés, com encosto, com ou sem braços, para uma só pessoa e geralmente feito de material rijo.

Poltrona é um objeto que serve para alguém se sentar, dotado de pés, encosto e braços, para uma só pessoa e estofado ou de couro, isto é, feito de material não rijo.

Sofá é um objeto que serve para alguém se sentar, com ou sem pés, com encosto, com braços, para mais de uma pessoa e de material não rijo.

Divã é um objeto que serve para alguém se sentar, com ou sem pés, sem encosto nem braços, para uma só pessoa e de material não rijo.

Repare o leitor que cada tipo desses seis objetos de sentar se distingue pela presença ou ausência de determinados semas, de modo que pouco adiantam, para a identificação deles, explicações que aparecem em alguns dicionários do tipo: "*Divã*: espécie de sofá sem encosto" ou "*canapé*: banco de palhinha comprido com costas e braços".

Também precária é a série de sinônimos que às vezes corre nos dicionários. Compare-se o que já disse de sofá e divã com a lição que consigna um deles: "*Sofá*: banco estofado com espaldar e dois braços, para várias pessoas; canapé; divã."

Se são necessários tais cuidados no dicionário destinado aos falantes nativos, muito maior atenção há de se ter, quando vai ser consultado por estrangeiros. Neste particular nossos dicionaristas têm muito que aprender com os bons compêndios unilíngues escritos para falantes não nativos. Há um longo caminho que o dicionário de língua portuguesa deverá percorrer para incorporar as novas conquistas do estudo do léxico.

Texto publicado no jornal *Mundo Português* e na revista *Na Ponta da Língua*, originalmente em sete partes: 23/4/1993, 30/4/1993, 11/6/1993, 9/7/1993, 6/8/1993, 27/9/1993, 10/9/1993, e proferido como palestra no 31.º Colóquio de Lusofonia, em Belmonte, Portugal, em 2019.

Notas

1 PINTO, Frei Heitor. *Imagem da vida cristã*, vol. I, Livraria Sá Costa: 1940.
2 SILVEIRA, Álvaro F. de Sousa da. *Trechos seletos*, 7.ª edição, Rio de Janeiro, Briguiet: 1963, p. 391-393.

O ESTRANGEIRISMO E A PUREZA DO IDIOMA

Já várias vezes esta seção se tem debruçado sobre o problema do estrangeirismo e de suas consequências na vida e percurso de um idioma. Hoje o tema volta à baila na imprensa em virtude de um decreto apresentado pelo deputado Aldo Rebelo do PC do B — SP, aprovado pela Comissão de Educação da Câmara, segundo o qual se proíbe o emprego de palavras e expressões estrangeiras com equivalência na língua nacional que, em nosso caso, é a língua portuguesa. Para garantir o cumprimento do que estatui o texto legal, o infrator estaria sujeito à aplicação de multas. Por fim, determina a obrigatoriedade do uso da língua portuguesa para brasileiros, natos e naturalizados, e para estrangeiros residentes no país.

Extrapolam do problema linguístico as questões que dizem respeito a aplicações de multas e à exigência do uso obrigatório do idioma nos casos de que trata o referido decreto, aspectos que têm de ser discutidos em outras esferas.

No que tange à língua e à sua defesa quanto ao uso e abuso dos estrangeirismos, o decreto do deputado Aldo Rebelo envolve preocupação que merece aplauso dos que têm o idioma português como língua materna, espelho que é de nossa identidade histórica e cultural. Procedem assim legisladores de outras nações que se mostram atentos à preservação do patrimônio nacional. É grande o conjunto de vozes que se levantam a favor do que se costuma chamar "pureza" do idioma nacional, da Antiguidade aos nossos dias, nas mais diversas formas de organização política e nas mais variadas correntes da teoria da linguagem.

Nos dias que correm, tem-se acentuado a batalha contra a introdução de palavras, expressões e até de giros sintáticos do inglês (por intermédio da Inglaterra e, principalmente, dos Estados Unidos) em vários idiomas: francês, russo, italiano, espanhol e português, entre outros.

O repúdio à adoção de estrangeirismos tem-se dado em todos os tempos e tem experimentado os tipos de reação — favorável ou desfavorável — a que hoje assistimos: *nihil novum sub sole*, nada há de novo sob o sol. O linguista sueco do mais alto valor científico Adolfo Noreen (pron. nuréen), que mais de uma vez tem sido citado nesta seção em assuntos atinentes à correção idiomática, pronunciou-se acerca da pureza da língua em trabalho publicado em 2.ª edição, em Upsala, no ano 1888, trabalho que mereceu lúcidos comentários de outro grande linguista ainda hoje atual, o francês Michel Bréal, no precioso *Ensaio de semântica*, saído em Paris, cuja 1.ª edição é de 1897. O primeiro ponto trazido à discussão em torno da pureza idiomática diz respeito aos estrangeirismos e, como sempre, suas considerações sobre a matéria e os comentários de Bréal são hoje ainda de grande atualidade.

Em primeiro lugar, ressaltam ambos que a questão não pode ser tratada reunindo num mesmo campo diferentes tipos de empréstimos. Há os que nascem ditados pela necessidade do progresso tecnológico e artístico, e, em geral, vêm para ficar e deitar suas raízes no novo idioma, fazendo proliferar viçosa família. Veja-se, por exemplo, o caso de *xerox* e seus derivados, já nativos e nacionalizados, *xerocar, xerocópia, xerocopiar, xerocopista*, etc.

Há os que vêm pela moda; trazem, como seu modelo, a chancela do efêmero, do passageiro, e, como tal, desaparecem sem deixar vestígio ou ficam registrados num ou noutro termo, como estranhos no ninho.

Há os que morrem por morrerem os objetos utilitários, substituídos, muitas vezes, por outros objetos com outros nomes. Enfim, é bastante rica e variada a natureza dos estrangeirismos que penetram num idioma. Em geral, o discurso de oposição ao estrangeirismo se mostra, lá fora, mais atenuado quando o empréstimo se faz entre idiomas de uma mesma família; por exemplo, é mais bem-aceita a novidade que o francês agasalhe oriunda do italiano, do espanhol ou do português, do que se procedesse do inglês ou do alemão.

Outra tentativa de amenizar a dívida do empréstimo é dar ao estrangeirismo roupagem vernácula, quando isto é possível: *abat-jour, abajur*; *flirt, flerte*, apesar da relutância de muitas nacionalizações, que o leitor pode com facilidade elencar.

Outra providência profilática no sentido de defender a 'pureza' do idioma é verificar se ele possui correspondente vernáculo no seu arsenal, de modo que torne desnecessária a novidade; se não houver, que se fabrique um, que traga, de preferência, o halo clássico latino ou grego. Entre nós, no século passado, o médico e professor Castro Lopes e outros aventaram várias propostas de substituição, a maioria sem sucesso (como balípodo e ludopédio para *futebol*; lucivelo para *abat--jour*; convescote para *piquenique*; cinesíforo para *chauffeur*), enquanto outros se mostram mais venturosos (como cardápio para *menu*; vesperal para *soirée*). Às vezes, esta busca do filão originário greco-latino é ilusória, porque pesquisa mais atenta pode revelar que a fonte mais remota do pretenso halo clássico não está em Roma nem na Hélade, mas no Egito ou na Caldeia, conforme nos alerta Bréal.

Neste aspecto de diferenças entre etimologia próxima e etimologia remota, a ideia de 'pureza' do idioma se fragiliza e deixa patente que a questão do estrangeirismo, longe de testemunhar fraqueza ou subserviência de quem recebe o empréstimo, reflete o contato cultural e comercial entre os povos, com suas naturais consequências de influxos e interpenetrações. Aconteceu com os romanos, que receberam dos gregos, juntamente com seus nomes, o sistema de escrita e ensinamentos da arte literária, as artes em geral, as ciências, a religião, a arte militar, o sistema de pesos e medidas, a técnica da construção, do vestuário e alimentos, como já nos ensinara Bréal, no livro citado acima.

Tratar o problema do estrangeirismo numa língua como um sinal de decadência cultural ou de perda de noção de identidade nacional é colocá-lo em ótica errada ou, pelo menos, sujeita a graves críticas e profundos prejuízos de natureza científica. É fechar os olhos a uma realidade que não é exclusiva de uma nação, mas que se repete — e muitas vezes mais aguda — em nações extremamente ciosas de seu sentimento de pátria e etnia que reagem ao empréstimo, principalmente do inglês — como acontece na França, na antiga República Democrática Alemã e na Bulgária.

É interessante notar que, em matéria de recepção de termos estrangeiros, o inglês — considerado como o grande fornecedor de empréstimos às modernas línguas do mundo — é o idioma que, com mais facilidade, abre as portas para receber palavras alheias, qualquer que seja a sua origem; a tal ponto se caracteriza, na expressão feliz do linguista espanhol Emilio Lorenzo, em seu recente *Anglicismos hispânicos*[1] essa "capacidade omnívora do inglês para digerir e assimilar todo material léxico digno de aproveitamento", que dificulta a identificação de muitos empréstimos como verdadeiros e puros anglicismos.

Muitas vezes, o inglês serve apenas de intermediário — como acontece também com o francês — na introdução e divisão do estrangeirismo.

Temos excelente prova disto no muito bem fundamentado e erudito livro acadêmico, historiador e embaixador Sergio Corrêa da Costa *Palavras sem Fronteiras*[2], editado também em francês por *Èditions du Rocher*, 1996. Neste livro de 866 páginas, o autor comenta dezesseis mil exemplos colhidos em livros, revistas e jornais internacionais que "circulam livremente ultrapassando barreiras culturais e linguísticas" e partindo, originalmente, de quarenta e uma línguas do mundo.

O legislador interessado na preservação da integridade do idioma sabe muito bem que as relações culturais e comerciais entre povos ensejam os empréstimos linguísticos mútuos. Sabe-o por ser um cultor da língua portuguesa na sua dimensão histórica e por ter sido também, em tempos outros, professor de português. O que pretende alcançar o seu projeto de lei não é o empréstimo nascido da necessidade dessas relações naturais, quer no domínio das palavras que vínhamos recordando aqui, quer nas expressões e gírias do tipo *cair nas nuvens, em última análise, fazer época, a voz do dever, a esfera das artes* ou *das ideias* e tantos outros que, nascidos de escritores, às vezes de segunda ordem, agradaram ao público e passaram a correr mundo, como demonstrou João Ribeiro, em oportuno capítulo das suas *Curiosidades Verbais*, intitulado *O francesismo*.

O que o legislador brasileiro deseja é pôr um freio à pletora de termos e expressões inglesas que circulam nos meios de comunicação, nos cartazes de propaganda e nos títulos comerciais, motivados exclusivamente pelo esnobismo e, muitas vezes, pela propaganda enganosa, que não acrescentam nada à riqueza do idioma e à propriedade das ideias, mas tão somente fazem crescer a convicção errônea de que tudo o que vem de fora é bom, confiável e digno de imitação. Muitas vezes tais dizeres produzem efeito contrário, à medida que o comum dos mortais, não tendo obrigação de conhecer inglês (ou francês), não percebe o que o estrangeirismo significa ou quer significar com *off price, follow up, stand by, stand by credit, on-line, pet shop, coffe-break, cash, workshop, handout* e tantas outras expressões para as quais o idioma sempre teve correspondentes vernáculos perfeitamente correntes e consabidos.

É bem verdade que todas essas formas aparecem documentadas em outras línguas, que fazem parte dessa imensa legião lexical de palavras sem fronteiras; mas isso não justifica a crítica velada ou explícita àqueles que, dentro de seu campo de atividade, clamam contra seu abuso ou sua frágil e dócil aceitação.

Sabemos que a moda é superficial e passageira e que grande parte desses termos não veio para ficar: eles serão logo substituídos por outros, nacionais ou estrangeiros. Sabemos que, por maior que seja o número de empréstimos que não se pagam, como dizia Said Ali, senão com outros empréstimos.

O linguista francês Brèal, em seu já citado *Ensaio de Semântica*, comenta com muita propriedade e lucidez o problema dos estrangeirismos e a preocupação com a pureza do idioma, e com sua lição encerramos nossas considerações acerca do tema:

> Para encontrar a exata e verdadeira medida, cabe recordar que a linguagem é uma obra de colaboração, na qual o ouvinte e o que fala trabalham mutuamente. A palavra estrangeira, que estará bem empregada se me dirijo a um especialista, parecerá, entretanto, afetada ou causará dificuldade de entendimento, se tenho diante de mim um público não iniciado nesse assunto. A mim não me causa estranheza encontrar palavras inglesas num artigo sobre corrida de cavalos ou sobre minas de carvão; mas aquele que lê uma novela ou assiste a uma representação teatral espera que se fale uma língua inteligível para todo o mundo. Não há, pois, resposta ou solução uniforme para esta questão de palavras estrangeiras; as sociedades que se dedicam a preservar o idioma não podem legitimamente pensar a não ser na língua da conversação e da literatura. Quando levam mais adiante suas pretensões, não fazem outra coisa senão embaraçar-se nos seus próprios argumentos e realizar obra sem utilidade.[3]

Texto publicado no jornal *Mundo Português* e na revista *Na Ponta da Língua*, originalmente em duas partes: 21/9/2000 e 5/10/2000.

Notas

1 LORENZO, Emilio. *Anglicismos hispânicos*, Gredos: 1996.
2 COSTA, Sergio Corrêa da. *Palavras sem fronteiras*, Record: 2000.
3 BREAL, Michel. *Ensaio de semântica*, 1.ª ed., EDUC / Pontes Editores: 1992, p. 29-291.

O Natal em línguas do mundo

Neste fim de ano, ainda mais festivo porque se juntam os votos de esperanças de dias melhores para o próximo milênio, vale a pena mergulhar na história do léxico do Natal nas línguas e apreciar como o homem aí se reflete nas concepções do seu mundo religioso.

Muito se tem escrito sobre o tema e, entre nós, Silvio Elia, em artigo publicado no Suplemento Literário do *Diário de Notícias* de 22/12/1963, intitulado *Palavras do Natal*, examinou a matéria sob os aspectos religiosos e linguísticos, artigo recolhido no recente volume duplo 17-18 de *Confluência*, revista do Instituto de Língua Portuguesa do Liceu Literário Português, dedicado ao saudoso mestre e amigo.

No artigo de hoje, fomos colher as informações aqui exaradas numa parte do precioso livro escrito pelo notável filólogo e linguista italiano Carlo Tagliavani, intitulado *Storia di Parole Pagane e Cristiane atravesso i Tempi*.[1]

Já na antiga Roma pagã o *dies natalis urbis* marcava as festividades do dia de aniversário da lendária fundação da cidade, enquanto o *dies natales* assinalariam o aniversário de várias divindades e do próprio imperador. Sob a influência de cultos orientais, a Roma pagã também festejava o *dies natalis Solis invicti* em honra de Mitra, divindade indo-iraniana que representava a parte diurna do céu, protetora dos justos.

Estamos a ver que *natal* é o adjetivo *natalis*, de origem latina, que se prende ao radical do verbo depoente *nascor*, que significa 'nascer'.

Entre os primeiros cristãos, *natalis* ou *dies natalis*, ou mais comumente *natalicium*, tanto podia aludir ao dia do aniversário de nascimento, quanto ao dia de morte; esta última aplicação é uma novidade semântica do cristianismo e alude especialmente aos mártires e santos da Fé, significado que corria, segundo o testemunho de Santo Agostinho,[2] mais frequente na África, quer entre cristãos, quer entre pagãos.

Embora já os antigos escritores cristãos entendessem que o verdadeiro nascimento só se dava com a morte terrena, pois abria ao mártir o gozo da vida eterna, a mudança semântica de *natalis* baseada nessa primitiva concepção cristã é de explicação recente. O Rev. Josef Schrijnen (1869–1938), notável estudioso holandês e fomentador dos estudos do latim dos cristãos, defendia a tese de que tal mudança em dois significados tão opostos fora favorecida graças a uma *vox media*, isto é, o significado de 'aniversário', ligado a *natale* ou a *natalicium*.

O certo é que a antiga Igreja, por volta do século IV, festejava, com maior ou menor solenidade, o aniversário de nascimento terreno do nosso Redentor, da Virgem Maria e de São João Batista, o anunciador da vinda do Messias.

A expressão *Christi natale*, para celebrar o aniversário de nascimento de Jesus, teve vida na latinidade balcânica, segundo testemunha o albanês, língua falada na Albânia, em cujos dois dialetos principais o Natal está representado pelas palavras *Këshndella(t)* (em guegue) e *Kërshëndella(t)* (em tosque), ao lado de uma denominação popular, possível calco ou tradução culta ou semiculta, *Krishtlindje (t)*, 'de Cristo nascimento', cujo segundo elemento é o albanês *lindje* 'nascimento'.

Natale ou *natalis* é o termo para exprimir o aniversário de nascimento de Jesus na maior parte do domínio linguístico italiano (do vêneto *nadal* ao siciliano *natali*), do sardo (*nadale*), na Récia (grisão e friulano *nadal*), na Provença, Catalunha e Astúrias (*nadal*), e em Portugal (*natal*, em que a presença do -*t*- intervocálico, onde se esperaria um -*d*-, revela que não se trata de uma forma hereditária, mas de um empréstimo).

Como testemunho do adjetivo *natalicius*, preso a *natalis*, temos o empréstimo latino às línguas célticas vivo no irlandês antigo *nodlaig*, moderno *nodlaig*, no címbrico *nadalig*, no bretão *nedeleg*.

O espanhol, com seu isolado no mundo românico *navidad*, reflete a sobrevivência do substantivo *nativitas, -atis*. Também afastada do testemunho latino no domínio italiano já visto antes, a Toscana conhece ainda para o Natal a denominação *Pasqua di ceppo*, ou simplesmente *il ceppo*, que se prende ao uso popular, outrora muito difundido, de queimar, na noite de Natal, um tronco de árvore (lat. *cippus*). Vale a pena registrar aqui o emprego da palavra *Pasqua* (port. *Páscoa*) que passou de denominação de uma festa hebraica especial para designar entre os cristãos outra festa bem determinada, palavra que, por extensão, passou a significar "festa" em geral, como acontece com o espanhol *Pascuas de Navidad*.

No território linguístico francês, a denominação para o Natal se reparte entre *nadal*, preso a *natalis* e corrente na parte sul e ocidental, e *Noël* (em geral, masculino), preso a uma forma do baixo-latim *notalis* e corrente no norte, na qual a troca do *a* por *o* inicial se explica por dissimilação ou por influência de outra palavra, como *novellus* ou *nox*.

Interessante é o que se passa na Suíça romanda, isto é, de língua francesa, e no sudeste da França, vale dizer, no domínio linguístico franco-provençal, ao longo do vale do Ródano: nessas regiões se encontram várias formas que se prendem ao latim *calendae*, a rigor, ao acusativo *calendas*, como ocorre com o friburguês *challandes*, genebrino *chalande*, entre outros. Este tipo se estende aquém dos Alpes nos vales franco-provençais do Piemonte, como é o caso do aostano *tsalede*.

Por *calendae* designavam os romanos o primeiro dia de cada mês e, neste significado, persiste ainda na Itália setentrional e nos Grisões.

O notável linguista suíço Jakob Jud, que estudou a distribuição geográfica dos representantes lexicais românicos de *natalis*, *notalis* e *calendas*, bem marcada pelos limites de dioceses nessas regiões, supõe que *calendas* designava os dias imediatamente precedentes ao Natal e só depois passou a indicar a própria festa.

Já que falamos em data, vale a pena recordar que, nos primeiros tempos do cristianismo, a data de celebração do Natal não estava bem fixada. No Oriente, depois de algumas hesitações, o evento era comemorado em 6 de janeiro, o que ocorria também em Roma; mas aqui, entre 336 e 354 se fixará no dia 25 de dezembro. Na Gália, ainda em 361, se celebrava o Natal no dia 6 de janeiro, e não é por acaso que uma parte da Gália chama o Natal *calendae*, igual a uma parte do Oriente europeu, como o búlgaro *kóleda*, russo *kaljdá*, lituano *kalëdos*, romeno *colindã* ('canção de Natal').

Como ocorre nas línguas românicas, os idiomas germânicos apresentam também uma variedade de denominações para o Natal. No alemão literário, o termo que mais corre é *Weihnacht*, ou, mais frequente, o plural *Weihnachten*, que é um composto do antigo alto-alemão *weihs* 'santo' e *na(c)ht* 'noite'. Na Vestefália, Turíngia, Lorena e em outras regiões encontram-se formas dialetais presas ao básico *Christtag*, 'dia de Cristo', enquanto nos dialetos renanos e no neerlandês *Kers (t) misse* 'festa do Cristo', onde o segundo elemento *misse*, do latim *missa*, está tomado no sentido especial de 'festa'. A esta última forma se filiam o neerlandês moderno *Kerstmis* e o inglês *Christmas*, 'Natal'.

Na Alemanha norte-oriental aparece uma forma bem diferente para o Natal: *Jul*, estreitamente relacionada com as designações do Natal nas línguas escandinavas (sueco, dinamarquês, norueguês, *jul*, islandês *jól*) e presente no anglo-saxão *geohhol*, *geóla* 'Natal' e também 'os meses de dezembro e janeiro', e no inglês *yule* 'festas natalinas', provável empréstimo às línguas escandinavas.

E por outras partes do mundo o Natal marcou profundamente os homens, que deixaram no léxico a alusão ao nascimento do Redentor, com os votos de bem-aventurança, paz e progresso, a que esta seção ardorosamente associa.

Cabe, por fim, lembrar que a grande festa cristã ensejou também a utilização como nomes de pessoas, homens e mulheres; é o caso, no português: *Natal*, feminino *Natália*, diminutivos *Natalino*, *Natalina*, primeiramente aos nascidos em 25 de dezembro, e depois em qualquer data.

A nossa cidade de Natal recebeu também a denominação por ter sido, segundo informação de Antenor Nascentes, colhida em Frei Antônio de Santa Maria Jaboatão, no ano de 1599, ali "levantada com a honra de Cidade, a que deram o título de Natal, porque pela festa do Nascimento do Senhor daquele mesmo ano foi a sua ereção com Paróquia e Igreja Matriz dedicada a Maria Santíssima".

Texto publicado o jornal *Mundo Português* e na revista *Na Ponta da língua*, em 23/12/1999.

Notas

1   TAGLIAVANI, Carlo. *Storia di Parole Pagane e Cristiane atravesso i Tempi*, Brescia, Ed. Morcelliana: 1963.
2   GOMES, C. Folch. *Santo Agostinho: Biografia e Sermões — Antologia dos Santos Padres*, 2.ª ed., Ed. Paulinas: 1979.

Os animais na linguagem dos homens

Desde muito cedo acostumaram-se os homens a conviver com os animais ditos "inferiores" e a deles se aproveitar para garantir e preservar sua existência nesse planeta a que o Dr. Pangloss, nascido na veia satírica de Voltaire, chamou *o melhor dos mundos*, e a que pensadores menos cândidos chamam *vale das lágrimas*. Desse milenar contato aprendeu o homem a surpreender nos seus primos pobres propriedades, qualidades e defeitos, que se incorporaram, através dos séculos, ao saber que tem das coisas e dos seres com que lida no dia a dia de sua existência. Esse saber chegou até nós por meio de uma transmissão oral e escrita, refletida na fraseologia, nos provérbios, nas fábulas e em outros gêneros de produção do espírito humano.

Recordar um pouco desse saber, especialmente sobre o que o homem aprendeu a observar acerca dos animais, saber que reflete na língua, é o propósito deste e dos subsequentes comentários, sem querer ser exaustivo, se a benevolência e a paciência dos leitores o permitirem.

Um dos animais que o homem tem mais perto de si e, por isso, tem observado com mais cuidado é o cão. A ele o homem associa qualidades e defeitos. Entre as qualidades está a obediência cega, de um servilismo que degrada. É frase conhecida: *o cão é o melhor amigo do homem*. Vem daí o atribuir-lhe o dom de trabalhador: *trabalha como um cão*. O servilismo está patente em expressões do tipo *segue-me como um cãozinho* ou *cachorrinho: batem nele e ele volta como um cachorrinho*; *tem vergonha de cão* (isto é, não a tem). Há os que metem medo e dão motivos a que apareçam em *chegou com uma cara de cão*. Não é à toa que serve eufemisticamente para aludir-se ao diabo: *é o Cão*.

Ao fato de existir o cão vira-lata, que, sem dono, vagueia pelas ruas sem proteção, como uma pessoa miserável, associam-se expressões como *vida de cão*, *como um cão* (*sem dono*). Daí também a alusão à magreza: *magro que nem um cão*. Também ao cão se atribui sua pouco simpatia ao gato: *são como cão e gato*, bem como sua esperteza e agilidade: *é rápido como um cão*, qualidade que condivide com o gato; com *mão de gato*. A forte e desagradável tosse que às vezes advém de estado doentio chama a atenção do homem: *ela tem uma tosse de cachorro*. Nem sempre agrada pela beleza, e daí pode ser um dos símbolos da feiura: *o vizinho tem uma cara de cão*. As pernas desengonçadas e finas levam a comparação do tipo: *tem pernas de cão*, características que também são atribuídas a cegonhas, avestruzes, aranhas, pernilongos e lagartixas.

Nos tempos modernos, o gato é tão próximo do homem como o é o cão; todavia não era assim no passado, pois a antiguidade não conhecia o gato doméstico, mas tão somente o montês, que os latinos chamavam *feles / felis*. *Gattus*, donde o nosso gato suplantou o termo *feles*, que se conservou em denominações, eruditas da nomenclatura técnica: *felino*, por exemplo, *cattus* produziu maior ninhada lexical em todas as línguas românicas, quer nessa forma, quer na sua variante *gattus*. A convivência junto ao homem fez que este enxergasse no animal doméstico qualidades e defeitos muitos. Entre as qualidades está a agilidade e esperteza, *ágil como um gato, esgueira-se como um gato, pula que nem um gato*, além do já citado *tira algo com a mão de gato*. Na agilidade e esperteza em tirar e tomar as coisas vê-se-lhe também a tendência ao roubo, domínio em que patenteia extraordinária riqueza vocabular: gato "indivíduo esperto", "ligeiro", *gatuno, gatunar* e variante *gatunhar, gatunagem*. Esta atividade o gato reparte com o *rato*, fonte da palavra *ratoneiro*. Domesticado pelo homem, serve-lhe para apanhar ratos, e vem a figurar como designativo de "desavença", "briga", em expressões do tipo *viver como gato e rato*. A facilidade e presteza com que pega as coisas utilizando suas unhas levou o homem a criar o termo *gaturar*, variante de *gaturrar*, que suponho antes derivado de *gato* nessa aplicação metafórica do que preso a *capturar*, como ensina Aurélio. Também creio que *gadunhar* nada tem que ver com *gato*, do mesmo modo que *agadanhar* "lançar no gadanho", "agarrar com as mãos, unhas ou garras", que admite a variante *agatanhar*, por visível influxo da palavra *gato*, mas não desta derivada, conforme pensava João Ribeiro nas *Curiosidades verbais*.[1]

Pelos seus trejeitos e requebros, o gato também é associado à lisonja, característica que a sabedoria do povo atribui ainda ao peru e à cobra.

Talvez relacionado a esses requebros do gato o homem lhe tenha ligado o ato de gestos ridículos com as mãos, o que explicaria palavras como *gatimonho(s), gatimônia(s), gatimonha(s)*, usados em textos literários.

Vê o homem esperteza, além do gato, conforme vimos, na raposa (uma esperteza astuciosa, como personagem de fábulas), na águia (*ele é um águia*), no macaco (*que não põe a mão na cumbuca, macaco velho* "pessoa astuta", experiente).

É interessante uma série de empregos metafóricos ligados ao gato: *gato* ou *gatilho* "recurso utilizado para substituir uma peça original ou fazer uma emenda": *gato* "erro", "falha", "deixar escapar algo num texto ou numa conta".

O *gato* também é visto como um belo animal, e isto explica a metáfora do termo aplicado a um homem bonito ou de boa aparência, ou do feminino *gata* aplicado a jovem bonita ou de belo porte.

A fecundidade da gata passa também a designar gata a mulher de muitos filhos. Aqui também o homem atribui essa particularidade à coelha, que pode aplicar-se outrossim à mulher parideira.

Ocupa lugar de destaque na linguagem metafórica o cavalo, companheiro do homem nas atividades de transporte, no arroteamento do terreno inculto, na diversão e na batalha. O *homem de cavalo* distinguia-se pela nobreza do modesto *homem de pé* na constituição das antigas ordens militares, e o *cavaleiro* era sinal de distinção social e nobreza ou enobrecido, o fidalgo, enfim. Com as mudanças por que passou a organização das classes militares modernas, com a chegada de novas armas e apetrechos bélicos, a cavalaria sofreu um rebaixamento no seu antigo prestígio de atuação guerreira, de modo que o português dos nossos dias teve necessidade de distinguir o *cavaleiro* e o *cavalheiro*, este empréstimo ao espanhol: *caballero* para indicar o homem de bom trato e de maneiras sociais apuradas. Nem por isso o esporte e a própria corrida de cavalos perderam seu toque originário de classe bem. Como remendo linguístico, o esporte aproveitou para sua designação o termo *equitação* (*prova de equitação*), derivado do antigo *equus*, desbancado já no latim pelo termo não latino *caballus*, antes aplicado apenas ao cavalo castrado ou cavalo utilizado no transporte de carga. Em socorro nobilitador também veio um empréstimo com ares de Hélade grega, *hipismo*, de *hippos*, "cavalo" (*prova de hipismo, sociedade hípica*, etc.). Se o masculino *equus* teve seu destino truncado, tal não aconteceu com o feminino *equa*, vivo no português *equa* e em mais línguas românicas.

Vê o homem no cavalo e demais bestas de carga o símbolo do trabalhador contumaz, obstinado, qualidade que condivide com o burro. Talvez dessa ideia de excessivo trabalho se origine a aplicação de *pra burro* (variantes mais modernas: *pra cachorro, pra chuchu*) para designar grande quantidade ou excesso: *chove pra burro; há corrupções pra cachorro.*

Como se trata de animal de montaria é associado à ideia de sobreposição (*estar a cavalo* ou *a cavaleiro* para dizer ou fazer algo, estar em posição altaneira, passando daí a aplicar-se a outro animal pulador ou voador, como aconteceu com a denominação do *peixe cavala*, designação primitiva da *cavala voadora* (*exocoetus volitans*), pela sua semelhança com a *cavala*, que salta por cima d'água, conforme ensina Coromines no seu Dicionário.

De se lhe atribuir ao animal o trabalho excessivo devem ser tratados com *rédea curta*, como no provérbio *Ata Curto, pensa largo, ferra baixo, terás cavalo.*

O cavalo divide a fama de trabalhador com o boi, camelo, estes principalmente em referência ao trabalho braçal, a formiga e a abelha.

Os equinos levam ainda a fama de teimosos: *cavalo* (*égua, burro, mula*) *quando empaca...* Do mulo ou mu veio *amuado* "sujeito intratável que está emburrado ou embezerrado", segundo a boa lição de João Ribeiro, no livro já citado. Pelo exemplo, vê-se que partilha da fama de animal teimoso o bezerro. O mesmo erudito brasileiro agrega ao rol dos teimosos a cabra, e a linguagem dos animais disso dá testemunho: *cabra da rede rasgada* diz-se do indivíduo desabusado, atrevido, insolente, como lembra o nosso Aurélio. Talvez daí venha o chamar-se *cabra* ao sujeito de maus costumes, perigoso, jagunço, cangaceiro; desta área aos dizeres *cabra da peste, cabra safado* foi muito pequena a caminhada. Só não podemos concordar com João Ribeiro (loc. cit.) quando supõe, acompanhando alguns etimologistas, que *cabra*, na referência à teimosia, tenha sido responsável pelo termo *capricho*, naturalmente porque viria na palavra o latim *capra* "cabra", que aparece, por exemplo, em *capricórnio* do mesmo nome próprio que era, na lenda grega, filho do deus

Epigã (*aigós* em grego é 'cabra'), outro nome do deus Pã, que se apresentava com forma de cabra. *Capricho* é um italianismo, talvez preso a capo, "cabeça".

Já o homem distingue, pela inteligência, o cavalo do burro e considera este último como o símbolo da estupidez, da burrice, vocábulo que bem traduz o conceito que dele tem o chamado animal superior. Desta opinião divergem muitos hábeis homens do campo, com larga experiência no trato dos dois animais; a verdade, porém, é que tradicionalmente os burros ostentam essa triste fama, e a linguagem humana assim o registra na aplicação direta ao animal, quer na metafórica para se referir ao perdedor em algumas espécies de jogos de carta. Se *burrus* se aplicava em latim à cor ruça, era o designativo do "asno", que partilha com o burro a triste sina de animal estúpido; *Você é um asno*; *Que ideia asnática!*; *Que asnice* ou *asneira*! O possuidor de orelhas grandes fez que orelhudo fosse um insulto menos ultrajante do que *burro* ou *asno*.

Além desses animais, a ignorância ou burrice — infelizmente a eles não circunscrita — também é reconhecida na toupeira, que o homem da cidade conhece mais como indivíduos sobre a terra do que como "animal mamífero insetívoro que vive sob a terra, minando-a". *Que topeira!*

O homem associa a ideia da força física ao leão, ao tigre, ao touro, ao boi, ao elefante, isto é, aos animais de grande porte, que ele conhece pessoalmente ou por leitura ou por cinema: *tem força de leão, ponha um tigre no seu carro, o menino é um touro, parece um boi* ou *parece um elefante*.

A baleia entra em comparação quando se trata de gordura excessiva (*ela está uma baleia*), enquanto a girafa é lembrada na referência à altura demasiada, um varapau (*ele está uma girafa*).

A essa noção associa-se a de coragem, valentia, de que desfruta o leão (*coragem leonina*), entre outros animais. Ao briguento se liga o galo (*é um galo de briga*), enquanto a covardia é atribuída aos animais sem sangue, como a barata: reajo, *porque não tenho sangue de barata*. A barata entra ainda em outros conceitos: *barata tonta* "pessoa que não faz as coisas a jeito", *entregue às baratas*, *barata descascada*, etc. À ideia da *barata tonta* se filia o *mosca morta*.

Já para a magreza, a que se alia também o conceito de baixa estatura, fraqueza, referimo-nos ao cão e à lagartixa, conforme vimos, mas ainda aos vermes, insetos e peixes na alusão a pessoas insignificantes ou desprezíveis.

Ao falar em peixe, o homem associa a ele a noção da mudez (*é mudo como um peixe*), embora na pregação de Santo Antônio, a cuja história se refere o padre Antônio Vieira no sermão deste Santo aos peixes como bons e atentos ouvintes. Quando se quer que uma notícia ou boato não se espalhe, pede-se *boca de siri*, expressão da gíria familiar. O falador já é fama de papagaio, e se a voz é estridente apela-se para a arara: *Fala que nem um papagaio. Quando fala, parece uma arara*.

Ao papagaio se atribui a facilidade da imitação, já que imita repetindo a voz humana. Temos também o macaco na qualidade de bom imitador; que essa característica ainda é observada por outros povos, prova-o o fato de alguns vizinhos nossos acharem que os brasileiros macaqueamos a tudo e a todos.

Têm fama de comilão o lobo, o porco, o avestruz e a jiboia: *fome de lobo*; *é um avestruz, pois come de tudo*; *come que nem uma jiboia*. Já os pássaros têm fama de comer pouco, petisqueiros: *Parece passarinho, em vez de comer, só belisca*.

As pessoas que não param, que nunca estão em ledo sossego, inquietantes, lembram a galinha (*galinha choca*), o bicho-carpinteiro, a borboleta, a mosca e o tavão. Ligado a este último termo está *estavanado*, com sua variante *estabanado*.

Os inoportunos e incomodados, que grudam nas pessoas, dizemos que são piolhos, mosca, chato. Este último, pela obviedade, já foi considerado termo chulo, mas hoje corre empregado entre os diferentes sexos e idades sem qualquer reprimenda, salvo nas situações de cerimônia ou de pouca intimidade.

Conhecemos também as pessoas caladas, esquivas e às vezes misantropas; acerca de algumas, isto nos entristece, porque quando entramos na sua intimidade, descobrimos serem inteligentes, com excelente cultura, dotadas de muito agudo espírito. Tais pessoas esquivas são conhecidas como bicho do mato, bicho da toca, bicho do buraco, mocho ou corujo: *ele é um encorujado*; *ela mais parece um bicho do mato*.

As que gostam de vaguear à noite, as noctívagas, são assemelhadas às aves noturnas; assim no Nordeste corre o termo indígena *bacurau*, designação de ave noturna. No meu tempo de criança havia no Recife um mercado que só funcionava depois de altas horas da noite até de manhãzinha denominado *bacurau*. O termo erudito, *noctívolo*, o que voa de noite, sofreu mudança de sílaba tônica e, através da variante *noitivóo* registrada por A. G. Cunha no século XIV, passou a *naitibó*, "pessoa pouco sociável ou que só aparece de noite". Em algumas regiões de língua portuguesa tais noctívagos se dizem também *morcego*, como usou José de Alencar e está documentado no novo *Dicionário* de Morais.

As mulheres pretensiosas e muito saracoteadoras são conhecidas também por *sirigaitas*, termo de origem controvertida. Há pássaro, semelhante à carriça ou garriça cambaxirra), pássaro dentirrostro, que leva esse nome. Por aí, observando-se os costumes do pássaro, talvez os homens aproveitassem a denominação para atribuí-las às mulheres com as características apontadas. Mas é questão não resolvida. O nosso mestre Nascentes, no *Dicionário Etimológico Resumido*, supõe ser "vocábulo de criação expressiva"; de qualquer maneira é termo que só se aplica a mulheres.

As prostitutas se dizem *vacas*, *galinhas* enquanto ao homossexual se aplicam as denominações de *veado*, *frango* e mais alguns. Hoje os animais foram redimidos para essa acepção. Desbancados pelo anglicismo *gay*. De *vaca* se formou *avacalhado*, termo chulo para referir-se às pessoas ou coisas desleixadas ou mal executadas.

As pessoas de bom caráter, mansas ou cordiais são conhecidas por *cordeiro*, *pomba* (sem fel), *rola*. Esta última se aplica a pessoas tristes, melancólicas, ao lado de *jururu*, ave que também recebe o nome de *João barbudo*. As enamoradas associam-se a rolas e pombas (*os pombinhos casam-se amanhã*). Os arrulhos de gemido e canto podem ser interpretados como manifestações de desavenças e brigas; daí *empombar*, *empombado* serem aplicados à má parte para referir-se à zanga e à irritação.

Dos faltos de juízo, aos mentecaptos e alienados se diz que têm *macaquinhos no sótão*, *minhocas* ou *grilos na cabeça*.

O assunto é vasto, e muitos investigadores, dentro e fora da língua portuguesa, se têm dedicado à matéria, como por exemplo, só para ficarmos em nosso idioma, os excelentes trabalhos de Delmira Maçãs, que nos serviram de fonte para estes despretensiosos comentários.

Era meu propósito encerrar o tema. Todavia imaginei apresentar ao leitor o aproveitamento dessa linguagem metafórica, utilizando nomes de animais, em literatura. Neste intuito cabe como luva o romance *São Bernardo*, de Graciliano Ramos, através do qual se fala dos sucessos e insucessos de Paulo Honório, personagem que o escritor assim define, no capítulo final do livro:

> Cinquenta anos perdidos, cinquenta anos gastos sem objetivo, a maltratar-me e a maltratar os outros. O resultado é que endureci, calejei, e não é um arranhão que penetra esta casca espessa e vem ferir cá dentro a sensibilidade embotada.[2]

Homem do campo, criado nele contra tudo e contra todos, é natural que suas comparações e suas expressões metafóricas, bem como as das demais personagens, se escorem na experiência do contato com a natureza que os cerca e, às vezes, os engole. Neste quadrante de experiências ocupa lugar de relevo o mundo dos animais. Rara é a página em que não aflore esta característica de linguagem. O endurecimento do personagem de que fala Graciliano em linhas acima desembocava na visão que Paulo Honório tinha das pessoas que o cercavam:

> As criaturas que me serviram durante anos eram bichos. Havia bichos domésticos, como o Padilha, bichos do mato, como Casimiro Lopes, e muitos bichos para o serviço do campo, bois mansos.[3]

Passo agora à exemplificação, que é abundantíssima no romance, mas, por amor à brevidade, reduzirei às proporções desta seção:

> Depois da revolução de outubro, tornou-se uma fera (p. 6); (...), apresentou-me dois capítulos datilografados, de tão cheios de besteiras (p. 7) abrequei a germana, cabritinha sarará danadamente assanhada (p. 13). De bicho na capação (falando com pouco ensino) (p. 14); e na hora da onça beber água, deu-me com o cotovelo (ibid.); O doutor, que ensinou-me rato a furar almotolia (p. 15); eu viro cachorro doido e o senhor morre na faca cega (ibid.); (falando de Casimiro) É corajoso, laça, rasteja, tem faro de cão e fidelidade de cão (p. 16); (p. 17); com fêmeas ratuínas (prostitutas) (ibid); e esses burros vêm com picuinha (p. 20); disse que estava no pau de arara (em dificuldades financeiras) (ibid.); não vale o que um periquito rói (p. 21); ele meteu o rabo na ratoeira (p. 27); encontrei em Maceió, chupando uma barata na *gazeta* de Brito, um velho alto (p. 40) (estar faminto);

tornou-se bicheiro e agente de sociedades ratoeiras (p. 44); Tão miúdo (fala de Padilha), tão chato, parecia um percevejo (p. 57); Aquilo (fala de Pereira) é um jumento (p. 58); Bom homem (…) inteligência de peru novo, besta como aruá (p. 60); Mande-me cá o Marciano, aquele cachorro (p. 69); Mas se me constar que vocês andam com saltos de pulga (p. 70); não éramos nem peixe nem carne (p. 71); Mas o Brito tem barriga de ema (p. 72): Afinal surgiu o focinho de rato do Brito (p. 83); Então, seu filho da égua (p. 87); Azeredo Gondim, aferrando-se a uma ideia, gira em redor dela, como peru (p. 105); Cada macaco no seu galho (p. 115); O senhor tem fôlego de sete gatos (p. 114); Vocês comeram uma cachorra ensossa (p. 137); cada qual tem lá seu modo de matar pulga (p. 139); (…) um casal de papa-capins namorando escândalos somente (…). Uma galinhagem desgraçada (p. 143); Casimiro(…) deitava os olhos de cão ao prado (p. 146); Quem é cavalo para precisar freio? (p. 156); as normalistas pintam o bode (p. 160); essa mulher (…) não deita água a pinto (p. 161); Levava-o par o alpendre e lá se punha a papaguear com ele, dizendo histórias de onças (p. 165); trazia lama até nos olhos: deem por visto um porco (p. 166); Que mãos enormes! As palmas (…) duras como casco de cavalo (ibid.); Deixa ver a carta, galinha (p. 168); Jaqueira era um homem empombado (p. 170); Padilha (…) sentou-se num tamborete e, sério, numa atitude de galinha assada (p. 173) ; Padilha catava pulgas (p. 175); Tire o cavalo da chuva, Seu Paulo (ibid.); tem bom coração e é incapaz de matar um pinto (p. 176); Papagaio come milho, periquito leva a fama (ibid.); Sempre de acordo aquelas duas éguas (falando de gente) (p. 178); devia ter dado com os burros na água (ibid.); Não havia gato nem cachorro em S. Bernardo que ignorasse o procedimento dela (ibid); Cavalo amarrado também come (p. 180); Mulher não vai com carrapato porque não sabe qual é o macho (ibid.); É bicho de fôlego ou é marmota? (p. 181); Se aquela mosca-morta prestasse (p. 186); O coração dava-me coices (p. 191); Rosnei um monossílabo (p. 192); Muitas vezes por falta de um grito se perde uma boiada (ibid). Animal! Resmungava Azevedo Gondim (p. 209); e no bilhar da Sousa quando a carambola falha, insultar os políticos, umas toupeiras (p. 211). Comer e dormir como um porco! (p. 206).

Isto sem contar termos (em especial, verbos) relacionados com este mundo, como os seguintes exemplos:

> Juntamente enquanto acabava de dar-lhe o troco, tinha-me *encangado* a Madalena. *Canga* infeliz.[4]
> Na cidade havia um fuxico nojento. E eu, que nunca tive gosto para safadezinhas de lugar miúdo, *entoquei-me*.[5]

No capítulo anterior, falando de sirigaita, termo de origem controvertida, lembrei sua relação com a carriça, e aí aventei a hipótese de o homem ter aplicado o nome do pássaro em virtude de lhe ter observado alguma característica que lhe trouxe à lembrança mulheres saracoteadoras. Um exemplo em *São Bernardo* alude à carriça desse modo:

> Deixei a cama de casal e mudei-me para quarto pequeno que tinha, à beira do telhado, um ninho de carriças. Pela manhã as carriças pipilaram desesperadamente.[6]

Texto publicado no jornal *Mundo Português* e na revista *Na Ponta da Língua*, originalmente em quatro partes: 25/6/1996, 1/8/1996, 8/8/1996 e 22/8/1996.

Notas

1   RIBEIRO, João. *Curiosidades verbais*, 1.ª ed., Editora Melhoramentos: 1927, p. 15.
2   RAMOS, Graciliano. *São Bernardo*, 3.ª ed., José Olympio: 1947, p. 216.
3   RAMOS, Graciliano. *São Bernardo*, 3.ª ed., José Olympio: 1947, p. 217.
4   RAMOS, Graciliano. *São Bernardo*, 3.ª ed., José Olympio: 1947, p. 169.
5   RAMOS, Graciliano. *São Bernardo*, 3.ª ed., José Olympio: 1947, p. 207.
6   RAMOS, Graciliano. *São Bernardo*, 3.ª ed., José Olympio: 1947, p. 199.

Palavras também têm padrinhos

A maioria das palavras que correm numa língua nasceu não se sabe quando e devem sua existência não se sabe a quem. Qual a idade e quem o responsável por palavras como *pão*, *leite*, *cão*, *livro* ou *céu*? Os dicionários etimológicos e históricos não têm elementos para aplacar a nossa curiosidade.

Se isto se dá com grande parte do léxico das línguas antigas e modernas, existe, por outro lado, um número tão pequeno de palavras que foram cunhadas por uma pessoa e, de várias delas, se pode ter certidão de nascimento. Neste artigo, oferecemos ao leitor curioso um punhado desses vocábulos que ostentam, vaidosos, a seus irmãos pagãos, o nome do padrinho que lhes deu a vida e força para incorporarem-se ao léxico da língua e energia suficiente para transporem as fronteiras do idioma pátrio e se imporem a outras línguas do mundo. São nobres integrantes de um caudal lexical mais amplo a que o linguista e filólogo alemão Max Leopold Wagner chamou "palavras de civilização", e testemunham que não há línguas puras, isto é, línguas que, contentando-se com seus próprios recursos, não aceitam a contribuição e os empréstimos dos idiomas de povos com que entram em contato.

Vários são os motivos por que são criados esses novos termos, como, entre outros: cientista ou filósofo ou artista em busca da denominação de um novo conceito ou descoberta em sua área de atuação; ou um fabricante ou criador de novo produto; ou um escritor à procura de vocábulos mais expressivos.

Sabemos, por exemplo, que Aristóteles, precisando de palavras gregas curtas que exprimissem a ideia de "natureza" e "grandeza" de modo abstrato, não hesitou em aproveitar os interrogativos *poios* "de que espécie?" e *pósos* "de que tamanho?" e formar os derivados de *poiótes* e *posótes* como se, segundo o comentário de Said Ali, "criássemos estes dois monstros de substantivos de-que-especialidade e de-que-tamanhidade. Tais monstros acabaram marcando, ganhando foros de cidade entre os gregos e incitando, duzentos anos mais tarde, Cícero a criar, sobre os latinos *qualis* e *quantus*, os substantivos *qualitas* e *quantitas*, respectivamente responsáveis pelos nossas *qualidade* e *quantidade*, utensílios comuns e indispensáveis a várias línguas do mundo ou, como lembrou ainda Said Ali, 'posse comum de todo lojista e tendeiro'".[1]

Também conhecido é o que se passou com a palavra *gás*, inovação do cientista flamengo J. B. Van Helmont, para designar a sua descoberta conhecida por esse nome. Van Helmont criou a novidade à semelhança do grego *chãos*, cuja consoante final é, em flamengo, pronunciada muito próxima ao *g*: "hunc spiritum, icognitum hactenus, novo nominante Gas voco."[2]

Kodak, denominação do conhecido instrumento fotográfico, é palavra criada, em 1888, por G. Estman e foi forjada um pouco arbitrariamente, pois deve sua origem à impressão acústica motivada pelo barulho produzido pela máquina.

A invenção do mais pesado que o ar motivou o aparecimento inicialmente do francês *aviation*, formado com base no latim *avis* "ave", proposto por Joseph Gabriel de la Landelle, em conferência proferida em 1863 e, no seu rastro, *aviateur*. Só mais tarde, Clément Ader propôs *avion*, tríade que teve afortunado destino em línguas do mundo, chegando ao português com as formas *aviação, aviador* e *avião*.

No domínio da nomenclatura linguística temos a certidão de batismo de várias expressões; para não enfastiar o leitor, lembraremos apenas as seguintes: o notável linguista francês Michel Bréal não foi propriamente o fundador de um campo de investigação conhecido por *semântica* — pois a disciplina já existia uns cinquenta anos antes dos seus primeiros estudos —, mas foi o responsável pelo nome com que hoje este domínio é conhecido — semântica —, aparecido em 1883, com base no grego, a palavra glossemântica, com o que designou um modelo essencialmente estrutural de investigação científica.

A um tipo de língua francesa abastardo pela presença inconveniente da influência inglesa chamou André Rigaud, em artigo no *Le quotidien* (Buenos Aires, 21 de novembro de 1955), *franglais*, que ganhou mundo graças ao livro de Étiemble Le Franglais. O composto agradou e deve ter motivado outros nomes para abastardamentos linguísticos, como, por exemplo, o *portunhol*, cujo criador desconhecemos e que se aplica ao uso do espanhol aportuguesado.

Ao filósofo francês Augusto Comte devemos, entre outras inovações, os termos *sociologia* (*sociologie*) — aparecido em 1830 ao qual o filósofo Stuart Mill chamou "cômodo barbarismo" em alusão aos diferentes elementos (isto é, o radical latino *socio-* e o grego *logos*) — e *altruísmo* (*altruisme*), também do mesmo ano, como o oposto de *egoísmo*.

Apesar do seu sentido evidentemente depreciativo, conquistou mundo a palavra *impressionismo* com que Luís Leroy (em *Charivari* de 25 de abril de 1874) se referiu a um quadro de Monet intitulado "Impressions: Soleil levant". Alguns anos depois, os próprios impressionistas acolheram a denominação, e o vocábulo passou a utilizar-se em outros domínios da arte e da ciência.

Em literatura, abundam neologismos com padrinhos. Nesta matéria, a safra a ser colhida é muito rica. Cingir-nos-emos a apenas dois. O primeiro, *tremeluzir*, é criação do setecentista português Filinto Elísio, nome literário de Francisco Manuel do Nascimento. O segundo é *bicicletar* que, consoante o testemunho de Carlos Drummond de Andrade, em *De Notícias e não Notícias Faz-se a Crônica*, p. 71, é invenção, em 1945, de Vinícius de Morais; o termo ainda não está dicionarizado.

Para finalizar, desejamos fazer dois lembretes. Note o leitor curioso que, na maioria das palavras examinadas, se impõe, direta ou indiretamente, a presença das línguas clássicas, o grego e o latim, numa prova inequivocada da sua onipresença no mundo moderno.

O outro lembrete é para indicar ao leitor ávido de mais palavras apadrinhadas o precioso livrinho do linguista italiano Bruno Migliorini *Parole d'autore — Onomaturgia,* Sansoni, Firenze, 1977. Para não perder a oportunidade, *onomaturgo* "criador de palavras" é um substantivo devido a Platão e *onomaturgia,* a Proclo.

Texto publicado no jornal *Mundo Português* e na revista *Na Ponta da Língua,* em 10/5/1991.

Notas

1   ALI, M. Said. *Dificuldades da língua portuguesa*, 5.ª ed., Livraria Acadêmica, 1957, p. 191-192.
2   HELMONT, J. B. Van. *Ortus medicinae*, Aasterdam: 1652, p. 86b.

Palavras com padrinhos brasileiros

Complemento natural do artigo sobre palavras que têm padrinhos, estampado nesta seção, é este, que falará daquelas que têm padrinhos brasileiros. Diferem estas em alguns pontos daquelas que incluímos no rol das *palavras de civilização*. Em primeiro lugar, ao contrário das outras, têm circulação muito restrita, quase sempre de uso apenas entre brasileiros e praticamente desconhecidas em Portugal. Em segundo lugar, nasceram do desejo de evitar termos em geral franceses que corriam livremente e com aceitação ampla tanto no Brasil quanto em Portugal. Em terceiro lugar, não vêm rotular novidades da ciência e das artes nem novas descobertas. Por fim, nem sempre gozam estes neologismos, mesmo no Brasil, de total beneplácito de escritores e do público em geral, embora a maioria encontre agasalho nos bons dicionários.

Este movimento de repulsa a estrangeirismos, mormente os chamados galicismos ou francesismos, é motivado pelo desejo inglório de tornar "pura" a nossa língua, liberta da invasão molesta de expressões alienígenas. É válida esta repulsa quando se trata de querer introduzir no idioma termos e construções que têm perfeitos correspondentes, vernáculos. Se não conta a língua com tais correspondências ou se a forma estrangeira apresenta um quê de expressividade ou de estilo que falta à prata da casa, tem a experiência mostrado a ineficácia de tais combates, e hoje se contam nos dedos da mão direita os cavaleiros andantes que, de ponto em branco, se insurgem contra esses invasores.

Está claro que a lista de neologismos com padrinhos brasileiros é muito extensa; aqui, entretanto, só temos espaço para comentar alguns entre os mais interessantes e que tiveram boa fortuna. Um grande batalhador nesta seara — e por isso se tornou o mais famoso — foi do Dr. Antônio Castro Lopes, que nasceu no Rio de Janeiro, em 5 de janeiro de 1827, onde veio a falecer aos 11 de maio de 1901.

Era a pessoa a quem contemporâneos ilustres, como Carlos de Laet, atribuíam grande cultura, especialmente na latinidade. Neste domínio do saber — e foram vários os percorridos pelo dinâmico estudioso — escreveu um *Novo Sistema de Estudar a Língua Latina*,[1] que mereceu parecer elogioso, da então Academia Real das Ciências de Lisboa e que o Visconde de Castilho propôs para adoção em Portugal. Teve também a obra detratores como, por exemplo, o húngaro naturalizado brasileiro Carlos Kornis de Totvard, em cujas

Instituitiones Grammaticae Latinae ex Classicorum[2] condena o "latim culinar de certo novo método que, prometendo resultados pasmosos pela prática vulgar de uma latinidade de duvidoso quilate, tendia a postergar o estudo sério da latinidade clássica".

Para o anglicismo *pic-nic* afrancesado também na forma de *piquenique*, propôs Castro Lopes *convescote*, que mereceu comentário na crônica escrita por Machado de Assis de 25 de novembro de 1894.[3] Diante da sua dúvida de escrever *pic-nic* ou *pique-nique*, informa o nosso excelso romancista: "Foi naturalmente para acabar com tais dúvidas que o Sr. Dr. Castro Lopes inventou a palavra *convescote*." Na verdade, a novidade não logrou o êxito desejado, apesar de usada por este ou aquele escritor e ter registro em dicionários. Também para o francês *pince-nez* apresentou o neologismo *nasóculos* (que queria só no plural). O francês *abât-jour* seria desbancado por *lucivéu* ou *lucivelo*, enquanto o galicismo já aportuguesado em *envelope* sofreria a concorrência de *sobrecarta*; temos ainda, neste significado, sem a responsabilidade de nosso fecundo neologista, *sobrescrito* que costuma aparecer confundido com *subscrito*, o qual não é sinônimo de *envelope*.

Mais felizes foram as propostas de Castro Lopes para substituir *ouverture* e *menu*, isto é, *protofonia* e *cardápio*, respectivamente.

Outro ilustre brasileiro a quem se devem alguns neologismos incorporados definitivamente ao léxico do português do Brasil é o Barão de Ramiz Galvão, nascido no Rio Grande do Sul, a 16 de julho de 1846 e falecido no Rio de Janeiro, em 1938. Talvez o vocábulo *silogeu*, 'casa de reunião de associações literárias ou científicas' seja a mais difundida de suas propostas.

O Visconde de Taunay, que escreveu *A Retirada da Laguna* e o famoso romance *Inocência*, propôs, para substituir o francês *morgue*, a palavra *necrotério*. Carl von Koseritz, alemão que se naturalizou brasileiro e escreveu *Imagens do Brasil*, em 1885 e postas em vernáculo por Afonso Arinos de Melo Franco em 1941, assim se refere ao termo:

> A palavra necrotério é um neologismo, criado pelo meu amigo Taunay, que nele juntou muito habilmente as palavras gregas 'nekros' (morte), e o 'tereo' (ver, proteger). A palavra é formada com tanta felicidade que já foi anotada em outras línguas e ao amigo Taunay gozou com isto a alegria de ter presenteado ao mundo com uma palavra de sua própria fábrica.[4]

O escritor Cláudio de Sousa, em 1920, propôs o neologismo *vesperal* como o equivalente vernáculo do francês *matinée*, 'festa ou reunião realizada à tarde'.

Reconhecendo, embora, Humberto de Campos — elegante escritor, hoje esquecido injustamente — "a necessidade de um filtro, de uma força conservadora que impeça a invasão do vernáculo por uma enxurrada de vocábulos exóticos, postos em evidência pela simples paixão do novo", comenta com muita razão: "O que caracteriza o idioma, e o defende, não é, pois, o vocabulário, mas a gramática, isto é, o conjunto de suas regras essenciais. Afirmar o contrário, quando se levantam, gritando essa verdade, os fatos que constituem a história da linguagem, é preparar para si mesmo um sorriso de piedade, senão uma vaia literária dos escritores de amanhã."[5]

Texto publicado no jornal Mundo Português e na revista Na Ponta da Língua, em 31/5/1991.

Notas

1. LOPES, Dr. Antonio de Castro. *Novo sistema de estudar a língua latina*. Rio de Janeiro: 1850.
2. TOTVARD, Carlos Kornis de. *Instituitiones grammaticae latinae ex classicorum*. Rio de Janeiro: 1857.
3. ASSIS, Machado de. *A semana*, Ed. Garnier: 1894, p. 179.
4. KOSERITZ, Carl von. *Imagens do Brasil*, Ed. Itatiaia: 1980, p. 188-189.
5. CAMPOS, Humberto de. *Crítica*, 1.ª série, Ed. Marisa: 1933, p. 182.

Por que se aprende latim?

Há uma ideia muito divulgada, segundo a qual uma pessoa para saber um dedo de português precisa saber dois dedos de latim. A ideia deve ter aumentado seus pretendidos foros de verdade quando, no século XIX, foi inaugurado o método histórico-comparativo, com aqueles estudiosos que defendiam a tese de que o presente de uma língua se explicava pelo seu passado. Assim, o ensinamento entrou até nos cursos elementares de língua portuguesa. Exemplo corriqueiro disto estava na explicação aos alunos por que o verbo pôr, não terminando em -*er* como *vender*, deveria pertencer à segunda conjugação: o verbo *pôr* procede de *poer*, e este do latim *ponere*. Na conjugação do verbo, reapareceria a vogal temática *e*: ponho, pões, põe.

Mas nem tudo na história da língua é evolução; há também inovações, fenômenos que não seguem o curso "normal" da história. É o caso do verbo *cair*, definitivamente da 3.ª conjugação no português moderno (a partir do século XVI), mas que anteriormente pertencia à 2.ª conjugação: *caer*, do latim *cadere*. Prova da pertença ao antigo grupo representam os empréstimos tirados diretamente do latim, como *cadente* (estrela cadente), e não *cadinte*.

Por este modo histórico, pelo qual o presente é explicado pelo passado, era natural que a língua-fonte para o português fosse o latim. Daí a afirmação de que para se saber um dedo de português seriam necessários dois dedos de latim. Mas, já estribado no ensinamento de Meyer-Lübke, a sintaxe românica — e é aí o domínio da língua portuguesa onde mais pululam os desvios da norma original — que a sintaxe românica moderna está mais proximamente relacionada, em muitos aspectos, com o alto-alemão moderno ou com o grego moderno do que com o latim antigo. É na morfologia que se revela em toda a sua força a íntima relação histórica entre o latim e as línguas românicas como sua continuação ininterrupta no tempo e no espaço.

Outros defensores há da presença do latim num curso de humanidade apoiados na convicção de que o latim é o porta-voz do pensamento grego. Acerca dessa razão se pronunciou um linguista e helenista moderno de autoridade reconhecida, o suíço Charles Bally. Num dos capítulos de seu livro *Le langage et la vie*, sob o título "Por que se aprende latim?", tece o seguinte comentário sobre ser o latim porta-voz do pensamento grego:

"Mas já sabemos a deformação que sofreu o gênio helênico ao passar pelos célebres romanos. Além disso, graças aos autores latinos tivemos durante muito tempo uma imagem falsa da Grécia, e inclusive hoje (escrevia o mestre genebrino em 1935) a ideia que fazem as pessoas daquela cultura não passa de uma caricatura. Todo este mal procede de que Roma conheceu uma Grécia que já se sobrevivia a si mesma. A literatura latina familiarizou-nos com uma mitologia grega sem religião; no que toca à filosofia, não conheceram os romanos na realidade mais do que as escolas posteriores a Platão e Aristóteles, e delas extraíram apenas uma moral utilitária e simplista; toda a eloquência estudada pelos romanos estava viciada pela retórica. Que sabemos da tragédia com auxílio dos escritores romanos? Mais vale não pensar em Sêneca. Imitaram a *Comédia Nova*, reflexo trivial de uma vida apoucada, e desconheceram Aristófanes. Mais, acima de tudo, tornaram-se presas dos alexandrinos, dos *docti poetae*, que nos ensinaram a separar a arte da vida, que reduziram a língua escrita a uma língua de mandarins e que reduziram os grandes afrescos da Grécia heroica a vinhetas de cartão postão (Polifemo e Galateia!). É o latim responsável pela invasão do alexandrismo como uma epidemia nas literaturas do Ocidente; em francês, seu predomínio foi de tal monta, que quase todos os poetas que quiseram contemplar de frente a Grécia, viram-na (inclusive Chénier!) através de Teócrito e da Antologia Palatina."[1]

Sabemos que é por associações que se estabelecem natural e espontaneamente as unidades linguísticas, que uma língua funciona. E estabelecer, durante o aprendizado, correlações dessas associações e oposições entre a língua materna e uma ou mais línguas outras repercute no aprofundado conhecimento e interpretação da língua materna. Se tais benefícios se extraem do aprendizado de qualquer língua estrangeira, por que se aprende o latim? É o que veremos a seguir, ainda nas pegadas de Bally.

Se uma língua funciona por meio de um complexo e incessante jogo de aproximações e oposições, a comparação do jogo da língua materna com o jogo com que procede uma língua estrangeira, qualquer que seja, é atividade que beneficia pôr em evidência o mecanismo e as normas que regem este jogo. Desse benefício resulta naturalmente uma melhor compreensão e conhecimento de cada língua em particular. É justamente nesse relacionamento interidiomático que a chamada linguística contrastiva põe toda a sua atenção; o ensino, ou pelo menos, técnicas de ensino diferenciadas quando, por exemplo, um falante nativo de português vai aprender espanhol, inglês ou alemão. A atenção dada — para citar um só caso — ao emprego do artigo definido em inglês, indiferenciado nas flexões de gênero e número e ostentando, no espanhol, uma variante *la / el* conforme o nome feminino seguinte comece por atônico, e uma forma de neutro *lo* nas "substantivações" de adjetivo, o artigo em alemão já vamos encontrar, no singular, oposições para o masculino, feminino e neutro (*der die, das*) e, no plural, *die* para os três gêneros, formas em nominativo (acompanhantes do sujeito), pois há outras diferenciadas para o acusativo, para o dativo e para o genitivo, quer no singular, quer no plural.

Dessarte, a comparação entre a língua materna e uma estrangeira será sempre uma atividade enriquecedora, quer se trate de aspectos fonéticos e fonológicos, quer se trate de aspectos gramaticais (morfologia e sintaxe), quer se trate de aspectos léxicos. O estudo comparativo do português com uma língua moderna estrangeira (o espanhol — nossa segunda língua de direito no panorama geográfico-cultural —, ou o inglês, o francês, o italiano e o alemão, pelos aspectos culturais e tecnológicos) mostraria vantagens mais imediatistas do que o estudo de nossa língua comparada com o latim. Então, por que a tradição escolar tem insistido no latim? Em geral, como já acentuei, a força do argumento pró-latim residia na história, no fato de o português — como as demais línguas românicas — ser a continuação (melhor do que dizer que elas *derivam*) do latim. Está claro que há pontos de contato principalmente na morfologia e no léxico; mas na sintaxe, vimos que essa relação é muito mais frouxa e, portanto, com menores evidências de que o ajutório justifique a escolha. Esta tese mais se explica pela defesa da presença do latim no currículo escolar do que pela ajuda que oferece ao idioma de Machado de Assis e de Camões. Longe de colocar o latim na posição subalterna de mero auxiliar do português, que, uma vez este aprendido, voltará aquele a ocupar a situação de humilde muleta, recurso didático-pedagógico de certas metodologias educacionais.

Se a tese da "filiação" histórica não prevalece na medida em que a imponha, por que então se há de aprender latim? A resposta, que naturalmente não será a única, mas é científica e didaticamente correta e válida, está dada pelo mesmo linguista e pedagogo genebrino Charles Bally no capítulo do livro a que me referi no início destas linhas:

> Não há nisso nada de misterioso; o latim, por motivos muito simples, nos obriga a pensar "de outra maneira". Está o latim construído sobre plano diferente das nossas línguas modernas: graças às suas flexões, as palavras conservam a individualidade no seio da frase; a construção livre faz da própria frase um organismo original; e como, além disso, e, sobretudo, o vocabulário recorta conceitos por padrões diferentes dos nossos, é necessário analisar a fundo e reconstruir os pensamentos mais simples, sem que nunca se possam utilizar as mecânicas correspondentes de língua para língua que lhes tiram aos idiomas modernos uma parte de seu valor educativo. E isto não para aí: mal sabemos sobre o latim falado (exceto um pouco graças a Plauto, Terêncio, e que pouco!), modalidade que sem dúvida deveu estar suficientemente homogênea entre as diversidades do latim literário. Todo nosso esforço se volta para as obras; todavia, cada autor tem sua individualidade: não há dois que se possam explicar completamente um pelo outro. Ao passar de Cícero para Tácito necessitamos mudar de gramática e de léxico; Virgílio e Horácio, ainda que contemporâneos, escrevem duas línguas diversas. Por todas estas razões o latim constitui um maravilhoso instrumento para aquisição

de flexibilidade; familiariza o espírito com o imprevisto, dá-lhe o sentimento do acidental, do contingente, ao passo que a formação científica lhe põe diante o convívio — também necessário — com a lei. Já não se disse que as matemáticas e uma língua antiga bastariam para preparar harmonicamente um espírito?

Vale a pena confrontar essas considerações de Bally com as do filósofo português Álvaro Ribeiro, o qual, não tocando propriamente no valor educativo do latim, fala do ensino da *gramática*, da *retórica* e da *dialética*, aproximando-as, numa adequada correlação, com a *linguística*, a *estilística* e a *lógica*, respectivamente.[2]

"A matemática, por maior importância que lhe atribuam os pedagogistas que seguem Augusto Comte, está longe de ter o valor educativo que os discípulos de Aristóteles sempre viram na lógica. A tradição aristotélica afirma a superioridade das disciplinas de letras sobre as ciências e, se não preconiza já o ensino da *gramática*, da *retórica* e da *dialética* nos termos em que foi ministrado pelos medievais e pelos modernos, verifica e confirma que, sem estudo intenso da *linguística*, da *estilística* e da *lógica*, não pode haver concreta e gradativa ascensão da inteligência para o universal. O estudante que cedo ficar habilitado a escrever com palavras suas o que lhe foi dado observar e experimentar, e a distinguir, racionalmente, entre o método e o erro, fará apenas leitura servil dos compêndios, ou livros de texto, perante maior ou menor vigilância do professor.

A matemática é a linguagem do abstrato universalismo — e um povo que queira ser livre e constituído por homens livres tem de preservar antes de mais nada as características do idioma que lhe é próprio, para transmitir, aperfeiçoada, a língua nacional às seguintes gerações. Tem, pelo estudo da estilística, de conhecer as formas peculiares da sua mentalidade, e o respectivo valor não só para a expressão científica, mas também para a representação e a imaginação literárias, políticas e religiosas. Tem, pelo estudo da lógica, de articular as categorias universais para conhecer, lucidamente, a sua situação histórica, e relacioná-la com o mais alto grau de educação da humanidade."[3]

E aí sempre voltamos aos gregos. E por falar nisto, termino com as considerações do mesmo Bally acerca da língua grega e sua posição no quadro curricular de Letras de que nós todos vínhamos falando:

> Tudo isto está muito bem, só que... não é o latim o único que apresenta essa grande vantagem de ser 'outro'; o grego no-la oferece multiplicada. Está o grego isolado no meio das línguas indo-europeias, não tem contato com o francês [ou com o português] senão pelas palavras técnicas; o pensamento que expressa é original até a medula, em vez de ser um perpétuo reflexo. Se é a visão do diferente aquilo que abre e amplia horizontes, o grego é o ideal; o latim, o sucedâneo. E é aqui onde repousa o lado trágico da crise das humanidades: para fugir ao menor dos males, abre-se mão de uma das línguas clássicas, e se acorda tacitamente em sacrificar aquela que mais nos consolaria da perda da outra.[4]

Enveredar por este campo e discutir a posição do grego na formação do espírito, isto é já uma outra história...

> Texto publicado no jornal *Mundo Português* e na revista *Na Ponta da Língua*, originalmente em duas partes: 29/8/1996 e 5/9/1996.

Notas

1   ALONSO, Amado. *Antologia palatina*, Gredos: 1977, p. 239.
2   Muito do que aqui se vai ler já se tinha dito por alguns linguistas e pedagogos, entre os quais desejo destacar agora o genial Michel Bréal.
3   RIBEIRO, Álvaro. *Apologia e filosofia*, Lisboa, Guimarães Editores: p. 68-69.
4   BALLY, Charles. *La langage et la vie.* Payot: 1926, p. 241.

Por que segunda-feira em português?

Aquele que entra em contato com outras línguas, quer românicas, germânicas ou célticas, comparando-as com a língua portuguesa, cedo se dá conta de que nosso idioma se distingue da maioria das outras por usar, na denominação dos dias da semana, o substantivo feira, de segunda a sexta, enquanto as outras continuam com antigas formas pagãs, correntes desde sempre no latim. Assim, enquanto usamos em português segunda-feira, terça-feira, quarta-feira, quinta-feira e sexta-feira, o espanhol, tão próximo de nossa língua em tantíssimos aspectos do léxico, emprega, respectivamente, *lunes, martes, miércoles, jueves* e *viernes*. Se passarmos a outra língua irmã do português pela comum procedência latina, do francês, encontraremos *lundi, mardi, mercredi, jeudi* e *vendredi*. Se dermos mais um passo ainda em território linguístico românico, vamos encontrar no italiano formas que patenteiam o íntimo parentesco com o francês e, mais afastadas do espanhol, mas com as mesmas marcas da presença do paganismo nessas denominações: *lunedì, martedì, mercoledì, giovedì* e *venerdì*. Fácil é concluir que o elemento *di* do francês e o *dì* do italiano (com acento grave para marcar o oxítono ou o agudo, consoante a regra de acentuação tônica do sistema ortográfico em italiano) é o substantivo latino *dies* "dia", elemento que no espanhol *el día lunes* acabou por se suprimir, à semelhança do que fazemos com *feira* quando dizemos *a segunda esteve chuvosa* por *a segunda-feira esteve chuvosa*. É bem verdade que houve a tentativa de introduzir-se na Espanha a construção com *feria* e até um território leonês e na Galiza, aqui especialmente com *sestaferia* e variantes, por *viernes*, não tão corrente como em português. Na história do espanhol ocorreu ainda uma alteração linguística interessante em que se patenteia que as formas discordantes de uma série acabam, por analogia, acertando o passo com as demais, sob o peso da influência da maioria. O latim *dies lunae* "o dia da lua", bem como *dies mercurii* "o dia de Mercúrio" não poderiam corresponder a *lunes* e *miércoles* do espanhol, se atendessem às normas de fonologia histórica do idioma; seus representantes, se assim procedessem, seriam *lune* de *lunae* e *miércore* de *mercurii*, somente por hipótese, porque tais formas nunca existiram na língua de Cervantes.

A construção sintática latina, partindo do fato de que o substantivo *dies* regia o termo subsequente, fazia que este haveria de estar no genitivo: *dies lunae* o "dia da lua", *dies* martis "o dia de Marte", *dies mercurii* "o dia do Mercúrio", *dies jovis* "o dia de Júpiter" e *dies veneris* "o dia de Vênus".

Os genitivos de substantivos pertencentes à terceira declinação latina constantes da referida série tinham a terminação em *-is* (isto é, *martis, jovis* e *veneris*), o que daria normalmente em espanhol o que deu: *martes, jueves* e *viernes*.

Outro tanto não poderia acontecer com os genitivos *lunae* e *mercurii*, conforme vimos, pois não pertencem à terceira declinação latina; todavia, sob o influxo de seus companheiros de série, passaram a *lunes* e *miércoles* dos nossos dias, precedentes dos análogos *lunis* e *mercuris*. Neste caso, a analogia acabou por dar foros de cidade às formas que dela resultaram. Em outros exemplos, a língua exemplar não apadrinhou a forma ou as formas daí resultantes. Por exemplo, sob o influxo do gênero gramatical de *a dezena* e *a centena*, muitos dizem *a milhar* por *o milhar*, forma esta única aceita na variedade culta da língua. Ainda no tocante às expressões latinas para a denominação dos dias da semana e suas continuações nas línguas neolatinas que persistem no uso do modelo pagão, as diversas províncias do império romano apresentavam três opções: *dies martis, martis dies* ou simplesmente *martis*, com a supressão de *dies*, numa época em que a ordem das palavras em latim não tinha adotado uma forma fixa e definitiva, como nos ensina na Walther von Wartburg, ilustre romanista suíço.

Da ordem *dies martis* temos o remanescente em catalão *dimars*; da ordem *martis dies* provieram o francês *mardi* e o italiano *martedi*; da expressão simplificada *martis* continua o espanhol *martes*.

Para finalizar este nosso primeiro contato com a história que envolve a denominação dos dias da semana, cabe lembrar que o alemão *Montag* "segunda-feira" até *Freitag* "sexta-feira" são traduções das fórmulas correntes do latim: *Montag, Monday* "o dia da Lua" e assim sucessivamente, com certas mudanças de divindades, como veremos mais adiante.

Esta nomenclatura dos dias da semana está envolta em interessantes episódios da história e desenvolvimento cultural e religioso dos povos, e tem seu ponto inicial na própria concepção e noção de *semana*. Deste ponto começará a nossa jornada, para a qual convidamos o leitor benévolo e interessado por assuntos que tais.

A questão relativa à demonstração dos dias da semana deve partir da concepção e história da própria noção de *semana*. Antes de entrar no assunto, cabe lembrar que a palavra *semana* em português não veio diretamente do latim *septímana* "espaço de sete dias". Derivado visível do numeral *septem*. Já tivemos oportunidade de referir-nos nesta seção a que as palavras, na sua forma fônica ou material, têm sua carteira de identidade; em outras palavras, a materialidade do vocábulo denuncia sua idade ou sua entrada como palavra *hereditária* ou palavra de *empréstimo* do léxico da língua. Para reavivar a memória do leitor, repetimos o que, naquela ocasião, classificávamos por palavra *hereditária*: aquela que vivia no léxico da língua quando deixou de ser *latim* para ser identificada como português, numa passagem ininterrupta no tempo e no espaço. As palavras hereditárias são as que passam pela mudança fonética e fonológica que demarcam um capítulo específico da gramática histórica, no caso vertente, da língua portuguesa.

As palavras de *empréstimo* são as adventícias, as que vêm depois dessa fase constitucional do idioma, e que, portanto, não apresentam, na sua roupagem material, as marcas desse trânsito histórico do latim ao português, se continuamos exemplificando apenas com a nossa língua.

Se compararmos os latinos *manu-*, *luna-*, *septímana-*, com as correspondentes portuguesas *mão*, *lua* (antigo *lũa*) e semana, verificaremos que o — *n* — entre vogais persiste em *semana*, mas desaparece em *lua* ou deixa uma nasalação da vogal anterior em *mão*. Este destino do — *n* — intervocálico em *lua* (antigo *lũa*) e *mão* é uma das marcas da fonologia histórica do português.

Fácil, portanto, é concluir-se que semana é empréstimo, é palavra mais nova no léxico português do que *lũa*, *lua* e *mão*, assim como podemos dizer que *lũa* é mais velha, está registrada em nossa língua há mais tempo que *lua*. Assim, a rigor, não se pode dizer que *semana* vem do latim *septímana-*, como dizemos que *lua* (*lũa*) vem do latim *luna-* e *mão* vem do latim *manu-*.

Semana, como bem ensinou o romanista alemão Joseph Piel — a quem tanto devem os estudos históricos do léxico português — "ant. também *somana* (com labialização do *e*)", cuja infiltração no vocabulário português já se manifesta no texto acima transcrito (dos fins do século XIV ou princípios do século XV) [Piel refere-se à Regra de S. Bento, editada por José Joaquim Nunes, outro grande mestre da gramática histórica portuguesa], se deve certamente explicar como galicismo eclesiástico. É de crer que Portugal e Galiza se familiarizaram com o tipo *septímana* — só em virtudes das influências monásticas, que se fazem sentir a partir do século XI, sacrificando-lhe a pouco e pouco o tipo tradicional *hebdómada / doma* (a). Basta aliás, olhar para a estrutura fonética de semana para se reconhecer o caráter não autóctone do vocábulo, que, atendendo às normas evolutivas do português, se deveria apresentar hoje com a forma **semã* ou **selmã*.[1]

Até no latim a palavra *septímana* não pertence ao seu velho caudal léxico; deve ter sido introduzida pelo latim eclesiástico, pelo final do século IV, com o significado de "período de sete dias", como forma feminina do latim clássico *septimanus* "relativo ao número sete", de evidente derivação do numeral *septem*. *Septimana* não passa de um calco do grego eclesiástico *hebdomas*, 'o número sete' e depois especializada para a designação da semana judaica. Em época anterior aplicava-se a sete dias, meses ou anos.

Cabe aqui uma explicação ao termo técnico calco: é um tipo especial de empréstimo que consiste em, utilizando a prata da casa, isto é, os elementos nativos, reproduzir ou imitar o esquema ou significação de uma palavra ou expressão estrangeira. É o caso do latim *septímana* para corresponder ao grego *hebdomas*, *hebdómada*. É o caso da criação de *ferrovia* para substituir o francês *chemin de fer*.

Para encerrar estas considerações preliminares sobre a história linguística de *semana* — repare-se que ainda não entramos na história cultural e religiosa do termo —, é oportuno lembrar que *semana*, como acentuou Piel, está datado, pelo menos, a partir do século XIV ou princípios do século XV; antes o português se servia de um representante do grego eclesiástico *hebdómada*: *dómaa* ou *doma*, procedente de uma possível forma intermediária **edoma* (a), com a perda do *e*-inicial. Este *doma* 'semana', arcaico, é ainda empregado por Gil Vicente no século

XVI; daí a afirmação de Piel, no trecho transcrito acima, de que *semana* desbancara o tipo tradicional *doma(a)*.

A vitalidade de *doma* no idioma fez brotar um e outro derivado, que acabou enganando o lexicógrafo. Piel lembra que o derivado *domário* ou *domairo* encobriu sua verdadeira origem a Cândido de Figueiredo que, no *Dicionário*, aliás, excelente, explica *domário* como "sacerdote que celebrava a Missa no Ofício dos Defuntos, e presidia ao mesmo ofício". Quando, na realidade, quer dizer "clérigo que está em serviço semanal".

As investigações apontam o escritor cristão Tertuliano como aquele que emprega *septímana* pela primeira vez ou em cujos escritos a palavra é documentada pela primeira vez, e é o termo comum na *Vulgata*, isto é, o retoque de versões antigas na *Bíblia* em latim, iniciadas no século II, retoque levado a cabo por S. Jerônimo, pelos fins do século IV, por solicitação do Papa Dâmaso, e que veio a tornar-se o texto oficial da Igreja. A denominação *Vulgata* com que passou *modernamente* a ser conhecida essa versão foi assim chamada por Rogério Bacon, no século XIII.

Já que falamos *Vulgata*, vale a pena lembrar que no grego neotestamentário não aparece *hebdomás* para indicar 'semana', e sim o termo *sábbaton* que aparece em São Lucas, 18:12 por *sabbato*: *Jejuno bis in sabbato* 'Jejum duas vezes por semana'. Trata-se de um calco do hebraico *sabbat* que, além de indicar o sábado, significa também 'semana'.

Desde cedo deve ter sentido o homem a necessidade de contar com uma unidade de tempo razoável que fosse mais dilatada do que o dia, para, mais facilmente, poder marcar a periodicidade de certos repetitivos acontecimentos religiosos, civis e comerciais da comunidade.

Esta necessidade está difundida pelo mundo, havendo apenas a discordância da extensão dessa unidade do calendário, pois há povos que conhecem uma 'semana' (chamemos assim por comodidade esse espaço de tempo) de quatro e cinco dias, como sucede na África Ocidental e na Indonésia, naturalmente porque essa unidade do calendário não está ligada às fases da Lua, referência de que falaremos a seguir.

O espaço intervalar que decorria de uma "semana" para outra era marcado por uma época de festas, onde se procedia a atos religiosos e transações comerciais, como ainda se dá por todo o mundo.

A semana de sete dias, que domina em todos os países onde a cultura judaico-cristã e islâmica deixou suas marcas indeléveis, é a unidade mais antiga e difundida, pois desde sempre as fases da Lua despertaram a atenção do homem primitivo e lhe ofereciam uma referência nítida e fixa para demarcações de tal natureza. Segundo os mais acreditados estudiosos da matéria, esta semana ligada às fases lunares era conhecida e praticada entre assírios e babilônicos, conforme a documentação comprobatória que chegou até nós. Entre os babilônicos, pelo menos, os dias intervalares, 7, 14, 21 e 28 da lunação eram considerados nefastos, de mau agouro; para minorar os pressságios, primeiro o rei, e depois todo o povo acompanhou o soberano, recolhia-se em orações e se abstinha de alguns tipos de comida.

Entre os caldeus cedo se desenvolveu outro conceito de unidade do calendário relacionando os sete dias da semana com a ordem das sete esferas ptolomaicas segundo a distância de que os planetas (incluindo-se aí o Sol e a Lua) então conhecidos guardavam da Terra: Saturno, Júpiter, Marte, Sol, Vênus, Mercúrio e Lua, que presidiam, conforme a astrologia, uma determinada hora, enquanto o dia estava presidido pelo astro da sua primeira hora: *Saturni dies, Solis dies, Lunae dies, Martis dies, Mercurii dies, Jovis dies, Veneris dies*.

Esta nomenclatura planetária dos caldeus foi aceita pelo Império Romano, que pôs de lado um complicado sistema de dividir os meses em três períodos desiguais: as *calendas*, as *nonas* e os *idos*.

Os hebreus também conheceram uma semana de sete dias, só que em cômputo não se baseava nas fases da Lua; marcavam a sucessão da semana com um dia de repouso, o sábado (hebraico *sabbat* "repouso", "o dia de repouso", "a própria semana"). Este costume tem sua origem bíblica: os seis dias da criação eram seguidos de um sétimo para o descanso do Senhor, segundo reza o Gênese. Os cristãos, que adotaram a semana judaica, além de alterarem a nomenclatura dos dias, mudaram o dia do descanso para o domingo, como veremos no lugar próprio.

Não se tem notícia de que os dias compreendidos entre um sábado e outro tivessem denominações especiais; em geral, eram indicados por um sistema enumerativo, processo que também ocorreu no latim da Igreja e entre os árabes. Foi esta identidade entre processo enumerativo da Igreja e dos árabes que estimulou a hipótese sedutora, mas improvável, de estudiosos de que o sistema português *segunda-feira, terça-feira,* etc. tivesse tido influência islâmica.

Assim, os hebreus de Roma empregavam as denominações *una* (ou *prima*) *sabbati* para *dies Solis*, *secunda sabbati* para *dies Lunae*, etc. até *sexta sabbati* para *dies Veneris*, cedo substituído este último, como vigília do sábado, pelo grego *parasceve* "preparação" ou por *sema pura*, este último utilizado pelos hebreus e africanos que, exilados na Sardenha, levaram para a ilha o termo que em sardo é *Kenápura* e variantes para indicar a sexta-feira.

Introduzida no Império Romano a semana dos caldeus de sete dias, que aí chegou em época não muito antiga, por volta do século II, foi também adotada inicialmente pelos cristãos com pequena diferença, a partir dos fins do século II. À semelhança dos judeus que introduziram o sábado como dia do repouso e início da contagem dos outros dias da semana, os cristãos também inovaram passando o dia do repouso para o domingo, "dia do Senhor", início da contagem para outros dias. Esta alteração prende-se ao fato bíblico de a Ressurreição de Cristo acontecer nesse dia e, baseado no testemunho de evangelistas, da celebração dos cristãos, anos depois da morte do Senhor, se realizar no primeiro dia da semana, isto é, no domingo. Assim entendiam que o verdadeiro e definitivo repouso do Senhor ocorrera no primeiro dia da semana, com a sua Ressurreição.

Vimos que o nome grego *hebdomas* já se usava em latim com o sentido "semana", sob a forma *hebdomás -adis* e, mais tarde, *hebdomada, -ae*. O termo *septímana*, calco de *hebdômada*, que vigora nas línguas românicas e penetrou nas línguas celtas (p.ex. o irlandês antigo *sechtman*, moderno *seachtmhain*), só aparece em época muito recente (p.ex. na *Perigrinatio Aetheriae*, texto composto por volta do ano 400).

Como vimos, no calendário pagão o dia correspondente ao nosso domingo era dedicado ao Sol, *dies Solis*, denominação que foi usada ainda em ambiente cristão até entrado o século IV. Se o *dies Solis* não vingou nas línguas românicas, substituído por *dies domenicus* ou *dies domenica* (cf. o português *o domingo*, masculino, o italiano *la domenica*, feminino), deixou seu vestígio quer em empréstimo ao latim (p.ex. o córnico de *sil*, o bretão [*di*] *sul*) quer em calco, o que ocorre em inglês *Sunday*, o alemão *Sonntag*, o sueco *Söndag*, o holandês *zondag*, entre outros.

As denominações pagãs para os dias de segunda a sexta introduzidas no latim (*Lunae* [*Lunis*] *dies, Martis dies, Mercurii* [*Mercuris*] *dies, Jovis dies* e *Veneris dies*) vingaram em todas as línguas românicas, conforme vimos, exceto para o português, embora em todas essas comunidades tenha havido o triunfo do cristianismo.

Vale a pena abrir neste momento um espaço para lembrar uma lição do romanista suíço Jakob Jud, lembrada pelo romanista alemão Gerhard Rohlfs, num artigo que retoma este problema dos dias da semana, publicado na *Miscelânea Adolfo Coelho*.[2] Observou Jud que, ao lado da sexta-feira, a quarta-feira era também recomendada como dia de jejum, marcando, assim, um espaço ritual do meio da semana, denominado *media hebdoma* "meia semana", expressão que vigorou na Toscana com o representante *mezzèdima* "quarta-feira" e hoje está em desuso. Aparece ainda entre os reto-romanos e a antiga língua da ilha de Veglia, o dálmata.

E agora chegou a ocasião de entrarmos na explicação do porquê da *segunda--feira, terça-feira*, etc. até a *sexta-feira* em português, inovando, assim, em face das denominações pagãs vivas nas suas irmãs românicas.

O passo inicial foi dado pelo repúdio que devem ter sentido os cristãos em continuar usando para os dias da semana os nomes pagãos que apadrinhavam essas denominações. Uma primeira e penosa vitória já tinham alcançado com a implantação de *sábado* (em vez do antigo *Saturni dies*) e *domingo*; uma, relíquia dos judeus, a outra, do tesouro próprio. Era necessário, portanto, não esmorecer e continuar a campanha em busca do apagamento das reminiscências desses "nomes sordidíssimos", como lhes chamou São Cesário.

O século IV marca o recrudescimento dessa campanha nos escritos de Prisciliano, de Córdova; de Filástrito, de Brescia, da Gália Cisalpina; de S. Agostinho, de São Cesário, conforme lembram os romanistas brasileiros Isaac Salum[3] e Silvio Elia.[4]

A proposta da Igreja consistia em continuar com o sistema enumerativo — já praticado pelos judeus e árabes, portanto, já difundido em grande parte do mundo conhecido, bem como aceito por diversos cristãos —, acrescentando ao número a palavra *feira*. E qual seria o significado deste termo *feira*? É o que veremos a seguir, para concluir esta nossa série de conversa com o leitor benévolo.

É opinião geral entre os estudiosos que foi do papa Silvestre, depois São Silvestre, a proposta no século IV, de que a semana cristã se pautasse pelo modelo ordinal + feira. Em suas obras, vários autores cristãos insistiram na proposta do papa Silvestre, mas a verdade é que, apesar de adotarem o cristianismo, a semana dos povos de línguas românicas não abdicou de todo a nomenclatura astrológica pagã, espelhando uma mescla de dois sistemas; a Igreja conseguiu introduzir nos hábitos do povo os nomes cristãos para o domingo e para o *sábado* (*dies sabatti, sabattus*), véspera do dia consagrado ao Senhor (*dies dominicus* ou *dominica*), também dia em que o trabalho era, em geral, suspenso para que os fiéis, conforme lembra Rohlfs, se pudessem preparar para as cerimônias religiosas de domingo. Com tal vitória a Igreja conseguiu desbancar as denominações pagãs *dies Solis* e *dies Saturni*, respectivamente (vejam-se o alemão *Sonntag* 'domingo' e o inglês *Sunday* 'domingo'; *Saturday* 'sábado' é um vestígio da vitória da Igreja, pois se prende a *sabbatus*. Mediante a forma variante nasalada da sílaba inicial, possivelmente *sambata* ou *sambatum*, parece dimanar também o francês *samedi*).

Pela banda ocidental da Romênia (Galécia), deve-se se assinalar o esforço desenvolvido por São Martinho, arcebispo de Braga, nascido entre 518 e 525, talvez na Panônia, região do mundo antigo habitada por dácios, ilíricos, germanos e celtas, em cujos domínios ficam hoje várias cidades, como Viena, Budapeste, Jubljana. São Martinho, seguindo o prescrito pelo segundo concílio de Braga, de 572, por ele presidido, redige uma instrução pastoral na forma, porém, na realidade, sermão, que propunha que a gente do campo se abstivesse de hábitos, crenças e ritos contrários à doutrina, a fé da Igreja, e à palavra empenhada no batismo: daí o título da obra *De correctione rusticorum*, importante documento de práticas e superstições populares pagãs, então correntes, algumas das quais correntes até agora, ou, no máximo, até meados do nosso século. Entre as proscrições de São Martinho estavam assinaladas com muita ênfase as denominações pagãs dos dias da semana, ainda vigente no século VI.

> (...) e não creem [os ignorantes e os rústicos] de todo coração na fé de Cristo, e são tão vacilantes que dão os próprios nomes dos demônios a cada dia, e a um chama de Marte, de Mercúrio, de Júpiter, de Vênus e de Saturno, atribuindo-os a quem não fez nenhum dia e não passou de homens detestáveis e infames na nação dos gregos.

E mais adiante:

> Que classe de loucura é essa que o homem batizado na fé de Cristo não celebre o dia do Senhor em que Cristo ressuscitou e diga que celebra o dia de Júpiter, de Mercúrio, De Vênus e de Saturno, que não possuem dia nenhum, e que não passaram de adúlteros, feiticeiros, malvados, e que morreram de má morte em seu próprio país.

Ou devido ao prestígio de São Martinho e às recomendações na sua exortação pastoral, ou à situação periférica da Península Ibérica que a fez repositório dessa e de algumas outras inovações (como foi o caso do português arcaico *cinquesma*, de *quinquagésima*, lembrado por Rohlfs, termo com que a Igreja romana de língua latina pretendeu, sem muito sucesso, traduzir o grego *pentecoste* usado cedo em latim e nos escritos de Tertuliano, para designar a festa celebrada cinquenta dias depois da Páscoa, para comemorar a descida do Espírito Santo sobre os apóstolos), a verdade é que só na língua portuguesa prevaleceu a proposta da Igreja de substituir as denominações pagãs da semana astrológica ou planetária pelo esquema *ordinal + feira*, de segunda a sexta.

E *feria*, que vem a significar nesta nomenclatura vitoriosa no português?

A matéria não é pacífica entre os estudiosos, e os textos de Salum e Silvio Elia já citados dão bem o resumo dessas discussões acerca do significado e aplicação quer do *plurale tantum feriae, - arum*, quer do singular *feria, ae* (do período pós--clássico), indicando ambos "as festas", "as férias", este último por volta do século III. Da mesma família de *feriae* (antigo *fesiae*) é o adjetivo *festus* "festivo" (*dies festus* valia o mesmo que *dies feriatus*), donde *festivus*.

Afastando-me das explicações conhecidas, inclino-me por uma apresentada pelo linguista e filólogo italiano Carlo Tagliavini nos preciosos livro *Storia di parole pagane e cristiane attraverso i tempi*,[5] lição que aqui vai resumida.

Entre os primeiros cristãos foi adotado o termo, ainda referido às festas pagãs, embora nem todos os autores estejam de acordo quanto ao significado primitivo da palavra no mundo cristão. Todavia, é bem provável que *feria* fosse referida a todo tipo de festividade, excluído naturalmente o dia de repouso semanal dedicado ao Senhor, o *dies dominicus* ou *dominica*. Neste ponto da evolução semântica, ocorreu um posterior desenvolvimento e duas direções bem dizer opostas:

1) *Feria*, na primeira acepção, aplicar-se-ia ao dia festivo que não caísse no domingo (p.ex., o dia do santo padroeiro), quando, na época medieval, se realizavam feiras e mercados em torno das igrejas, para compras e vendas de produtos. Daí, no latim tardio, *feria* passa a indicar a própria feira, o próprio mercado. Guardam este significado o português *feira*, o espanhol *feria*, o catalão *fira*, o francês *foire*, engadino *faira*, o italiano *fiera*, etc. Semelhante evolução semântica, ensina Tagliavini, ocorreu com o latim eclesiástico *missa* "missa", no alemão *messe* que, além de designar a missa, significa também "feira". Daí o termo dos Países Baixos *Kermesse* ou *kermisse* para designar as festas paroquiais e feiras anuais, celebradas pelos pintores flamengos, que passou para o francês *kermesse*, donde se propagou por toda a Europa. Desse filão veio nosso *quermesse*.

2) *Feria*, na segunda acepção, passou a significar, entre os primeiros cristãos, o dia que não fosse domingo e, na tentativa de desbancar os antigos nomes dos dias da semana planetária sentidos como ligados a divindades pagãs, assumiu praticamente o significado de "dia de trabalho", "dia útil", substituindo, como vimos, o *sabbati* (em vez de *segunda sabbati* passou a referir-se *feria secunda* ou *secunda feria*, e assim por diante até *sexta-feira*).

Tal evolução semântica levou o que *ferialis*, que significava "festivo", passasse a "laboral", "(dia) de trabalho".

Na primeira acepção, *feria* passou para o alemão, onde *Feier* significa "festa", "celebração", "cerimônia", *Feiertag* "dia feriado". Como verbo, *feiern* é "festejar", como leio no Prefácio da *Festschrift* promovida com muita justiça para comemorar os 65 anos do distinto Amigo da Universidade de Colônia, Dr. Hans Dieter Bork: "Am 12.juli 1997 feierte Hans Dieter Bork seinen 65 Geburstag".

Por via francesa e mais recentemente, o inglês conheceu *fair* "feira", "mercado", "exposição".

No português temos *férias* para designar o período de descanso, de folga por espaço de tempo, depois de duração, mais ou menos prolongada, de trabalho de qualquer natureza. Já *féria* significando o dinheiro resultante das vendas do dia está, como se depreende facilmente, preso ao latim *feria* como produto das transações das feiras e mercados de que já falamos. Também preso ao latim *feria* está o nosso *feira* designativo do próprio mercado.

Em certo momento deste estudo aludimos ao fato de que em algumas regiões do Império Romano os deuses celebrados na semana planetária correspondiam ou eram substituídos por divindades nativas. Assim, os germanos faziam corresponder ao latino *Mercurius* o seu *Odino* ou *Wotan*, de modo que em vez do *Mercurii dies* tinham, por exemplo, um calco que hoje está representado, por exemplo, no sueco, norueguês e dinamarquês *Onsdag*, no inglês *Wednesday*.

Cabe lembrar, *last bust no least*, o excelente opúsculo de Manuel Paiva Boléo *Os nomes dos dias da semana em português*[6] onde, com muito saber e erudição, o catedrático de Coimbra defende a influência vitoriosa da Igreja neste interessante capítulo.

Por fim, o uso de *dies dominicus* (masculino) e *dies dominica* (feminino), este mais recente e que deve ter recebido a influência dos nomes femininos da 5.ª declinação e do seu antônimo feminino *nox* "noite".

> Texto publicado no jornal *Mundo Português* e na revista *Na Ponta da Língua*, originalmente em cinco partes: 5/2/1998, 12/2/1998, 19/2/1998, 26/2/1998 e 5/3/1998.

Notas

1. PIEL, Joseph M. *Miscelânea de etimologia portuguesa galega*, 1.ª série, Coimbra: 1953, p. 121-122.
2. *Miscelânea Adolfo Coelho*, Lisboa, 1: 1949, p. 88-94.
3. SALUM, Isaac. *A problemática da nomenclatura semanal românica*, São Paulo: 1968.
4. ELIA, Silvio. *Preparação a linguística românica*, Rio de Janeiro: 1979.
5. TAGLIAVINI, Carlo. *Storia di parole pagane e cristiane attraverso i tempi*. Marcelliana: 1963.
6. BÓLEO, Manuel Paiva. *Os nomes dos dias da semana em português* (*influência moura ou cristã?*), Coimbra, Coimbra Editora: 1941.

Português ou brasileiro?

Com este título, professores e autores de livros insistem numa ideia ou projeto que se vai firmando em alguns centros universitários do país, com visível resultado negativo na formação de mestres a quem, em sala de aula do curso fundamental ou médio, está entregue a educação linguística de nossos jovens.

Que as línguas estão sujeitas a diversos fatores de mudança que atuam no tempo, no espaço e nas classes sociais é uma lição dos linguistas do século XIX e que corre como afirmação pacífica de então até nossos dias.

Resultado imediato desta lição que também hoje se aceita é que uma língua encerra diversas "línguas" dentro de si, que o grupo social mais ou menos homogeiniza numa realidade chamada *língua comum*, à qual se aplica o nome atribuído à língua histórica: língua portuguesa, língua inglesa, língua espanhola, língua latina e assim por diante.

A extrema plasticidade de uma língua histórica, espraiada em subsistemas de *línguas funcionais* (aquelas que efetivamente funcionam no discurso), que não obscurecem a unidade superior do português, do inglês, do espanhol ou do latim, a extrema plasticidade — dizíamos — não deve desvirtuar a descrição e a análise do pesquisador, principalmente daquele que de suas observações pretende distinguir uma língua histórica de outra língua histórica.

Já aprendemos, nesse deslinde, a distinguir muitas vezes *sincronia* e *diacronia*, mas falta percorrer um longo caminho de distinções para delimitar e trabalhar uma língua funcional dentro da língua histórica, distinção que está ausente na essência da falsa constatação de que a língua que falamos aqui, nesta banda do Atlântico, já não é o português, mas o brasileiro.

Além da citada distinção entre *sincronia* e *diacronia*, para que o investigador se ponha em trilha segura há de separar *linguagem* de *metalinguagem*, *arquitetura* de *estrutura* ou, como já aludimos, *língua histórica* de *língua funcional*. Isto sem pôr de lado as variedades *diatópicas* (de lugares), *diastráticas* (de estratos sociais) e *diafásicas* (de estilo).

Como se situará o defensor do pretenso *brasileiro* diante das diferenças diastráticas entre o francês comum e o francês popular, ou o inglês comum e o inglês popular? Por acaso, as diferenças aí registradas serão menos patentes do que as que assinalam entre o português e o brasileiro?

Muitos estudiosos que abraçam a tese do *brasileiro* comparam realidades distintas, isto é, o conjunto de normas consideradas "certas" e "boas" do lusitano escrito com "a língua realmente falada pelos brasileiros, inclusive pelos classificados de cultos".
Erram, assim, no objeto de estudo.

Em certo sentido, voltam esses estudiosos à tese, sem nenhum fundamento teórico, de Monteiro Lobato, que argumentava, pouco depois de iniciado o século passado: assim como o português saiu dos erros do latim, o brasileiro sairá dos erros do português.

Com o peso da competência de um dos mais importantes linguistas do século XX, ensina-nos Antonino Pagliaro.[1]

> Importa-nos agora pôr relevo que a língua comum é a expressão de uma consciência unitária comum, que pode ser cultural em sentido lato, como acontecia na Itália do século XIV ou na Alemanha de Lutero, e pode ser política, como é o caso das atuais línguas nacionais; temos sempre um fator volitivo que leva as comunidades a superar as diferenças mais ou menos profundas dos falares locais, para aderir pela expressão a uma solidariedade diferente e mais vasta. Por outras palavras, quem, deixando de parte o dialeto nativo, passa a falar a língua comum, exprime através desse seu ato a adesão volitiva a um mundo mais vasto, determinado cultural ou politicamente, ou então, como acontece nos estados nacionais modernos, pelas duas formas. Desta consciência linguística mais clara resulta que a língua comum nunca atinge a plenitude afetiva, traduzida por subentendidos, alusões ou matizes estilísticos, que temos nos falares locais e nas chamadas línguas especiais, principalmente nas gírias. Pelo uso da língua comum, o falante arranca-se, em certo sentido, a fase naturalística da expressão, ligada a um ambiente, mais ou menos restrito, como a família, o bairro, a cidade ou a região, para se elevar conscientemente a um plano mais vasto, onde o valor intelectual tem muito mais valor que o fator afetivo.

Este fosso natural entre língua popular, entre língua escrita tensa e falada distensa, é vista como uma fase intermediária da verdadeira língua brasileira que se imporá no futuro. A fase triunfal desse processo acabará de vez com esse incômodo (incômodo porque esvanece nossa cidadania) grau de compreensão e intercomunicação que hoje ainda existe entre Brasil e Portugal, para não falar nos outros domínios da Lusofonia.

Diante desse argumento, a ciência linguística tem de cruzar os braços da linguagem e dar a vez aos futurólogos da linguagem; os objetos históricos passariam a pertencer ao domínio de uma ciência profética.

Texto publicado no jornal *Mundo Português* e na revista *Na Ponta da Língua*, em 31/1/2002.

Nota

1   PAGLIARO, Antonino. *A vida do sinal*. Trad. de Aníbal Pinto de Castro, Lisboa, Gulbenkian: p. 143-144.

REPASSE CRÍTICO DA GRAMÁTICA PORTUGUESA

A gramática vista como disciplina escolar tem tentado não ficar alheia às contribuições que as demais ciências da linguagem trouxeram, especialmente depois de teóricos eminentes, entre os quais se podem citar Gabelentz, Paul, Saussure, Hjelmslev, Pisani, Pagliaro e Coseriu, cujas lições seguiremos muito de perto na presente exposição.

Que se há de entender por gramática

A primeira preocupação de quem quer trabalhar bem em sua disciplina é delimitar o seu *objeto* de estudo e tentar eleger um modelo e uma metodologia pertinente a tal empreendimento.

Para tanto, comecemos por estabelecer os diversos conceitos de *gramática*, já que se trata de um termo que pode ser entendido, pelo menos, de dois modos diferentes.

Por *gramática* se pode entender como uma técnica de que se utiliza ao falar e como tal constitui objeto de uma ciência; mas também por *gramática* se pode entender a descrição ou a investigação dessa mesma técnica.

Referimo-nos ao primeiro conceito de gramática (gramática 1), quando dizemos que a criança já chega à escola "sabendo gramática", isto é, dono de uma técnica — de um saber fazer — que lhe permite expressar a realidade do mundo em que se acha inserida.

Referimo-nos ao segundo conceito de gramática (gramática 2), quando dizemos que algumas línguas do mundo ainda não têm gramática, isto é, não foram ainda descritas ou investigadas.

Ainda é referência à gramática 1 quando o falante, que tem da competência linguística um saber *intuitivo* (isto é, um saber seguro e consciente, mas que não sabe justificar com suficiência — é o chamado *falante naif*), diz que a gramática de sua língua é "fácil" ou "difícil".

Já se faz referência à gramática 2 quando se diz que a descrição do sistema linguístico deste ou daquele idioma está "certa" ou "errada", "adequada" ou "inadequada".

Com estas informações, estamos habilitados a entender quanto inadequada se mostra a corrente e tão aplaudida declaração de que "se deve ensinar língua e não gramática". Trata-se, segundo bem acentuou Coseriu, de uma declaração infeliz, por ser certa e falsa ao mesmo tempo:

"É certo que se há de ensinar *língua*, porque os alunos não sabem toda a língua que se lhes deve ensinar, mas sim só sabem uma pequena parte dela. Também é certo que no ensino fundamental e médio não cabe ensinar gramática como disciplina e nomenclatura gramatical: o que se há de ensinar é o saber idiomático como tal, que implica o conhecimento das estruturas e procedimentos gramaticais da língua correspondente. O objetivo do ensino idiomático não consiste em que os alunos se convertam em linguistas e gramáticos, mas que adquiram conhecimento reflexivo e fundamentado das estruturas e possibilidades de sua língua e cheguem a manejá-la de maneira criativa. Porém, se a gramática (como *disciplina* gramatical [isto é gramática 2]) não pode ser o objeto próprio do ensino idiomático — já que este consiste no saber idiomático, a língua —, a mesma gramática pode e deve ser seu instrumento, porque representa precisamente o passo de um conhecimento intuitivo a um conhecimento reflexivo, isto é, fundamentado e justificado. O mesmo cabe dizer da linguística em geral, que, neste nível, só pode ser instrumento e não objeto de estudo. E ainda a gramática como nomenclatura não é de nenhum modo supérflua; porém serve só depois do passo intuitivo para o reflexivo, para fixar um conhecimento já adquirido."

Saber falar não é só saber a língua

Na citação do texto acima Coseriu se refere ao *saber idiomático*, o que pressupõe a existência de saberes que devem ser levados aos alunos e aos utentes de um modo geral.

No saber linguístico de quem os falantes fazem uso quando se comunicam devemos distinguir na linguagem em geral um plano *biológico* e um *cultural*, e neste último plano cultural convém distinguir três escalões: o *universal*, o *histórico* e o *particular* ou *circunstancial*.

No plano biológico, o saber linguístico consiste num saber *psicofísico*, que corresponde à capacidade de falar condicionada fisiológica e psiquicamente. Isto pressupõe, para o falante, não só a capacidade de utilização dos órgãos de fonação (o chamado "aparelho fonador"), mas também a capacidade de dar formas a signos fonéticos articulados e com eles expressar diferenças de conteúdo significativo (sem ainda chegar a que diferenças se expressam, já que isto é uma questão que depende da cultura). Para o ouvinte, o saber psicológico implica a capacidade de perceber esses símbolos fonéticos proferidos pelos falantes e interpretá-los como referência aos mesmos conteúdos significativos expressos.

Referimo-nos a esse plano biológico quando afirmamos que uma criança ainda "não sabe falar"; não significa que a criança não sabe falar português ou outra língua particular. A suficiência ou conformidade com a norma ou esperado nesse plano biológico não está diretamente inserido no objeto da linguística enquanto ciência da cultura; antes pertence à fisiologia, à psicologia, à fonoaudiologia, à medicina e à psiquiatria.

Mas o professor, principalmente nas primeiras séries do curso fundamental, em especial atenção nos casos remediáveis, é muitas vezes chamado para ajudar a corrigir transtornos de linguagem, como dislalias (distúrbios de pronúncia causados por lesão em órgãos do aparelho fonador), disfasias (distúrbios de palavras causados por lesão no sistema nervoso central), agrafia (perda da capacidade de escrever por falta de coordenação motora), entre outros.

No plano cultural, o saber linguístico correspondente ao escalão universal é o saber elocutivo, que consiste no saber falar em geral, isto é, um saber pressuposto para todas as línguas e que inclui um conhecimento dos princípios mais gerais do pensar, um conhecimento geral das coisas e um conhecimento que elege uma interpretação dentre várias interpretações possíveis que uma língua particular oferece. Os seguintes exemplos comprovam cada um dos três conhecimentos referidos, respectivamente:

1) Os cinco continentes são quatro: Europa, Ásia e África.
2) No café da manhã tomei cinco fonemas.
3) Escada de mão x Escada de corrimão.

A suficiência nesse saber elocucional diz-se *congruência*, isto é, falar com sentido. A congruência não pertence particularmente a uma língua determinada (português, inglês, etc.), mas às línguas em geral; assim, no exemplo 1 acima, não se desobedeceu a nenhuma regra da gramática do português; tão somente se infringiram princípios gerais do pensar, porque sabemos que *cinco* não são *quatro*, nem *quatro* são *três*. Muitas vezes se diz que uma pessoa "não sabe português" quando, na realidade, se quer fazer referência ao desconhecimento de normas do saber elocucional. Outras vezes se atribui à língua uma característica da norma elocutiva; é o caso da famosa declaração de que "tudo que não é claro, não é francês", pois não há línguas claras ou obscuras: o pensamento que nelas se expressa é que pode ser claro ou obscuro. Ainda não dispomos de uma linguística do falar em geral para orientar o trabalho do especialista ou do professor de ensino fundamental e médio. A gramática transformacional é um método analítico que corresponde ao plano do falar em geral e, portanto, ao saber elocucional. Infelizmente, por não se situar no seu verdadeiro domínio e insistir em querer aplicar-se ao plano histórico e, portanto, ao saber idiomático, não tem chegado a resultados tão positivos quanto dela poderíamos esperar. Na sua atividade de sala de aula, mediante exercícios práticos, o professor pode desenvolver o conhecimento do saber elocutivo: inteligentes práticas de leitura, compreensão e interpretação de textos podem levar os alunos a um conhecimento reflexivo neste particular.

O saber linguístico corresponde ao escalão histórico, isto é, o conhecimento de uma língua particular, é o saber idiomático. A suficiência nesse saber idiomático diz-se *correção*. Tem-se discutido muito sobre o que vem a ser *correção idiomática*, quase sempre confundindo-a com a norma elocucional ou com a norma expressiva (desta última falaremos adiante). Coseriu, fazendo as distinções necessárias, pôs o problema da correção no seu domínio pertinente: o domínio do idioma, isto é, do saber idiomático. Correção idiomática é, pois, *saber falar de acordo com a tradição linguística de uma comunidade historicamente determinada*.

Como uma língua histórica (português, inglês, etc.) apresenta variedades no tempo, no espaço, nos estratos sociais e nos níveis de língua, cada variedade tem sua pauta de correção, isto é, sua norma historicamente determinada. Portanto, numa língua considerada em toda sua extensão, não há somente um modo correto de falar, mas vários, conforme a tradição linguística de cada comunidade. Assim, há normas em que vigem usos como *pobrema, sastifeito, quero vim, eu vi ele, chegar no cinema, aluga-se casas, hoje tem goiabada, deu três horas, fazem duas semanas, assistir o filme, nós lhe convidamos, te peço um favor, o livro que falo dele, o aluno que o pai dele conheci ontem*; todavia, há normas em que vigem, respectivamente, *problema, satisfeito, quero vir, eu o vi, chegar ao cinema, alugam-se casas, hoje há goiabada, deram três horas, faz duas semanas, assistir ao filme, nós o convidamos, peço-te um favor, o livro de que falo, o aluno cujo pai conheci ontem*.

Sabemos, ainda, que, por parte dos falantes de uma comunidade idiomática, há um esforço no sentido de se estabelecer idealmente uma modalidade de língua para consubstanciar a unidade e coesão dessa mesma comunidade. Essa modalidade sobreleva-se às variedades em uso e está apta a traduzir-lhe os anseios da vida cultural, política e econômica suprarregionais: é a *língua comum*. Com Terracini, podemos dizer ao conceito a que se prende um significado prevalentemente cultural como um ideário que liga toda uma comunidade linguística a uma forma específica de cultura. E sobre a língua comum pode criar-se outra língua, idealmente mais normalizada e homogênea para servir a toda comunidade e a toda nação. É o que se chama *língua exemplar*.

A norma exemplar resulta de uma eleição de formas linguísticas na morfossintaxe e no léxico, com pouca presença na fonética (exceto em casos de prosódia, de ortoepia e ortografia).

De modo que, por estas considerações, pertencem a níveis de valor diferentes a norma de correção e a norma de exemplaridade. *Correto* ou *incorreto* é o fato que está ou não está de acordo com a tradição linguística de uma comunidade ou de uma variedade dessa mesma comunidade.

Dessarte, o fato pode ser correto ou incorreto. A norma exemplar resulta de uma eleição levada a cabo por quem dentro da sociedade está credenciado para fazê-lo, isto é, gramáticos e lexicólogos competentes. A norma exemplar não é, neste sentido, correta ou incorreta. Tanto a norma de correção como a norma da exemplaridade, como toda a língua histórica, não são "impostas" ao homem; ele "dispõe" delas na atividade de comunicação entre os indivíduos. Em latim expressa-se esta prática com o termo *obligatio*, que denota uma aceitação espontânea e livre, e não imposta. Tem-se, ainda, da norma de correção um conceito muito divulgado, mas bastante falso: correto é o que é de bom entendimento. Ora, bem entendido não pertence ao saber idiomático (domínio próprio da correção e incorreção) e sim ao saber elocutivo e, em parte, ao saber expressivo, como veremos mais adiante.

Outro ponto em que se costuma assentar o critério de correção é o *uso*. Na realidade, o "correto" se patenteia no uso, mas dada a vaguidão do termo (já que o uso pode refletir outros conhecimentos além de idiomático), melhor seguir a lição de Coseriu e substituir *uso* por *saber idiomático*.

A linguística descritiva estuda todas as variedades internas da língua histórica, e não constitui objeto de ensino e da educação idiomática. O objeto da gramática normativa é a língua exemplar atual e da língua da tradição cultural comum das comunidades lusófonas.

É muito comum ouvir-se uma queixa, aliás, infundada, de que a gramática normativa não agasalha fatos corretos e correntes em outras variedades da língua histórica, como, por exemplo, começar oração com pronome átono (*Me faça um favor*), ou, em sentido oposto, registrar o emprego de formas inusitadas, na variedade informal, como o uso da mesóclise (*Oferecer-se-á essa oportunidade*). Ora, a gramática normativa só tem compromissos com a exemplaridade, que, nos casos vertentes, não registra, nos gêneros textuais e nas circunstâncias do falar formal, o uso de se começar a oração com pronome átono, por um lado, mas por outro, registra o emprego da mesóclise. A gramática de uma língua não é a gramática de toda a língua, mas de uma idealizada variedade dela.

Isto não significa que o professor de idioma não reconheça a existência de fatos de variedades outras de competência linguística de seus alunos, para os quais não deve olhar como prejuízos ou com juízos preconceituosos. Tais diversidades devem ser aproveitadas inteligente e habilmente pelo professor como fatores que façam dos alunos poliglotas na sua própria língua, fatores decisivos no cultivo da competência linguística que lhes permitirá passar do conhecimento intuitivo ao conhecimento reflexivo do idioma. A atitude de preservar nos alunos a mesmice idiomática, negando-lhes o acesso à língua exemplar, resulta de uma falsa noção de democracia que repercutirá negativamente no percurso de seu destino na sociedade.

Finalmente, o saber linguístico corresponde ao escalão particular ou circunstancial, é o *saber expressivo* ou *competência textual*, que consiste em saber estruturar textos em condições determinadas. A suficiência nesse saber expressivo diz-se *norma de adequação* e pode levar em conta o objeto representado ou o tema (e aí será considerada *adequada*), o destinatário (e aí será considerada *apropriada*) ou a situação ou circunstância (e aí será considerada *oportuna*).

Diante de situações em que se hão de transmitir os pêsames a um amigo que acaba de perder o pai, infringe-se a norma de adequação ao dizer a esse amigo: *Acabo de saber que seu pai bateu as botas*.

Não há aqui nenhum erro de saber elocucional ou idiomático, mas sim de saber expressivo, já que o amigo infringiu uma norma de adequação textual.

Muitas vezes o professor "aceita gíria na redação". Ora, a gíria é um modo de expressão que existe nas línguas, mas seu uso tem de atentar à adequação aos gêneros textuais. Numa carta para um amigo, a gíria cabe bem; num discurso de formatura, ela não é oportuna.

O professor não conta com a ajuda de uma linguística do texto, que está muito no início como disciplina descritiva, e ainda menos como disciplina aplicada. Caberá, mais uma vez, ao professor elaborar exercícios que levem o aluno a compreender e enfronhar-se nos recursos para chegar à suficiência no saber expressivo.

Por tudo o que se viu até aqui, é fácil concluir que o saber falar não consiste só na atenção à "língua". Na realidade, o professor há de ser antes um professor de "linguagem", e entender que o objetivo do ensino da linguagem em geral é alcançar a suficiência em cada um dos planos biológico e cultural e nos escalões universal, histórico e particular. Como bem comenta Coseriu, a tarefa é gigantesca e implica:

a) que a escola dedique muito mais tempo ao estudo da linguagem do que aquele que hoje lhe destina;
b) que os professores das outras disciplinas devem ser também professores de linguagem e prestar atenção à expressão linguística de seus alunos;
c) que se haja de combater publicamente a atitude negativa diante da educação linguística, segundo a qual se pode falar e escrever de qualquer maneira.

Parafraseando uma sentença de Ortega y Gasset: muito pior do que as normas rigorosas é a ausência de normas, que é a barbárie.

Os planos do conteúdo linguístico

Em cada ato de falar, podemos distinguir três planos de conteúdo, muito estreitamente relacionados com os planos universal, histórico e particular vistos anteriormente. Isto porque "um ato de fala faz referência a uma 'realidade'; vale dizer a um estado de coisas extralinguísticas; estabelece essa referência utilizando determinadas categorias de uma língua particular e em cada um desses casos tem uma determinada função discursiva".[1]

Assim, teremos, respectivamente:

a) A *designação*: que é a referência à "realidade extralinguística, quer aludida a estados das próprias coisas, quer aludida a conteúdos mentais".
b) O *significado*: que é o conteúdo dado linguisticamente numa língua particular, ou, em outras palavras, a especial conformação da designação em uma língua particular.
c) O *sentido*: que é o conteúdo dado pelo texto, isto é, um especial conteúdo que se expressa mediante a designação e o significado, mas que vai mais além dos dois, já que corresponde a uma função discursiva do falante relativa a uma atitude, intenção ou suposição.

Tais distinções se fazem importantes na análise e descrição com que vai trabalhar o professor.

Vejamos os dois exemplos:

A porta está aberta.
A porta não está fechada.

Fazemos, com eles, referência a uma mesma realidade extralinguística, mas, nem por isso, estamos diante de duas orações "sinônimas", porque não têm o mesmo significado linguístico, já que, dentro da língua, uma oração afirmativa não tem o mesmo "significado" gramatical de uma oração negativa. Trata-se de orações equivalentes na designação. A própria gramática tradicional, de que injustamente só se fala mal, já havia instituído essa distinção e, em muitos casos, usava a nomenclatura diferente, embora não soubesse trabalhar e aprofundar corretamente essa intuição. Assim, distingue-se "voz ativa" e "voz passiva" (dois "significados" linguísticos diferentes) para expressões equivalentes na designação, porque se referem a uma mesma realidade extralinguística, a um mesmo estado de coisas:

Machado de Assis escreveu o romance Dom Casmurro.
O romance Dom Casmurro foi escrito por Machado de Assis.

Também importante é conceituar *significado*, como fazemos aqui, uma vez que é, muitas vezes, confundido com a *designação* (como vimos antes) e com o *sentido* (como veremos adiante).

É muito comum ler-se nas gramáticas que a preposição *com* pode designar:

a) Companhia: *Dancei com Maria.*
b) Modo: *Estudamos com prazer.*
c) Instrumento: *Ela cortou o pão com a faca.*

Na realidade, cada unidade linguística tem um significado unitário que, apoiado, de um lado pela referência extralinguística e pelo conhecimento do mundo e, por outro lado, pelo conteúdo linguístico das unidades que entram no texto, vai mais além e permite um sentido particular como função discursiva. Assim, a preposição *com* tem, dado pela língua portuguesa, o significado unitário de "co-presença", isto é, só "significa" que, diante da expressão *com + x*, x está presente no conteúdo do pensamento designado: *Maria* está presente na minha dança; o *prazer* está presente no nosso estudo; a *faca* está presente no ato de cortar o pão. Agora, dado o significado de "cortar" (fatiar), "pão" (alimento possível de ser fatiado) e "faca" (instrumento de corte), chega-se ao sentido de que a faca foi o "instrumento" de que ela se serviu para cortar o pão. Mas que ao sentido subsidiário de instrumento só se chegou graças ao significado de "cortar", "pão" e "faca". A prova disto é que se dissermos: *Ela cortou o pão com o filho*, já não teríamos clara ideia de instrumento.

O mesmo vai ocorrer com o significado linguístico das vozes verbais *ativa*, *passiva* e *reflexiva*. Assim como na "voz" ativa podemos ter um "sentido" passivo em *Ele levou uma surra*, a "voz" reflexiva (*Ela se vestiu*) pode chegar a sentidos subsidiários já apontados na gramática tradicional, embora sem levar em conta a participação da designação e dos significados lexicais dos termos envolvidos:

a) Recíproco: *Eles se xingam.*
b) Passivo: (com *se*) *Alugam-se casas.*
c) Impessoalidade: (com *se*) *Assistiu-se a festas.*

Os estratos de estruturação gramatical

A gramática, como aqui a entendemos, opera no campo dimensionado entre o espaço dos atos de fala que vai de ponto a ponto ou de oração em oração ou, ainda, do início do que chamamos *período* ao seu final. Em outros termos, a nossa gramática tem a oração (com sua maior ou menor extensão) como a unidade máxima da estrutura gramatical. Toda disciplina para ser coerente precisa delimitar seu campo de atuação; isto não representa deficiência, mas sim uma necessidade imposta pela sua coerência metodológica; assim, nossa gramática não é uma disciplina transfrástica, isto é, não se ocupa com uma série de fenômenos linguísticos que se concretizam nas relações extraoracionais, intertextuais. Entre esses fenômenos citem-se alguns mais conhecidos, como o *discurso direto* ou *discurso indireto*, a *topicalização* (ou posição de relevo), o uso de certas partículas, a *elipse*, a *substituição*, as *enumerações*, a *anáfora* e a *catáfora*, a retomada pronominal.

A nossa gramática opera com as seguintes camadas de unidades, aqui apresentadas com a exclusão da cláusula, por não nos interessar agora mais de perto, começando da mais complexa para a menor:

Texto
Oração
Grupo de palavras
Palavra
Morfema

Partindo da constatação de que as oposições gramaticais são sempre oposições entre combinações em que se articulam um elemento determinado e um elemento determinante e que os paradigmas gramaticais são sempre paradigmas de sintagmas, isto implica que todo sistema gramatical se apresenta, pelo menos, com dois níveis: o dos elementos combináveis e os das combinações ou sintagmas. A possibilidade de combinações não para aí, porque um sintagma com significado gramatical pode ser determinado por outro significado gramatical e, assim, combinar-se num sintagma de um nível superior. Por exemplo, a oposição "singular" e "plural" no português *casa / casas* se dá no nível da palavra; mas cada um desses sintagmas (*casa* + e *casa* + *s*) pode, por sua vez, ser determinado pelo artigo, já agora no nível do grupo de palavras, em face da nova oposição "virtual" / "atual" (*a casa / as casas*).

As camadas acima discriminadas apresentam-se com as seguintes estruturações gramaticais:

a) *Hipertaxe*: propriedade pela qual uma camada passa a funcionar como uma camada de nível superior.
b) *Hipotaxe*: propriedade pela qual uma camada passa a funcionar como uma camada de nível inferior.
c) *Parataxe*: propriedade pela qual duas ou mais unidades de uma camada funcional podem se combinar neste mesmo nível para contribuírem, na mesma camada, uma nova unidade suscetível de contrair relações sintagmáticas próprias das unidades simples desta camada.

d) *Antitaxe*: propriedade pela qual uma unidade duma camada gramatical qualquer já presente ou prevista na cadeia falada pode ser representada — retomada ou antecipada — por outra unidade em outro ponto da cadeia falada (na fala individual e no diálogo).

Para nosso repasse crítico, trataremos apenas de alguns fatos em propriedades com que trabalha o professor em sala de aula. Assim, um caso comum de hipertaxe ocorre quando um morfema ascende a um nível superior de palavra ou, até, de oração ou texto, em exemplos como a resposta à seguinte pergunta: *Diz-se descoberta ou descobrimento do Brasil*? *–mento* (o sufixo vale pela palavra *descobrimento*).

A propriedade da hipotaxe, já nossa conhecida pelo nome de *subordinação*, tem aplicação mais larga. O professor trabalha com ela quando fala de oração subordinada, fenômeno que não passa de uma hipotaxe. A oração independente *Maria chegou*, que também ocupa o nível do texto, pode degradar-se se passar a funcionar num nível inferior do grupo de palavras ou da palavra, como núcleo da função sintática de complemento verbal:

João soube que Maria chegou.

Essa passagem a um nível inferior é marcada por uma unidade *que* que a gramática tradicional chama de "conjunção integrante". Na realidade, entretanto, o *que* da subordinação ou hipotaxe não assinala "união" (caso da propriedade da parataxe mediante as conjunções coordenativas), mas é um puro morfema gramatical de subordinação que degrada a primitiva oração independente a um nível inferior do grupo de palavras, a funcionar como termo de uma oração. O *que*, nesses casos, se diz um "transpositor". Transpositor é também a preposição quando permite que uma categoria gramatical fique habilitada a funcionar como outra categoria gramatical. Assim, dizemos *homem corajoso*; mas se quisermos empregar não um adjetivo (*corajoso*) e sim um substantivo nessa função, teremos de transpor esse substantivo à condição de uma combinação de sintagma adjetival mediante preposição: *homem de coragem*. Embora não atinando com a função de transpositor da preposição, a gramática tradicional já intuíra que se tratava agora de uma "locução adjetiva". Também a função transpositor da preposição está em construções do tipo: *De noite todos os gatos são pardos*, pois faculta ao substantivo *noite* exercer uma função que não é corrente nos substantivos: a de sintagma adverbial.

Pela mesma propriedade, uma oração subordinada ou degradada pelo instrumento de subordinação que pode ser introduzida pela preposição que acompanha função sintagmática preposicionada respectiva: *para* e *para que* (*estudou para médico — estudou para que se formasse em médico*), *antes de* e *antes de que* (*antes do jantar — antes de que jantasse*), etc. Por aí se vê como se criam as impropriamente chamadas "locuções conjuntivas subordinativas".

Quando o sintagma oracional subordinado já está assinalado por um pronome ou advérbio interrogativo, a língua portuguesa padrão atual dispensa qualquer marca de subordinação: *Não sei quem veio aqui*; *Ignorava quanto a amava*; *Ela me perguntou quando o filho chegaria*, etc.

Também cumpre reforçar que a hipotaxe ou subordinação, não sendo uma propriedade que eleva o sintagma oracional a um nível superior (como a hipertaxe), antes o degrada a um nível inferior de mero termo oracional, devemos considerar *oração complexa* (e não *período composto*) uma oração do tipo *Ela esperou que ele se casasse*. Falar-se-á melhor de *período composto* ou *grupo oracional* quando se tratar de grupos de orações coordenadas.

Esta mesma propriedade da utilização de uma preposição para "transpor" a função sintagmática de oração a outra função ocorre quando se passa uma oração primitivamente subordinada à oração adjetiva, dentro do mesmo fenômeno que ocorreu entre *homem corajoso — homem de coragem*:

O desejo de que se apurem os fatos está patente.

A gramática tradicional se engana duas vezes quando diz que o *que* da oração *que se apurem os fatos* é "conjunção integrante" e que, portanto, a oração é subordinada substantiva. Isto porque não levou em consideração a ulterior transposição da primitiva oração substantiva à oração adjetiva, mediante a preposição *de*, que passou a ser um modificador (adjunto adnominal) do substantivo *desejo*. Continuar a chamar a oração subordinada *de que*, neste caso, de "substantiva" em vez de "adjetiva" é o mesmo que chamar de "substantivo" o sintagma adjetivo de coragem no exemplo *homem de coragem*. E que a gramática tradicional está certa neste último caso comprova-o o fato de classificar *de coragem* como "locução adjetiva".

Por que "adjetivo" ou modificador aqui e "substantivo" no mesmíssimo fato sintático que se encontra no sintagma oracional?

A mesma propriedade ocorre se o núcleo for um adjetivo, como em:

Ela estava desejosa de que fosse aprovada.

Também a gramática tradicional não leva em conta a passagem de uma oração primitivamente substantiva a exercer função adverbial mediante o concurso da preposição, quando se trata de função de agente da passiva que é, sem dúvida, uma circunstância adverbial:

O livro foi escrito *por Machado de Assis*.
O livro foi escrito *por quem usava pseudônimo*.

A coerência manda que a oração subordinada de agente da passiva seja classificada como adverbial (como alguns autores já o faziam desde muito tempo) e não como substantiva pois esta é uma denominação que fica a meio caminho do processo sintático.

E mais: se o chamado *complemento nominal* não passa de um modificador, por que não tratá-lo como *adjunto adnominal*? Os nossos primeiros tratadistas não faziam tal distinção, distinção que só aparece na gramática portuguesa; na francesa só se diz para ambas "complemento do nome". Classificar diferentemente "a invenção *da palavra*" (complemento nominal) e "a invenção *de Gutenberg*" (adjunto adnominal) não é da competência da gramática; a distinção, em função do saber elocutivo (relacionado com a referência das coisas designadas) e do saber idiomático, se prende ao "sentido" do texto, à função discursiva. *Amor de mãe* (= amor materno) e Amor de mãe (= amor filial, aquele que o filho nutre à mãe) são expressões de cuja distinção a gramática não dá conta, senão a interpretação do texto. O próprio latim usava nos dois casos o genitivo (*amor matris*) e só o texto explicitava se se tratava de genitivo subjetivo (amor que a mãe nutre ao filho) ou genitivo objetivo (amor que o filho nutre à mãe).

Em *O homem sábio é guia seguro*, o adjetivo *sábio* pode ocupar o papel da unidade sintagmática *homem sábio* mediante a substantivação ou nominalização: *O sábio é guia seguro*, onde se deu o apagamento do substantivo *homem* e se marcou o novo caráter substantivo de *sábio* com a conservação do artigo *o*.

Também conhece esse expediente de substantivação a oração transposta (subordinada) adjetiva mediante o apagamento do antecedente do relativo *que*, conservando o artigo:

O homem que trabalha vença o que só descansa.

A oração adjetiva *que trabalha* funciona como adjunto adnominal *de homem*; a primitiva oração adjetiva *que só descansa* também funcionaria como adjunto adnominal de *homem* se o texto tivesse sido escrito:

O homem que trabalha vence o homem que só descansa.

Mas tivemos na verdade o apagamento do substantivo homem (exatamente como *o homem sábio / o sábio*), de modo que a primitiva oração adjetiva passou agora a substantiva, e, como tal, se acompanha do artigo *o*: *o que só descansa*. Na função agora de substantivo pode exercer a função de objeto direto do verbo *vence*.

Com este exame, percebe-se que não cabe dar classificações diferentes ao artigo, nas seguintes construções quando ocorre o apagamento do substantivo:

O livro de Pedro e *o* livro de Paulo (artigo)
O livro de Pedro e *o* de Paulo (artigo e pronome demonstrativo)
O homem que trabalha vence *o* que só descansa (artigo e pronome demonstrativo)

Os autores não são unânimes nos dois primeiros exemplos; todos chamam no primeiro caso *artigo* e *artigo*. No segundo exemplo, a maioria dá o primeiro *o* como artigo e o segundo como pronome demonstrativo (= aquele). Todavia mesmo no segundo exemplo, autores há que considerem artigos nos dois empregos. Já todos são unânimes em dar, no terceiro exemplo, o primeiro como artigo e o segundo como pronome demonstrativo.

Que um simples apagamento do substantivo não muda a classe gramatical do artigo mostra-o se tivesse artigo indefinido nos três casos aqui citados:

> Um livro de Pedro e um livro de Paulo.
> Um livro de Pedro e um de Paulo.
> Um homem que trabalha vence um que só descansa.

A classificação do artigo como pronome demonstrativo talvez se explique pelo fato de outras línguas aí empregarem o demonstrativo: francês *ce* e italiano *quello*; mas Gili Gaya mostrou que o espanhol prefere o artigo *el*, exatamente como o português. Portanto, manda a boa doutrina que corrijamos a gramática tradicional e classifiquemos todos como artigo definido que, como tal, pode parecer flexionado *a, os, as*:

> Os homens que trabalham vencem os que só descansam.

Parataxe ou conjunções coordenativas

Na parataxe ou coordenação as orações são ligadas por conjunções coordenativas. A tradição gramatical nem sempre seleciona e classifica tais conjunções adequadamente.

Quase sempre aparecem divididas em seis grupos: aditivas, adversativas, alternativas, conclusivas, continuativas, explicativas. A lição mais antiga de nossos gramáticos (Epifânio Dias, em Portugal; Maximino Maciel, no Brasil) não incluía no rol as *continuativas* e as *conclusivas*, porque se tratava, em geral, de advérbios que estabelecem relações interoracionais ou intertextuais, apesar de alguns desses advérbios manterem com as conjunções certas aproximações ou mesmo identidades semânticas. Assim, estão excluídas as *conclusivas* (pois, logo, portanto, então, assim, por conseguinte, etc.) e as *continuativas* (pois, então, assim, etc.). Também se excluem advérbios pertencentes às *adversativas* (contudo, entretanto, todavia). Por outro lado, as *explicativas* ficam inseridas nas subordinadas causais. A prova de que tais advérbios não pertencem à classe das conjunções está na possibilidade de aparecerem junto a estas, além de certa facilidade de deslocamento na frase, o que não possuem as conjunções:

> *Não foram ao mesmo cinema, e, portanto, não se poderiam encontrar.*
> *"Não queremos pensar na morte, e por isso nos ocupamos tanto da vida."* (MM)
> *Não foram ao mesmo cinema e não se poderiam, portanto, encontrar.*

Por fim, cabe lembrar que, como toda unidade gramatical, a conjunção tem um significado unitário que, no texto, abre o leque para sentidos subsidiários, graças às unidades outras que estão presentes e ao conteúdo expressado. A classificação gramatical deve ser feita pelo seu significado.

Assim, temos uma conjunção aditiva em:

Estudou e não passou. (e não *adversativa*)
Caiu do bonde e quebrou a perna. (e *consecutiva*)

Só há predicado verbal

O núcleo da oração é o verbo, que exerce função predicativa. O sujeito e os demais termos sintáticos aparecem na oração em razão das características semântico--sintáticas do verbo.

Para isso, não há razão para distinguirmos o predicado em *verbal, nominal* e *verbo-nominal* como faz a tradição recente da gramática portuguesa. Benveniste nos ensinou que não há nada de especial no verbo *ser* e nos chamados verbos de ligação que os distinga dos demais verbos.

É um atendimento à coerência da descrição científica, que resulta numa cômoda simplificação para professores e alunos.

Poderíamos ir mais adiante neste repasse crítico da gramática portuguesa, mas o que fica referido aqui é uma prova evidente de que a velha gramática, longe de contentar-se com levar pancada, arregaçou as mangas, aparelhou-se com as informações ministradas pelas ciências da linguagem e agora se apresenta disposta a prosseguir seu destino rumo ao século XXI, graças às lições dos grandes teóricos, entre os quais ressaltamos a figura emblemática de Eugenio Coseriu.

> Texto publicado no jornal *Mundo Português* e na revista *Na Ponta da Língua*, originalmente em sete partes: 21/11/2002, 28/11/2002, 12/12/2002, 19/12/2002, 26/12/2002, 16/1/2003 e 23/1/2003.

Nota

1 COSERIU, Eugenio. *Competencia lingüística: elementos de la teoria del hablar.* Gredos. Madrid: 1992, p. 26.

Sobre a retórica e as chamadas figuras

Todos sabemos que a Retórica era parte integrante do *trivium*, isto é, das três primeiras disciplinas que o pedagogo apresentava ao jovem romano ou grego, ao entrar na escola, geralmente aos dez ou onze anos: a Gramática, a Retórica e a Dialética. A Gramática, nesse currículo da Antiguidade, que chega até a Idade Média, ocupa sempre o primeiro lugar, já que pela língua mediante leitura e explicação dos autores clássicos, se tinha a chave para abrir a janela de conhecer a Natureza e entender as ciências. É o que hoje chamamos *competência idiomática*.

Cabia à Dialética a técnica da elaboração coerente do pensamento e da organização da linguagem no processo comunicativo com o seu ouvinte ou leitor, e na investigação científica. A esse saber elocutivo (= saber falar) chamamos hoje *competência do falar em geral*, independentemente da língua em que ele se expresse.

Finalmente, cuida a Retórica do uso linguístico e textual adequado e, assim, expressivo às variadas situações e contextos. A esse saber hoje chamamos *competência expressiva*.

Não precisamos dizer que nos dias que correm não existe lugar para a Retórica — deixemos de lado a questão da Dialética —, porque na história da cultura europeia, como lembrou o competente professor de Clássicos da Universidade de Lisboa, Rosado Fernandes, no prefácio à sua tradução dos *Elemente der literarischen*, de Heinrich Lausberg:

> [...] corrente antirretoricista [dos séculos XVIII e XIX] foi o resultado de revolta, sentidas por espíritos mais independentes, contra o ensino da retórica, pela retórica, ou seja, contra a imposição de uma técnica como fim em si própria. Disciplina normativa e formativa dos espíritos jovens era a Retórica usada não só com a finalidade de convencer e persuadir — a qual, desde sempre, foi o seu principal escopo —, mas também com a intenção de deleitar o leitor ou o ouvinte pela sucessão de figuras e tropos, que serviram para embelezar conceitos e tornar a frase harmônica. Desta maneira, tomava-se um tema, que depois era tratado, segundo os princípios retóricos da composição; mas acontecia frequentemente que os autores caíam, por parcialidade e excesso de ornato, em discursos ocos e sem matéria. Destinados a agradar a assistências fúteis.[1]

Mas convencer, persuadir e deleitar o leitor sempre faz parte da boa estratégia da intercomunicação dos humanos, razão por que, se o ensino escolar e acadêmico fechou as portas à Retórica, como disciplina, os procedimentos retóricos enxameiam a língua literária e o falar vivo e espontâneo do povo, plasmados nas figuras de palavras (ou tropos) — como a metáfora e metonímia com suas variedades; nas figuras de construção: por omissão (elipse, zeugma, assíndeto, reticência); por excesso (pleonasmo, polissíndeto); por transposição (hipálage, hipérbato, sínquise); por discordância (anacoluto, silepse); por repetição (anáfora, epístrofe, símploce, concatenação, conversão) e nas figuras de pensamento (antítese, paradoxo, clímax, preterição, antífrase, eufemismo, litotes, alusão).

Muitas dessas figuras entram em expressões hauridas em textos literários estrangeiros, geralmente franceses. São expressões que se tornaram moedas correntes em nosso falar. Quase sempre a perseguição aos estrangeirismos — aqui de novo, particularmente aos francesismos — se volta para o uso de palavras e construções, mas se esquecem ou ignoram essas expressões figuradas. Quem se lembra de expurgar do idioma modos de dizer vivos e eloquentes, quase clichês, do tipo dos lembrados por João Ribeiro:[2] *em última análise; fazer época; voz do dever;* a palavra *esfera* em *esfera das artes, esfera das ideias; o homem do dia*? Ou ainda *cair das nuvens, perder a cabeça, mal-entendido, vias de fato*?

As relações sociais superiores e a unidade que se deve ter com o outro, nos atos da comunicação, fazem do eufemismo uma das figuras mais presentes no nosso dia a dia. Na lição de João da Silva Correia, aquele que mais exaustivamente escreveu sobre o tema em português, entende-se por eufemismo "o conjunto dos meios linguísticos que servem para disfarçar ou atenuar uma ideia desagradável, odiosa, lúgubre ou imprudente".[3]

Percebe-se pelo título da obra de Silva Correia que ao fenômeno oposto ao eufemismo se dá o nome de *disfemismo*. Algumas vezes, encontra-se a lição errônea de que o contrário do eufemismo é a hipérbole. A hipérbole, entretanto, é um dos recursos, como veremos adiante eufemizantes.

O citado filólogo português estuda as várias causas do eufemismo. Segundo ele, essas causas "são naturalmente de ordem psíquica e social. Pertencem ao número das primeiras certas crenças no poder misterioso das palavras, ou a posse de determinados sentimentos, como a de piedade ou mesmo de megalomania".

Entre os recursos eufemizantes, Correia da Silva cita: 1) o tom de voz; 2) os cliques ou popismas, isto é, certos estalidos que produzem com a corrente de ar entrando na cavidade bucal, como o muxoxo; 3) os gestos; 4) a elipse: *ele é um*…; 5) as variadíssimas substituições: *Vá à missa*! Em lugar do indefectível palavrão, ou o atualíssimo *caracas*! Na fala das crianças; 6) as reduções: ele está fu…; 7) mudança de modo verbal: *Tu arranjas isso*! Em vez do imperativo *Arranja tu isso*!; 8) mudança de tempo verbal: Eu queria telefonar em vez de *Eu quero telefonar*; 9) o encorpamento para disfarçar o termo chulo, como no acréscimo *luzecuco* por *luzecu*, denominação do pirilampo que Silva Correia colheu no Algarve; 10) deslocamento prosódico, exemplificado com o nome do ilustre filólogo alemão *Cornu* lido *Cornú*, como oxítono; 11) a metáfora, e aqui, sujeita a um estudo mais aprofundado, Silva Correia comenta o uso metafórico da palavra *sirigaita* (grafado também *serigaita*), denominação de um pássaro inquieto, que passou a se aplicar à "mulher andeja ou prostituta, que fora de exercício das suas funções, vagueia de um lado para o outro à procura do que, por metáfora eufêmica também, ele designa pelo nome de "fregueses"; esta explicação muda os rumos da etimologia de *sirigaita* aplicada à meretriz ou mulher muito pretensa ou saracoteadora; 12) a antífrase ou a substituição de um termo gravoso pelo seu antônimo, como, quando diante de uma circunstância de maus resultados, alguém arremata a crítica servindo-se da expressão *Muito bonito*!; 13) a etimologia popular ou a falsa aproximação semântica de duas palavras que só têm em comum semelhança formal, como é o caso da referência a um marido traído: Nasceu no signo de Capricórnio; 14) a hipersemia ou hipérbole, como figura de exagero da verdade: *Há séculos que não o vejo*; 15) a hipossemia ou a atenuação: *Ela é menos bonita* para referir-se a uma pessoa feia; 16) a negação: *Ele não é burro* está longe de expressar que alguém seja inteligente; 17) o tabu ou a expressão interdita; por exemplo, como não se deve referir ao *diabo*, usam-se fórmulas eufêmicas: *diacho*, *dianho*, *o mau*, *o capeta*.

> Texto publicado no jornal *Mundo Português* e na revista *Na Ponta da Língua*, em 14/2/2002.

Notas

1   LAUSBERG, Heinrich. *Elementos de retórica literária* (tradução, prefácio e aditamentos de R. M. Rosado Fernandes), Lisboa, Fundação Calouste Gulbenkian: 1993, p. 7.
2   RIBEIRO, João. *Curiosidades verbais*, 1.ª ed., Editora Melhoramentos: 1927, p. 100.
3   CORREIA, João da Silva. *O eufemismo e o disfemismo na língua e na literatura portuguesa*, Lisboa: 1927, p. 344.

Sobre a sintaxe dos demonstrativos

Entre os fatos da sintaxe da língua portuguesa contemporânea, o comportamento dos demonstrativos é dos que mais excitam a argúcia do pesquisador, graças à multiplicidade de emprego que oferecem, quer no aspecto puramente acadêmico da gramática, quer nos sutis empregos estilísticos que deles fazem os escritores brasileiros e portugueses.

Tem-se tornado lugar-comum em muitos estudos que se ocuparam do assunto a declaração de que a nossa língua tenderá a uma simplificação da sua distribuição tripartida *este/esse/aquele*, em benefício de uma oposição bimembre *este-esse/aquele*.

As profecias nesse sentido não são, entretanto, coincidentes; para uns, depois de desaparecer a oposição gramatical entre *este* e *esse* — que se tornaram então intercambiáveis —, ocorrerá a preferência de *esse*, que, agora, se oporá à forma *aquele*. Para o notável mestre e perspicaz observador dos fatos de linguagem, professor Antenor Nascentes, ainda hoje *este* e *esse* lutam entre si para um deles ser desbancado, mas "talvez o que vença seja *este*, por ser de primeira pessoa a indicar maior proximidade do que *esse* e o português ficará como muitas outras línguas que apenas dispõem de dois demonstrativos e se dão muito bem com tal uso".[1]

Mattoso Câmara, em artigo saído postumamente na *Festschriftfur Harri Meier*[2], retoma o assunto e apresenta interessantes sugestões para a explicação das causas que motivaram, no uso oral espontâneo, a equivalência intrínseca entre as duas formas demonstrativas. Para o inesquecível mestre, com apoio na lição de Nascentes, apagou-se a "distinção entre o campo mostrativo do falante e o do ouvinte" para se criar "uma diferenciação dicotômica entre *perto* e *longe*". Partindo da distribuição entre emprego "dêitico" e emprego "anafórico" dos demonstrativos, acentua que neste último não vigora o sistema tripartido, onde existe apenas a oposição entre *este* e *aquele*, "com o aparecimento de *esse* também, para o ponto próximo, como variante livre",[3] conforme o testemunho da tradição escrita. Além desta causa *sintática* (interferência do emprego anafórico no emprego dêitico), Mattoso Câmara aponta mais duas: a contaminação decorrente da "estreita semelhança fonética que há entre os demonstrativos *este* e *esse*", ao contrário do que ocorre com a série de locativos paralelos, *aqui — aí — ali*, que apresentam uma distinção fonológica bem marcada [k] — zero— [1] mediados pelas mesmas vogais; a terceira causa é de ordem semântica, "que importa, ao contrário, numa criação e estabelece uma evolução positiva", pois, envolvendo uma reformulação no âmbito das categorias gramaticais, se acusa "na deriva para a substituição de um sistema demonstrativo complexo, herdado do latim, por outro mais simples em harmonia com o que já predomina na área linguística ocidental".[4]

Como (ainda oportunamente lembra o mesmo mestre) "uma língua reluta em regra em abandonar qualquer das suas riquezas expressionais, mesmo quando de maneira geral já se afigura excessiva",[5] evita-se, em muitas circunstâncias, o prejuízo expressional da neutralização de sentido entre *este* e *esse*, através da adjunção do locativo adequado (*esse aqui/este aqui; esse aí/este aí*, ao lado de aquele [ali], artifício que vem recriar o sistema tripartido entre os demonstrativos. Por fim, conclui Mattoso Câmara que este estado de coisas acabará por fixar, no jogo da variação livre, uma das formas, que, no uso oral do Brasil, será provavelmente *esse*.

Respostas concretas a tais considerações, bem como um melhor conhecimento dos fenômenos por que tem passado a sintaxe dos demonstrativos ao longo da história da língua portuguesa, dependerão de estudos comparativos das diversas épocas e, numa época, dos escritores mais representativos do idioma, nas suas variedades de registro.

Do exame de textos escritos — ainda daqueles vazados num registro coloquial para atingir com eficiência, um público numeroso e heterogêneo —, pode-se chegar facilmente à conclusão de que a época dessa pretendida simplificação no sistema gramatical do português ainda está muito longe, pois que tais textos refletem uma consciência viva das oposições estabelecidas pela gramática entre os demonstrativos *este/esse/ aquele*.

Alguns desvios da norma estabelecida em tais casos se devem mais a que o observador segue caminho diferente da perspectiva sob a qual o escritor encara a realidade linguística. E esses voos do escritor ainda estão nos domínios bem definidos da gramática: vale dizer, ainda constituem normas de gramática, e não de usos estilísticos, ao sabor do momento criador do artista.

No presente estudo, é nossa intenção depreender as linhas gerais da sintaxe dos demonstrativos *este* e *esse* através do exame de 70 crônicas enfeixadas no livro *A mulher do vizinho*[6], de Fernando Sabino, excelente representante do uso da linguagem coloquial escrita do português do Brasil.

Texto publicado no jornal *Mundo Português* e na revista *Na Ponta da Língua*, em 6/4/2000.

Notas

1   Este, esse (*Miscelânea Filologica em honra à memoria do professor Clóvis Monteiro*): 1965, p. 5.

2   CÂMARA JR., Joaquim Mattoso. Uma evolução em marcha, a relação entre *este e esse, Sprache und Geschichte, Festschriftfur Harri Meier*, Wilhelm Fink Verlag, Munchen: 1971.

3   CÂMARA JR., Joaquim Mattoso. *Uma evolução em marcha, a relação entre este e esse, Sprache und Geschichte, Festschriftfur Harri Meier*, Wilhelm Fink Verlag, Munchen: 1971, p. 328.

4   CAMARA JR., Joaquim Mattoso. *Uma evolução em marcha, a relação entre este e esse, Sprache und Geschichte, Festschriftfur Harri Meier*, Wilhelm Fink Verlag, Munchen: 1971, p. 330.

5   CAMARA JR., Joaquim Mattoso. *Uma evolução em marcha, a relação entre este e esse, Sprache und Geschichte, Festschriftfur Harri Meier*, Wilhelm Fink Verlag, Munchen: 1971, p. 331.

6   SABINO, Fernando. *A mulher do vizinho*, Rio de Janeiro: 1962.

Última flor do Lácio

Vários têm sido os escritores, mormente poetas, que cantaram as excelências do idioma pátrio; todavia, o soneto "Língua portuguesa" do brasileiro Olavo Bilac tem, sobre os demais, a vantagem de, ao lado da exaltação referida, traçar de nossa língua, em rápidas pinceladas, um pouco da sua trajetória, no tempo e no espaço, o que serve de boa motivação inicial para conversarmos acerca da história externa e interna do idioma.

Chama-se história externa de uma língua o estudo que acompanha seus passos, desde a origem, contato com outros povos e expansão no mundo, procurando examinar ainda as consequências linguísticas de todos esses movimentos. Já a história interna dá conta das mudanças, durante essa mesma trajetória no tempo e no espaço geográfico e social, do sistema linguístico, isto é, das mudanças operadas no domínio dos sons, das formas, da estruturação da frase, do léxico e da semântica. Essas duas maneiras de acompanhar o devenir do idioma correspondem ao que, nos bancos escolares, se chama *gramática histórica*, denominação imprópria, mas que tem sido mantida pelo peso de larga tradição.

O soneto de Bilac é, pois, excelente motivação inicial para pormos em evidência alguns fatos da história externa do nosso idioma pinçados magistralmente pela palavra mágica do poeta. Como acredito que nem todos os meus leitores têm de memória ou à mão o poema, vale a pena transcrevê-lo:

    Lingua portuguesa
Última flor do Lácio, inculta e bela,
És, a um tempo, esplendor e sepultura;
Ouro nativo, que na ganga impura
A bruta mina entre os cascalhos vela...

Amo-te assim, desconhecida e obscura,
Tuba de alto clangor, lira singela,
Que tens o trom e o silvo da procela,
E o arrolo da saudade e da ternura!

Amo o teu viço e o teu aroma
De virgens selvas e de oceano largo!
Amo-te, ó rude e doloroso idioma,

Em que da voz materna ouvi: meu filho!
E em que Camões chorou no exílio amargo,
O gênio sem ventura e o amor sem brilho![1]

Começa Bilac por fazer alusão à origem latina do nosso português: "flor do Lácio", sabendo-se que o *Latium*, na Itália, foi o berço humilde daquele punhado de primitivos pastores que, buscando melhores condições de vida, se alargaram pela Península Itálica e acabaram por construir um império que marcou seu lugar definitivo e ímpar na história da Humanidade e que ainda perdura nas suas consequências. O latim, ao lado do osco-umbro, integrava o grupo itálico da grande família das línguas indo-europeias.

Os adjetivos "inculta" e "bela" aplicados à flor do Lácio portuguesa (outras tantas flores do Lácio seriam o castelhano ou espanhol, o provençal — hoje, de preferência, chamado occitânico —, o francês, o reto-românico, o sardo, o italiano, o dálmata — já desaparecido — e o romeno), referem-se à modalidade falada do latim, conhecida pela denominação imprópria, mas de difícil substituição, latim vulgar. No tempo de Bilac, os estudos linguísticos ainda tinham o *latim vulgar* como expressão de um latim estropiado, corrompido, praticado por pessoas de pouca instrução. Essa ideia está hoje modificada, graças ao desenvolvimento da linguística românica (a que se ocupa das línguas românicas, vale dizer, das línguas que representam a continuação ininterrupta, no tempo e no espaço, do latim falado) e da linguística geral.

Até aqui vimos por que Bilac emprega o adjetivo "inculta" atribuído à nossa portuguesa "flor do Lácio", mas por que "bela"? Com certeza o poeta quer dizer que, embora a língua falada seja usada de modo espontâneo e muitas vezes distante da disciplina gramatical, ainda assim guarda vestígios da beleza que está presente nos monumentos literários, artística e culturalmente trabalhados.

O 2.º verso insiste nessa dicotomia de "esplendor" (= bela) e "sepultura" (= inculta), toscamente elaborada, numa distribuição cruzada dos termos coordenados, em que o primeiro adjetivo (*inculta*) se refere ao segundo substantivo (*sepultura*), enquanto o segundo adjetivo (*bela*) alude ao primeiro substantivo (*esplendor*). Essa distribuição de termos cruzados serve de recurso estilístico para enfatizar as oposições *inculta* x *bela*, *esplendor* x *sepultura*.

Os dois últimos versos da primeira quadra encerram uma inversão dos termos da frase, ordem que pode trazer certa dificuldade na apreensão do pensamento do poeta. A expressão *ouro nativo* reporta-se ainda à língua portuguesa ("última flor do Lácio"), e aparece, na estruturação sintática, como um aposto: *ouro nativo, que* (= o qual) *a bruta mina vela na ganga impura entre os cascalhos*.

Para o bom entendimento do trecho, convém saber algo mais sobre *vela* e *ganga* utilizados. *Vela* vale aqui o mesmo que *esconde, cobre com um véu* (latim *velum*). Temos um outro *vela*, do verbo *velar* também, mas que se prende ao latim *vigilare*, donde procede *vigiar*, "tomar conta", que aparece, por exemplo, no derivado *velório* (ato de velar um defunto). *Ganga* é o resíduo não aproveitável (daí o poeta ter-lhe acrescentado o adjetivo *impura*, em oposição ao *ouro nativo* — em nosso caso) de uma jazida natural, à qual Bilac se refere com a expressão *bruta mina*, isto é, a mina em estado bruto, tal como é encontrada na natureza, onde o *ouro* se mistura com a ganga. Para Bilac a mina natural esconde (vela) o ouro na ganga, entre os cascalhos. Para encontrar o ouro entre os cascalhos faz-se mister separá-lo da ganga.

Depois alude o poeta à versatilidade do nosso idioma; apesar de *desconhecida* e *obscura*, a língua portuguesa é expressão adequada tanto às ações heroicas de um poema épico ("tuba de alto clangor") como à tradução do sentimento lírico, individual ("lira singela"), isto é, a voz de um povo ou o lamento de um homem. Os dois últimos versos da quadra insistem na mesma ideia: enquanto veículo do poema épico expressará "o trom e o silvo da procela" (= tempestade), já que o mar foi o grande campo de batalha do povo nauta português, enquanto instrumental do poema lírico, traduzirá "o arrolo da saudade e da ternura" do amante.

No primeiro terceto, lembra-se o poeta de que a língua portuguesa, companheira da pequena brava casa lusitana que forçou a proa de suas toscas embarcações por entre mares nunca dantes navegados, se espraiou pelo mundo conhecido de então e, nas palavras do grande poeta a seguir lembrado por Bilac, "se mais mundo houvera, lá chegara". É a expansão marítima portuguesa, que levou o idioma a todos os países que hoje integram o mundo da lusofonia.

Nos últimos versos, o poeta alude à mãe como a nossa primeira fonte em que bebemos o vernáculo (a meu ver, melhor do que fez Dante, que, nesse papel, privilegiou a ama: "quam (a língua materna) sine omni regula nutricem imitantes accipimus", *De vulgari eloquentia*, I, 2. Não é sem razão que a essa primeira herança, depois da vida, chamamos *língua moderna*.

E, por fim, resume a língua e literatura portuguesas na figura do grande épico e lírico Luís de Camões, de cuja vida e amores infelizes "chorou, no exílio amargo, o gênio sem ventura e o amor sem brilho".

Talvez tenha ficado sufocada no leitor uma pergunta a que agora procurarei dar resposta: por que Bilac chama ao português última flor do Lácio?

Por mais que se tente explicar esse *última* ao nosso idioma, no conjunto das línguas românicas, não se lhe encontra cabal fundamento, que não vá de encontro ao que nos ensinam os fatos históricos e linguísticos no que toca ao capítulo da romanização, isto é, ao capítulo do movimento de expansão do império romano para além dos limites da Península Itálica, nesse vasto território ampliado a que linguistas e historiadores chamam România. Bilac fica desde logo absolvido desse pequeno senão, se o há — como suponho — porque a obra de arte, como elaboração criadora, não está obrigatoriamente comprometida com repetir verdades científicas. Daí, não estarmos querendo pôr o poeta no banco dos réus, mas tão somente tentando explicar por que assim se expressou e por que assim não deveria fazê-lo. O soneto de Bilac é uma peça literária e não uma página da gramática histórica do português. Serve, como disse antes — além do prazer do texto —, como motivação inicial para conversarmos sobre a história externa do nosso idioma.

Parece-me que, olhando para o mapa da Europa e sabendo que as tropas partiram de Roma para o movimento da romanização, supôs o poeta que teriam chegado em último lugar à mais ocidental praia lusitana. Na realidade, os passos desse movimento de expansão, que duraram cinco séculos, aproximadamente, não seguiram a mesma direção dos olhos de Bilac: avanço pelo Norte da Península Itálica, penetração na Suíça, travessia da França em direção ao Sul, transposição dos Pireneus, consequente avanço pela Espanha e, finalmente, desvio para Oeste até chegar ao Portugal de nossos dias.

Na realidade, razões de toda a sorte levaram as hostes romanas a descer o Sul da Península Itálica, chegar à Sicília; daí ao Norte da África e daí penetrar no Sul da Península Ibérica, batendo às portas do Portugal e da Espanha atuais.

Isso significa que o latim levado para a Península Ibérica foi uma modalidade com características arcaicas, já que os romanos aí se implantaram no século III a.C., muitos anos antes, por exemplo, de César ter conquistado o Norte da Gália, o que se deu no ano 50 a.C.

Dessa maneira, não cabe nenhuma razão a denominar o português a "última flor do Lácio"; pela lição da história, deve ter sido, ao contrário, das primeiras a despontar, já que os germes do início de uma língua românica datam da época em que para cada região do império se transplantou o latim e aí criou raízes profundas a civilização romana.

Se a história está a apontar para essa conclusão, os fatos linguísticos não o fazem por menos. A antiguidade da romanização da Península Ibérica é um dos fatores responsáveis pela matização de aspectos de arcaicidade do latim hispânico, arcaicidade que se deve aos centros inovadores do império romano (a Gália e a Itália), bem como a fatores de ordem social, como, por exemplo, a natureza do contingente humano colonizador e a vigorosa rede de escolas ali assentada.

Dessa característica conservadora do latim hispânico dão prova vários fatos linguísticos existentes no português e no castelhano, e ausentes em outros idiomas românicos. Fixando-nos no português, ao lado do nosso sistema fonético, temos, entre outros, a persistência de *cujo*, já considerado obsoleto na época de Cícero; a existência do sistema tripartido de demonstrativos (*este, esse, aquele*); a flexão anômala do verbo *ir* com a concorrência a mais de um verbo (*vou, ides*), a conservação do mais-que-perfeito e do imperfeito do subjuntivo; a possibilidade, vigente também no antigo castelhano, de se intercalar o pronome átono nas formas de futuro do presente e do pretérito (*amá-lo-ei, dir-lhe-ei, amá-lo-ia, dir-lhe-ia*, etc.); a persistência latina no gênero feminino da palavra *árvore*. A tão decantada regra exclusiva do português em relação às demais línguas românicas, de não começar frase com pronome átono e a flexão do infinitivo talvez também encontrem sua justificativa nesse caráter conservador do nosso idioma. No vocabulário, pululam os exemplos em que o português marcha com um latim mais antigo: formoso (ant. *fermoso* e *fremoso*), *mais* (adv.), *comer, falar, querer* e tantos outros.

Está claro que o português também apresenta traços inovadores na fonética, na morfossintaxe e no léxico; mas ninguém contesta os traços de conservadorismo que nele existem, uma prova cabal de sua íntima filiação a uma fase antiga do latim.

Assim sendo, do ponto de vista científico, não há justificativa para se chamar, com Bilac, ao nosso idioma a "última flor do Lácio", nem que se pense, por exemplo, em que o fato se baseia na datação dos primeiros documentos escritos em português.

Não posso concluir estes comentários sem lembrar uma afirmação de um notável romanista alemão há pouco falecido, Gerhard Rohlfs, que muito envaidece aos que temos o português como língua materna e que, por isso, põe nos nossos ombros enorme responsabilidade no seu cultivo e preservação: que o nosso idioma, por suas características conservadora e periférica, assume "especial importância científica para toda a Romania".

> Texto publicado no jornal *Mundo Português* e na revista *Na Ponta da Língua*, originalmente em duas partes: 24/4/1992 e 8/5/1992.

Nota

1   BILAC, Olavo. *Poesias*, Ediouro: 1978, p. 286.

Um eco de Sto. Agostinho na língua de Vieira

1 — Diferença entre *crer em Cristo* e *crer a Cristo* em Vieira

Tanto quanto o bispo de Hipona é Vieira um virtuoso do estilo. Em ambos nota-se o esforço de extrair toda a riqueza que o idioma lhes põe à disposição como instrumento de comunicação entre os homens; e quando essa riqueza não é suficiente às necessidades do escritor, ambos, igualmente, não relutam em suprir a deficiência com jogos de expressão, especulações linguísticas que quase sempre tocam à raia de um delicado, sutil e refinado sentimento idiomático.

Entre as especulações de que falei, quero chamar hoje a atenção do leitor para a diferença que, no *Sermão da Quinta Dominga da Quaresma*[1] fez o nosso orador entre *crer em Cristo* e *crer a Cristo*:

> Dizeis, que sois Christãos? Assi he. Dizeis, que credes muyto verdadeyramente em Christo? Também o concedo. Mas Christo não se queixa de não crerem nelle; queixase de o não crerem a elle. Notay as palavras. Não diz: *Quare non creditis in me?* Porque não credes em mim? O que diz, he: *Quare non creditis mihi?* Porque me não credes a mim? Huma cousa he crer em Christo, que he o que vós provais, & eu vos concedo: outra cousa he crer a Christo, que he o que não podeis provar & em que eu vos hey de convencer de ambos estes termos uzou o mesmo Senhor muytas vezes. Aos Discipulos *Creditis in Deum, & in me credite* (Joan 14,1). A Martha: *Qui credit in me, etiam si mortuus fuerit, vivet.* (Joan. 11,25). Por outra parte, à Samaritana: Mulier, crede mihi. (Joan. 4.21) & aos mesmos Judeos: *Si mihi non vultis credere*, operibus credite. (Joan. 10.38). De maneira, que ha crer em Christo, & a Christo; & hûa crença he muyto differente da outra. Crer em Christo, he crer o que ele he ; crer a Christo, he creo que elle diz: crer em Christo, he crer nelle; crer a Christo, he crelo a elle. Os Judeos, nem crião em Christo, nem crião a Christo. Não crião em Christo, porque não crião a sua Divindade, & não crião a Christo, porque não crião a sua verdade. E nesta segunda parte he, que a nossa Fé, ou a nossa incredulidade se parece com a sua, & ainda a excede mais feamente (p. 244).

2 — Credere *no latim, especialmente nos autores cristãos*

Ao lado da tradicional construção com dativo e, em menor extensão, com acusativo, o verbo *credere* passou a conhecer, no latim dos cristãos, novos usos em que se acompanhava da preposição *in* seguida de acusativo ou ablativo: *credere in deum* e *credere in deo*.

Tais giros com preposição representam nítida influência de traduções bíblicas do grego *pisteúein eís tina, én tini, epí tina, epí tini* que ocorrem em S. Marcos e no Novo Testamento, e, por seu turno, denunciam bom influxo da sintaxe do hebreu.

Num profundo artigo intitulado *Credere deo, credere deum, credere in deum*,[2] o padre Th. Camelot nos ensina que tais linguagens em grego são usadas sem que entre elas se faça qualquer diferença de sentido. A erudita Christine Mohrmann retoma o assunto do artigo do padre Camelot[3,4] e nos adianta que os cristãos usavam, no início, de *credere* com dativo, *credere* com acusativo, *credere in* com acusativo ou ablativo (este desde cedo suplantado pelo acusativo) sem também nenhuma diferença de sentido, para indicar o ato de fé. É interessante assinalarmos — com Mohrmann — que nas antigas traduções da Bíblia a influência do grego ainda não era decisiva. Tanto é assim que se chega a traduzir um *epí* (Act. 11,17) por acusativo: *si ergo aequale donum dedit eis sicut et nobis credentibus dominum Iesum Christum*, enquanto a Vulgata verte desta maneira: *si ergo eamdem gratiam dedit illis deus, sicut et nobis, qui credidimus in Dominum Jesum*[5].

3 — Credere *em S. Agostinho e o princípio da* fides formata

Entre os escritores latinos cristãos nota-se bem cedo um esforço para o estabelecimento de uma distinção semântica entre os diversos empregos de *credere*, mormente entre a construção com dativo e *a* com o *in* — justamente nos casos que poderão ter seu reflexo no passo de Vieira.

Já em Lactâncio *credere in* se especializa para o ato de fé cristão: *credere in deum* (Inst. epit. 37,9), *in Christum* (Div. Inst. 9, 19, 11), *in carnem* [sc. Christi] (Ib., 4, 18, 27), *in secundum* [sc. Christi] *adventum* (Ib., 4, 12, 14), em contraposição a *somniis credere* (1h, 3, 16, 13)[6].

O padre Camelot assinala nos seguintes trechos de S. Agostinho uma especulação de natureza teológica baseada justamente no jogo semântico de *credere* com dativo, com acusativo e com *in* + acusativo, onde se patenteia que *credere deo* se aplica à adoção da autoridade como fonte da verdade; *credere deum* é o ato de fé da existência de Deus e *credere in deum* é a *fides formata* no seu total sentido cristão:

> *hoc est etiam credere in Deum, quod utique plus est quam credere Deo. Nam et homini cuilibet plerumque credendum est, quamvis in eum non sit credendum. Hoc est ergo credere in Deum, credendo adhaerere ad bene cooperandum bona operanti Deo* (Enarr. in p. 77,8).
> *Hoc est opus Dei, ut credatis in eum quem ille misit* (Jo. 6, 29). *Ut credatis in eum, non ut credatis ei. Sed si ereditis in eum, creditis ei; non autem continuo qui credit ei, credit in eum. Nam et daemones credebant ei, et non eredebant in eum. Rursus etiam de Apostolis ipsius possumus dicere;*

> credimus Paulo, sed non credimus in Paulum: credimus Petro, sed non: credimus in Petrum... Quid est ergo credere in eum? Credendo amare, credendo diligere, crede do in eum ire, et eius membris incorporari. Ipsa est ergo fides quam de nobis exigit Deus (Tract. in ev. Jo. 25,12).
> Omnes qui credunt in Christum, et sic credunt ut diligant. Hoc est enim credere in Christum, diligere Christum:non quomodo daemones credebant, sed non diligebant; et ideo quamvis crederent, dicebant: quid nobis et tibi est, Fili Dei? (Matth. 8,29) Nos autem sic credamus, ut in ipsum credamus, diligentes eum et non dicamus: quid nobis et tibi est? (Enarr. iii Ps. 130,1). Sed multum interest, utrum quisquae credat ipsum Christum, et utrum credat in Christum. Nam ipsum esse Christum et daemones crediderunt, nec tamen in Christum daemones crediderunt. lle enim credit in Christum, qui et sperat in Christum et diligit Christum. Nam si fidem habet jine spe ac sine dilectione. Christum esse credit, non in Christum credit. Qui ergo in Christum credit, credendo in Christum, venit in eum Christus et quodam modo unitur in eum, et membrum in corpore eius efficitur. Quod fieri non potest, nisi et spes accedat et caritas (Serm. 144, 2,2, (4).[7]

Como judiciosamente declara a ilustre discípula de Schrijnen, cabe ao pesquisador indagar o que Sto. Agostinho entendia por essa *fides formata*, por esse *credere in deum*, e nos adianta:

> *Saint Augustin voit dans le* credere in Christum surtout, *mais — d'aprés mon avis — pas exclusivement un mouvement de la charité qui nous incorpore au Christ et nous unit à lui. Dans la foi du chrétien il y a un mouvement vers le Christ, comme le dit saint Augustin, Tract. in ev. Joh. 48,3: sed accedere est credere: qui credit, accedit, qui negat, recedit. Non movetur anima pedibus sed affectibus. Dans l'interprétation théologique la préposition in c. ac,.regagne don toute sa valeur grammaticale, qu'elle n'avait pas comme nous l'avons vu —. au moment qu'on créait cette tournure.*[8]

4 — *Crer em português*

A nossa língua conservou os usos de *credere* da seguinte maneira:
a) — crer com *em* (frequentíssimo)
b) — Crer com a:
"Eu lhe disse: Meu dessejo
— vendo-a tal com assaz dor "desejo do meu amor,
ou crerei ao meu temor" (Crisfal. ed. Epifânio Dias, est. 74).
c) — crer com objeto direto (de coisa ou, já raro, de pessoa): "O capitão, que em tudo o Mouro cria" (Camões, Lus. 1, 102).

5 — *Base linguística da diferença entre* crer em Cristo *e* crer a Cristo *em Vieira*

O que em Sto. Agostinho é uma diferença idiomática de caráter constante para atender a uma especulação teológica, em Vieira parece que durou apenas o tempo necessário para satisfazer a argumentação da tese de seu sermão. É um hápax sintático. A rigor, também não podemos assegurar que a *Verdade* de Vieira corresponderia exatamente a *fides formata* do bispo de Hipona; o certo é que, entretanto, lá e cá se procura estabelecer uma diferença na atitude do crente. Lendo os passos aduzidos pelo padre Camelot e o *Sermão da Quinta Dominga da Quaresma* é fácil rastrearmos os pontos de contato aí existentes e apontarmos a fonte a que Vieira se foi inspirar para o seu jogo estilístico de palavras. Cabe-nos agora explicar a base linguística da diferença entre *crer em Cristo* e *crer a Cristo* e a relação entre esses dizeres e os do latim.

Se em Sto. Agostinho, *credere in Chtristum* traduz um *"mouvement vers le Christ"*, em Vieira o *crer a Cristo* traduz também o movimento necessário da fé cristã para passar do Credo para os Mandamentos, da crença da Divindade para a crença da Verdade:

> Por isso dizia David: *Quia mandatis tuis credidi*. Eu, Senhor, cri aos vossos Mandamentos. Isto he só o que he crer a Deos. A nossa Fé para no Credo, não passa aos Mandamentos. Se Deos nos diz, que he um, creyo; se nos diz, que são tres Pessoas, creyo; se nos diz, que he Criador do Ceo, & da terra, creyo; se nos diz, que se fez Homem, que nos remio, & que ha de vir a julgar vivos, & mortos, creyo. Mas se diz que não jureis, que não mateis, que não adultereis, que não furteis, não cremos. Esta he a nossa Fé, esta a vossa Christandade. Somos Catholicos do Credo, & Hereges dos Mandamentos.[9]

O movimento a que a especulação teológica de Sto. Agostinho procurava referir se traduziria, dentro do sistema latino, por *in* + *acusativo*: *credere in Christum*. Na concepção de Vieira, o movimento teria de ser expresso, em português, pela preposição diretiva a: *crer a Cristo*, ficando a linguagem *crer em Cristo* para traduzir, ao lado da construção com objeto direto, a ação de um modo geral, despida de qualquer valor conotativo.

Para reforçar essa especulação teológica de Vieira com base numa diferenciação linguística deve, sem dúvida, ter também contribuído o uso de se aplicar *credere* com dativo para indicar a crença nas palavras de alguém e *credere* com *in* + acusativo para traduzir a crença na existência de alguém, diferença que, sem ser rigorosa, se vê assinalada no emprego moderno de línguas românicas, dentro ou fora da linguagem religiosa:

> *a) Croire à qqn. ou à qqch. c'est avoir foi à sa véracité, ou à sa réalité, ou à son efficacité (en matière religieuse, croire à, c'est être persuadé de l'existence de, ou avoir confiance en): croire aux astrologues (Ac.) ...*
> *b) Crotre en qqn. C'est avoir confiance en lui (en matière, religieuse, croire en s'emploie dans le même sens que: croire à) Je crois pleinement en vous (Dict. Gén.).*[10]

Crer em alguem é crer que elle é na verdade o que representa ou inculca; *crer a alguem* é dar credito ao que elle diz crer que nos falla do coração (Roquete-Fonseca, Diccionario dos Synonimos)[11].

Texto publicado no jornal *Mundo Português* e na revista *Na Ponta da Língua*, originalmente em duas partes: 11/5/2000 e 18/5/2000.

Notas

1 VIEIRA, Padre Antonio. *Sermão da Quinta Domimga da Quaresma* (t. ii, p. 242 e ss. da ed. fac-similada da Ed. Anchieta, S. Paulo: 1943-1945, p. 244.
2 CAMELOT, Padre Th. *Les sciences philosophiques et théologiques*, t. 1: 1941-1942, p. 149-155.
3 MOHRMANN, Christine. *Mélanges Joseph de Ghellinck*, S.J.I. — Museum Lessianum, Section historique n.º 13, Gembloux: 1951, p. 277-285
4 Artigo incorporado em *Êtudes sur le latin des Chrétiens*, 1, 2.ª ed., Roma: 1961, p. 195-203.
5 Casos há, ao contrário, em que a antiga versão segue o modelo grego enquanto a Vulgata prefere o giro preposicional ao dativo (Mohrmann. op. c. 196).
6 Exemplos colhidos no artigo de Mohrmann, p. 197. A influência do grego se acha também registrada por Krebs-Schmalz, *Antibarbarus der lateinischsen Sprache* (7, Auf 1, Basel, 1905, 1, p. 373), onde se indica também um matiz semântico diferencial entre *crede mihi* e *mihi crede*. Cabe ainda acrescentar que na Bíblia não se faz a diferença das construções de *credere* que Vieira dá a entender (Cf. Kaulen, *Sprachliches Handbuch zur biblischen Vulgata*, 2, Aufil, Freiburg: 1904, p. 264).
7 Todos esses exemplos foram transcritos no citado artigo de Chr. Mohrmann, donde os copiei (p. 197 e 198).
8 MOHRMANN, Christine. *Êtudes sur le latin des Chrétiens*, 1, 2.ª ed., Roma: 1961, p. 195-203.
9 VIEIRA, Padre Antonio. *Sermão da Quinta Domimga da Quaresma* (t. ii, p. 242 e ss. da ed. fac-similada da Ed. Anchieta, S. Paulo: 1943-1945, p. 250.
10 GREVISSE, M. *Le bon usage*, 4.ª ed: 1949, p. 732.
11 Essa lição é apoiada na diferença que faz Vieira. O *Dicionário* de Morais assinala a diferença, mas a redação aparece visivelmente truncada. Também a moderna 10.ª ed. do *Dicionário* de Moraes não é mais feliz ao tentar estabelecer as várias acepções de *Crer em alguém, crer a alguém* e *crer alguém* (Cf. vol. 3, p. 676, s. v. Crer, *in fine*).

O *H* MEDIAL, O PREFIXO *SUB* E O HÍFEN

Numa bem elaborada e bem escrita exposição, outro consulente, que exerce a atividade de tradutor e se preocupa com a vernaculidade (inclusive na ortografia) de sua língua materna, que discute pela internet com lusófonos de diversas latitudes, foi alertado por um deles para dois casos de divergência entre disposições do texto oficial do Acordo de 1990 e sua aplicação no *VOLP* da ABL. Recaem as divergências no emprego do hífen em dois momentos específicos: a) no caso de "co-herdeiro" assim, recomendado pelo Acordo de 1990, mas registrado "coerdeiro" — além de "coerdar" e "coerdado" no citado *VOLP*; b) no caso de derivados com prefixo sub- seguido de elemento começado com h- (sub-hepático, sub-humano, etc.), que o *VOLP* registra assim, mas também justapostos sem hífen (subepático, subarmônico, subemisfério, subumano, subumanidade). E diante desse duplo procedimento, formula as seguintes perguntas: "Por que motivo na base normativa [...] esses termos aparecem como de aplicação do item *a* [da Base XVI], porém no vocabulário eles estão diferentemente escritos?"; 2.ª) "Por qual razão há duas grafias registradas para alguns desses termos? As duas têm o mesmo valor?"

Começaremos a responder ao prezado consulente pelas formações com o prefixo *sub* nos exemplos aludidos. Antes disso, gostaria de iniciar dizendo que o Acordo de 1990 está estreitamente ligado ao Acordo de 1943 (vigente no Brasil até 31 de dezembro de 2012), com as pequenas alterações propostas em 1971, bem como ao Acordo de 1945 (vigente em Portugal até 31 de dezembro de 2014), com as pequenas alterações de 1973, ambas as alterações resultantes de propostas oriundas do I Simpósio Luso-Brasileiro sobre a Língua Portuguesa Contemporânea, realizado em Coimbra, em 1967. Em 1975, elaboraram as duas academias um texto que buscava diminuir ainda mais as divergências entre as bases de 1943 e 1945, com maior privilegiamento deste último. Dessa tentativa nada saiu de progresso efetivo por causa da situação política por que atravessavam na época os dois países. Esses dois dados históricos são importantes para entendermos que não se pode penetrar no Acordo de 1990 sem esquecer essa vinculação. Assim se compreende que casos ortográficos não tratados no Acordo de 1990 se devem reportar ao que já era de uso pacífico nos textos de 1943 e 1945, com as alterações de 1971 e 1973, respectivamente.

São unânimes os sistemas de 1943 e 1945 em admitir a eliminação do *h* e a grafia dupla nos casos usuais: com a permanência do *h-* inicial do 2.º elemento separado por hífen, e com a eliminação do *h-* inicial e sem hífen. São, portanto, sólidas as duas opções, quando de uso corrente. Eis a lição de 1943 sobre o emprego do *h*: "No interior de vocábulo, só se emprega em dois casos: quando faz parte do *ch*, de *lh* e do *nh*, que representam fonemas palatais, e nos compostos em que o segundo elemento com *h* inicial etimológico se une ao primeiro por meio do hífen: chave, malha, rebanho; anti-higiênico, contra-haste, sobre-humano, etc.

Observação: "Nos compostos sem hífen, elimina-se o *h* do segundo elemento: anarmônico, biebdomadário, coonestar, desarmonia, exausto, inabilitar, lobisomem, reaver, etc." (III, 12).

A mesma doutrina se repete na Base III das Bases Analíticas do Acordo Ortográfico de 1945, mais amplamente explicitado no item V das Instruções para a organização do *Vocabulário ortográfico resumido da língua portuguesa* de 1945: "17. No interior do vocábulo, só se emprega o *h* em dois casos: a) quando faz parte do *ch*, do *lh* e do *nh*, que representam fonemas palatais; b) nos compostos em que o segundo elemento, com *h* inicial etimológico, se une ao primeiro mediante o hífen: chave, malho, rebanho; anti-higiénico, pré-história, super-homem; etc."

· Observação: "Nos compostos cujos elementos não são unidos por hífen, elimina-se o *h* do segundo elemento: anarmónico, biebdomadário, coonestar, desarmonia, inabilitar, reaver, etc."

No *Tratado da ortografia da língua portuguesa*, escreve o filólogo português Rebelo Gonçalves: "Obs.: 1.ª Nos compostos sem hífen, elimina-se, em posição interior, o *h* inicial de qualquer elemento, tenha este ou não vida autónoma: anidrido, biebdomadário, bonomia, coabitar, deserdar, disidrose, exaurir, inóspito, parélio, poliemia, reabitar, sinédrio, etc."[1]

Esses princípios contribuem para a diminuição do emprego do hífen, anseio do sistema ortográfico e da prática frequente na terminologia técnica e científica.

Texto publicado no jornal *O Dia*, em 18/3/2012.

Nota

1   GONÇALVES, Rebelo. *Tratado da ortografia da língua portuguesa*, 1.ª ed., Coimbra: 1947, p. 11.

Para bem compreender um sistema ortográfico

Um inteligente leitor desta coluna escreve-nos para declarar que a ele e a muita gente a imposição a todos os usuários do idioma de uma reforma ou de um acordo ortográfico proposto por um pequeno grupo de pessoas significa "uma atitude de extrema arrogância". Para esses usuários, o pequeno grupo de especialistas não tem representatividade, por mais representativos que esses especialistas se considerem, para falar em nome de tantos milhões de pessoas. "Não nos foi oferecido qualquer veículo para que expressássemos previamente nossa opinião a favor ou contra a reforma; portanto, não autorizamos quem quer que seja a falar por nós." Esse tem sido, com pequenas variantes, o discurso da maioria das pessoas que se tem insurgido contra reformas ou acordos ortográficos propostos desde sempre, pois as queixas não são de hoje, nem de ontem.

O idioma é, sem dúvida, patrimônio de todos, a todos interessa, e, por isso, qualquer alteração na maneira de representar as palavras na escrita atinge todos os usuários. Sabemos todos que um sistema ortográfico resulta de uma convenção; mas de uma convenção especial, a que não tem faltado uma forte dose de cientificidade, aliada a também forte dose de hábitos históricos e de uma tradição muito especial ao idioma, aspectos que fogem ao conhecimento relativo do comum das pessoas. Acresce que quanto mais extenso é o número de usuários desse novo sistema, mais se impõe a necessidade de regras e princípios mais abrangentes a que não deve faltar nem a coerência, nem a economia. Por isso, uma proposta de mudança nesse domínio convencional do idioma deve ser entregue a especialistas, linguistas, filólogos, gramáticos, educadores, que estudam as línguas e se dedicam ao seu ensino aos jovens que na escola se preparam para se expressar no seu idioma com eficiência, correção, adequação e certa elegância. Tanto isso é verdade que, entrevistando a D. Carolina Michaëlis de Vasconcelos, logo após a reforma ortográfica de 1911, perguntou o repórter à insigne mestra dos estudos linguísticos e filológicos a quem compete a tarefa de uma reforma ortográfica. A resposta veio imediata: "Evidentemente aos profissionais que se ocupam cientificamente de línguas, sobretudo das neolatinas, e em especial do idioma pátrio — quer pertençam à Academia, quer não."[1]

Ouvem-se vozes e leem-se artigos hoje de representativos escritores portugueses a condenar o já oficial Acordo Ortográfico de 1990, com o mesmo discurso panfletário do nosso inteligente leitor, mas com pouca ou nenhuma argumentação doutrinária. Infelizmente, hoje, são menos competentes do que foi o sempre notável Fernando Pessoa que, em folhas que ficaram inéditas por muitos anos, revela bom conhecimento técnico das bases da reforma ortográfica de 1911, folhas que foram recolhidas por Luísa Medeiros, com o título *A língua portuguesa*, editado por Assírio & Alvim, Lisboa, 1997. Não se perca de vista que Pessoa foi aluno por menos de um ano da Faculdade de Letras, em Lisboa, mais um projeto não concluído, mas que lhe deixou traços muito vincados de especialista, de que deu mostras patentes em vários momentos dessas folhas inéditas. Um ponto que consideramos essencial é a distinção que faz entre ortografia no seu aspecto *cultural* e no seu aspecto *social*: "sendo a cultura um produto do indivíduo, cada indivíduo tem — salvo casos episódicos de força maior — o dever *cultural* de escrever na ortografia que achar melhor, visto que essa ortografia é a expressão de pensamento, e esse indivíduo tem o dever *social* de fazer a propaganda com a força de pensamento que nele caiba, de tal ortografia. Resulta também, como provei, que a ortografia, sendo um fenômeno cultural, é puramente individual, não tendo o Estado coisa alguma com ela [...]."[2]

Esse aspecto cultural e individual da ortografia explica a possibilidade de escritores, como os simbolistas, de defender, como a mais significativa, a grafia *lágryma* com *y*, por indicar essa letra mais apropriada para denotar o rolar da lágrima pela face, emprestando à grafia uma função quase pictórica, quase de desenho do significado.

Continuando na sua distinção entre o aspecto cultural e o social da ortografia, esclarece Pessoa:

> Cessa aqui, porém, o que é puramente o meu dever cultural; com a publicação do meu escrito estou já, simultaneamente, em duas esferas — a cultural e a social: na cultural pelo conteúdo do meu escrito; na social pela ação, atual ou possível, sobre o ambiente [...]. O único efeito presumidamente prejudicial que estas divergências ortográficas podem ter é o de estabelecer confusão no público. Isso, porém, é da essência da cultura, que consiste precisamente em estabelecer confusão intelectual — em obrigar a pensar por meio do conflito de doutrinas — religiosas, filosóficas, políticas, literárias, e outras. Onde essas divergências ortográficas produziriam já um efeito prejudicial, e portanto imoral, é se o Estado admitisse essa divergência em seus documentos e publicações, e, derivadamente, a consentisse nas escolas [a seu cargo]. No primeiro caso haveria um fermento de indisciplina, que nenhum governo pode ou deve permitir. No segundo haveria, além desse mesmo fermento, de desnortear crianças, incapazes, por o serem, de refletir ou analisar esses problemas. Eu, porém, não defendo — nem presumo, defender alguém o critério de que o Estado, onde tem ingerência, admita variações ortográficas. Como o indivíduo, o Estado — que em certo modo é também um indivíduo — adota a — e uma só — ortografia, boa ou má, que entende, e impõe — a [sic] onde superintende — a não ser que, à laia das ditaduras totalitária — quando superintende em tudo, o que não é já governo, mas tirania.[3]

Este último aspecto de que trata Pessoa põe luz à crítica descabida dos que aludem ao fato de ter o Acordo de 1990 vindo de cima para baixo, numa atitude ditatorial dos governos que o celebraram. Esse foi o caminho de todas as propostas ortográficas em vigor nas línguas de cultura: um grupo de especialistas propõe e o governo sanciona. A língua portuguesa está neste grupo. Tem sido o propósito desta coluna, tentar mostrar a seus leitores o melhor caminho dos assuntos tratados, à luz da lição de nossos guias nacionais e estrangeiros. Cremos ter cumprido esta orientação nas considerações trazidas à baila pelo nosso distinto leitor.

A leitura das reflexões de Fernando Pessoa transcritas no artigo supracitado marca bem as características da ortografia quanto à sua natureza cultural e à social. Pelo aspecto cultural, a pessoa pode grafar as palavras segundo sua vontade ou seu prazer estético, ou ainda anseios expressivos. Essa liberdade não se limita à ortografia; estende-se a todo o material do idioma: à pontuação, ao uso de maiúsculas e minúsculas, à formação de palavras, ao vocabulário, à sintaxe. Estão diante de nossos olhos as aventuras dos escritores, dos marqueteiros, dos usuários em geral. Os simbolistas são bem um exemplo dessa liberdade; preferiam, por exemplo, escrever *lagryma*, com *y*, porque o formato da letra melhor lembrava o rolar da lágrima pela face. Se um sistema ortográfico resultasse da consulta aos usuários, certamente desse filão cultural viriam as sugestões, e as grafias seriam um colossal fermento de indisciplina. Daí o aspecto social da língua e da ortografia preferir as sugestões dos especialistas de que falara D. Carolina. E essa modalidade, disciplinada, é sancionada pelo Governo que, como indivíduo, não pode nem deve admitir o fermento da indisciplina nos seus documentos, nas escolas sob sua ingerência e nas crianças sob sua proteção. Por isso, não é exatamente correto dizer simplesmente que as reformas ortográficas vêm de cima para baixo, ditatorialmente. A providencial distinção feita por Fernando Pessoa entre o aspecto cultural e o social da ortografia já vinha cedo presente na lição de bons linguistas do passado. Uma voz autorizada de um dos melhores do século XIX — Gaston Paris — podemos ler no lúcido prefácio que escreveu para a *Grammaire raisonnée de la langue française*, de Léon Clédat, saída em 1894 (citamos pela 5.ª ed. de 1896), em que declara que os escritores não são bons conselheiros de um sistema ortográfico, porque têm com as palavras uma relação muito especial de artesanato literário, isto é, do aspecto cultural de que nos fala Pessoa.

Daí as desarrazoadas críticas que desde algum tempo bons escritores na sua seara fazem ao Acordo de 1990, esquecendo-se de que essa versão está muito mais próxima dos hábitos portugueses e africanos de 1945 que dos hábitos brasileiros de 1943. Uma das últimas dessas críticas que lemos pertence a Nuno Pacheco, diretor do importante jornal lisboeta *Público*; no artigo intitulado "*omens* sem *h*" reclama da tendência de simplificação ortográfica, esquecendo-se de que o fato decorre de um movimento iniciado no século XIX que envolveu as pessoas, os intelectuais, os linguistas, os escritores e professores, na Europa e nos Estados Unidos, no sentido de diminuir as dificuldades que tornavam dificílima a representação escrita das palavras. Já se disse — e não era falso — que o ensino da língua francesa quase se resumia em ensinar ortografia. Por essa época criaram-se sociedades com o objetivo de trazer simplicidade e coerência à ortografia das línguas de cultura da época.

Portugal não poderia ficar alheio a essas ideias, e já em 1885 Gonçalves Viana e Vasconcelos Abreu preconizaram os seis princípios simplificadores que a reforma de 1911 consagrou oficialmente: a) supressão do *h* nos grupos *th, ch (=k), rh*; b) substituição de *ph* por *f*; c) substituição do *y* por *i*; d) simplificação das consoantes duplas, exceto *rr* e *ss*; e) eliminação das consoantes mudas se não influíssem no timbre da vogal anterior; f) maior emprego dos acentos gráficos.

No Brasil, em 1907, a Academia aprovou uma proposta de Medeiros e Albuquerque, simplificadora (mais drástica, pois agasalhava soluções da fonética e da grafia, chamada sônica (pela qual cada som só tem uma representação gráfica, e cada letra só representa um som: *Brazil, caza*, etc.). Por isso, engana-se o nobre diretor ao dar a entender que o movimento da simplificação partiu dos brasileiros para os portugueses. Lembra ainda que mesmo no Brasil não fomos fiéis à onda simplificadora, porque grafamos *Bahia*, além do *Assumpção* do presidente Itamar, do *Drummond* do poeta. Ora, não percebeu que essas exceções constituem nomes próprios, cuja fidelidade ao registro oficial sempre foi garantida pelos projetos ortográficos, sendo, portanto, diferentes de *omens* sem *h*. Houve na sua terra uma ilustre professora *Paxeco*. Mais uma vez Fernando Pessoa tem o que ensinar ao nosso ilustre crítico. Lembremo-nos de que Pessoa era partidário do sistema etimológico e que contestava o critério simplificador da reforma de 1911, que considerava um ato impatriótico:

> Mas, além do impatriotismo, foi o ato imoral e impolítico. Foi imoral porque se dispôs de uma coisa de que não éramos os únicos donos. A língua, e, portanto, a ortografia, portuguesa é profundamente conjunta de Portugal e do Brasil. Se, como era nossa obrigação, o houvéssemos consultado, haveríamos, pelo menos, limitado na reforma. O Brasil, apegado como era e é à ortografia antiga, ter-nos-ia desaconselhado dela. E, fazendo-a, fomos impolíticos. Praticamos um ato que, à parte ser desnecessário, ou, pelo menos, não urgente, foi abrir uma cisão cultural entre nós e o Brasil, e, por esse motivo e por outros, prejudicou, naquele país, os interesses de autores e editores portugueses.[4]

Para Pessoa, os maus ventos vieram da bela terra do Sr. Diretor.

Texto publicado no jornal *O Dia*, em 6/11/2011.

Notas

1   VASCONCELOS, Carolina Michaëlis. *Lições de filologia portuguesa*, Revista de Portugal: 1946, p. 106.
2   PESSOA, Fernando. *A língua Portuguesa* (org. de Luisa Medeiros), Assírio & Alvim, Lisboa: 1997, p. 30.
3   PESSOA, Fernando. *A língua Portuguesa* (org. de Luisa Medeiros), Assírio & Alvim, Lisboa: 1997, p. 23-25.
4   PESSOA, Fernando. *A língua Portuguesa* (org. de Luisa Medeiros), Assírio & Alvim, Lisboa: 1997, p. 51-52.

Os verdadeiros femininos de "ladrão"

Nosso assíduo e competente leitor Patrick estranhou o tratamento desigual na indicação dos femininos de "ladrão" no *VOLP* ("ladra", "ladroa" e 'ladrona") e na mais recente 3.ª edição do *Pequeno Vocabulário ortográfico da língua portuguesa*, *PVOLP* da ABL, ("ladrona" e "ladroa"), indaga-nos se "ladra" não é feminino de "ladrão", embora "ladra" constitua verbete à parte neste último, "ou se daqui para frente só se deve utilizar aquelas formas" (isto é, "ladrona" e "ladroa"). A pergunta do amigo nos leva mais uma vez a tocar numa questão importante na correta leitura de texto técnico; referimo-nos à teoria, cujo conhecimento, ainda que rudimentar, deve ter o leitor de textos técnicos. Como o dicionário está redigido com o emprego de terminologia linguística, o consulente deve estar a par de informações do tipo *s.m.* (substantivo masculino); *s.2g.* (substantivo de dois gêneros), *v.trans.dir.* (verbo transitivo direto), etc. Com o aperfeiçoamento mais recente da metalexicografia, esse tipo de obra se vai beneficiando de mais científica e rigorosa elaboração de indicações linguísticas dos verbetes. No caso da descrição do gênero dos substantivos, procurou-se, como, com extremo senso didático e coerência científica, nos ensina Mattoso Câmara, fugir do engano de "não se ter feito a distinção imprescindível entre a flexão de gênero e certos processos lexicais ou sintáticos de indicar o sexo. É comum lermos nas nossas gramáticas que "mulher" é o feminino de "homem". A descrição exata é dizer que o substantivo "mulher" é sempre feminino, ao passo que outro substantivo, a ele semanticamente relacionado é sempre do gênero masculino. Na descrição da flexão de gênero em português não há lugar para os chamados "nomes que variam em gênero por heteronímia" [nomes diferentes] [...]. Tal interpretação, a única objetiva e coerentemente certa, se se estende aos casos em que no sufixo derivacional se restringe a um substantivo em determinado gênero, e outro sufixo, ou a ausência de sufixo, em forma nominal não derivada, só se aplica ao mesmo substantivo em outro gênero. Assim, "imperador" se caracteriza, não flexionalmente, pelo sufixo derivacional *-dor* e "imperatriz", analogamente, pelo sufixo derivacional *-triz* Da mesma sorte "galinha" é um diminutivo de "'galo" que passa a designar as fêmeas em geral da espécie "galo", como "perdigão" é um aumentativo limitado aos machos da "perdiz". Dizer que *-triz*, *-inha* ou *-ão* são aí flexões de gênero é confundir flexão com derivação".[1] As gramáticas e a dicionarística modernas agasalham essa contribuição científica da linguística teórica e descritiva. A 3.ª edição do *PVOLP* teve como responsável pela metalexicografia do *corpus* o competente lexicógrafo Cláudio Mello Sobrinho, da equipe da ABL, que, nas normas editoriais consultadas da página XLV a LVIII, indicou ao leitor os procedimentos adotados na reedição: "Não se indica o gênero feminino de dois tipos morfológicos de substantivo ou adjetivo. O primeiro tipo compreende aqueles vocábulos nominais cuja flexão de gênero consiste no acréscimo do morfema feminino *-a*, à forma masculina. Nele se incluem tanto os vocábulos terminados em *-r, -s* ou *-z*, em que a vogal temática *-e* não se atualiza na forma masculina singular, quanto aqueles cuja forma masculina consiste apenas no radical, terminando estes, sempre, em vogal tônica." Exemplos: *professor/professora, português/portuguesa, juiz/juíza, guri/guria, peru/perua*. O segundo tipo compreende aqueles vocábulos nominais de tema em *-o* e em *-e*, em que a vogal temática, por ser átona final, sofre necessariamente elisão, ao se acrescentar a vogal *-a*, que representa o morfema de gênero feminino. Exemplos: *menino/menina, lobo/loba, mestre/mestra*" (p. LI). Obedecendo ao critério acima descrito, no verbete "ladrão" só aparecem como femininos morfológicos "ladroa" e "ladrona". 'Ladra' é o feminino do substantivo e adjetivo "ladro" que, por circunstâncias posteriores, acabou desviando-se da sua referência à pessoa ou coisa que rouba ou subtrai algo, deixando nessa referência apenas a sua forma feminina "ladra", por isso, registrada em verbete independente. Dada a frequente lição de que "ladra" é um dos "femininos" de "ladrão", e como o termo "ladro" como sinônimo de "ladrão" é um arcaísmo na moderna língua escrita, valerá um "cf. 'ladrão'" no verbete "ladra" na próxima edição do *PVOLP*, para dirimir a dúvida suscitada pelo nosso diligente leitor.

Texto publicado no jornal *O Dia*, em 14/8/2011.

Nota

1   CÂMARA JR., Joaquim Mattoso. *Estrutura da língua portuguesa*, Editora Vozes: 1984, p. 79.

Emprego do pronome relativo *que*

Comentando a nossa leitora Aline que sempre ouviu dizer que uma das dificuldades do idioma é o correto emprego do pronome relativo *que*, pergunta-nos se não há maneira fácil de usá-lo competentemente. Começamos por dizer que o uso competente desse pronome não é exclusividade do português; ele exige a mesma atenção do usuário em todas as línguas que o possuem, porque, ao contrário da conjunção *que*, exerce função sintática na oração subordinada a que pertence. Esse cuidado que exige do usuário é que motiva a distinção do emprego do relativo na língua escrita — mais atenta às regras da gramática — e na língua falada, esta mais espontânea e mais livre, como veremos daqui a pouco. Na realidade, o problema não é tão grande quanto se pensa; basta que o usuário isole do contexto a oração subordinada em que aparece o pronome relativo e, em vez dele, recupere o antecedente a que o pronome se refere. Vejamos: *Ainda não li o livro que comprei ontem.* Vamos isolar a oração subordinada *que comprei ontem*. O pronome *que* tem como antecedente *livro*; logo *que comprei ontem* passa a *comprei o livro ontem*. Procedendo à análise sintática, verificamos que *livro* é o objeto direto do verbo *comprei*, cujo sujeito é *eu: eu comprei o livro ontem.* Como o objeto direto é um complemento verbal não introduzido por preposição, o pronome relativo *que* exerce essa função por ser representante de *livro* e não aparece precedido da preposição. Já se a frase fosse *Ainda não li o livro de que você gostou*, teríamos, com o isolamento da oração subordinada *de que você gostou: Você gostou do livro*, e agora *livro*, que corresponde ao pronome *que*, é complemento introduzido pela preposição *de: gostou do livro.* Assim, teremos: *Ainda não li o livro de que você gostou*, e não *que você gostou*, sem a preposição que acompanha o verbo *gostar: gosto do livro, de Aline, dos pais, do filme*, etc.

Por isso, pede a gramática que na língua padrão se construam assim as orações subordinadas com pronome relativo precedido da preposição requerida pelos respectivos verbos: *Não vi o filme a que você assistiu (Você assistiu ao filme). O vizinho levou os filhos para conhecer o colégio em que vão ser matriculados (Os filhos vão ser matriculados no colégio). Por aqui vai deixar de passar o ônibus em que viajo todos os dias (Eu viajo todos os dias no ônibus). Conhecemos hoje os colegas com que* [ou *com quem*] *minha irmã trabalhará (Minha irmã trabalhará com os colegas).*

Sabemos que o pronome relativo *que* pode ser substituído por *o (a) qual, os (as) quais: O filme a que* (ou *ao qual*) assistimos. *Os colegas com que* (ou *com os quais) minha irmã trabalhará.*

Quando o antecedente é uma pessoa, usa-se *que* ou *quem*, como vimos em *Conhecemos os colegas com que* (ou *com quem*) *minha irmã trabalhará.*

Na língua falada espontânea e despreocupada também se respeita a regência do verbo, só que a preposição não está junto do pronome relativo. Esse pronome *que* aparece sozinho, sem função sintática, e a preposição aparecerá antes de um pronome pessoal referente ao antecedente:

Ali vai o ônibus que eu sempre viajo nele (por *Ali vai o ônibus em que sempre viajo*). *Vi a professora que falei dela ontem* (por *Vi a professora de que* [ou *de quem*] *falei ontem.*

A língua escrita padrão não aceita tal maneira de usar o pronome relativo. A prática desse expediente fará que o usuário logo construa corretamente o pronome relativo quando regido da sua respectiva preposição.

Texto publicado no jornal *O Dia*, em 27/6/2010.

Para além da norma gramatical

No último domingo, comentávamos nesta coluna que, além da preocupação com o certo e o errado no uso da língua portuguesa para a comunicação de nossas ideias, devemos, sempre que for possível, atender aos recursos de expressividade que podemos tirar do material linguístico que o idioma põe à nossa disposição. Assim, comentávamos que, do ponto de vista de correção idiomática, tanto podemos empregar *Está na hora de a pessoa descansar*, quanto *Está na hora da pessoa descansar*. Mas as duas maneiras de construir as frases podem não ser indiferentes quanto aos efeitos de expressividade, isto é, efeitos estilísticos. A quem tem o sentimento de sua língua materna não passa despercebida a diferença entre *Está na hora de a pessoa descansar*, em que há intenção de pôr em relevo o sujeito da oração de infinitivo, e *Está na hora da pessoa descansar*, em que não ocorre motivação de ênfase. Talvez os exemplos de Vieira examinados sem muita atenção por Grivet, na sua *Nova gramática*, nos fossem elucidativos na depreensão de ênfase e de não ênfase do sujeito aos olhos e ouvidos dos assistentes dos sermões do grande estilista. Na tarefa de ampliar as potencialidades da educação linguística dos alunos não deve o professor limitar-se a indicar-lhes apenas os cuidados com a norma gramatical. Na leitura e comentário dos textos lidos em sala, deve ressaltar o aspecto estético e estilístico dos recursos fonéticos (sonoros), morfológicos, sintáticos e léxicos (vocabulares) de que se servem os escritores para uma efetiva e eficaz expressão de sua mensagem. A aula de gramática deve estender-se a uma aula de língua, de seus riquíssimos instrumentos. Neste particular, a leitura e comentário das páginas dos artistas da palavra, poetas e prosadores, são minas de lições sobre as virtualidades do idioma, e um extraordinário campo de experiência a ser surpreendido pelo leitor atento e inteligente. Será uma frustração para os alunos se a aula de língua portuguesa se resumir em classificar fonemas, palavras e orações, ou em se emparedar em listas mnemônicas de verbos e de regras ditatoriais de colocação de pronomes átonos ou do emprego da crase. A língua é um veículo de ideias e sentimentos dos falantes, que se manifestam através da gramática ou de recursos linguísticos oferecidos pela estilística. Comentando a saída de um livro notável de Rodrigues Lapa, *Estilística de língua portuguesa*, vindo à luz em 1945 e várias vezes reeditado em Portugal e no Brasil, assim se manifestou Lindley Cintra, ambos mestres admiráveis: "Rodrigues Lapa publicou um livro de uma qualidade raras vezes atingida entre nós; um livro que marca, de fato, uma nova orientação nos estudos filológicos em Portugal. Em oposição aos gramáticos tradicionais de vistas menos amplas, de cultura humanística menos viva, Rodrigues Lapa vê a língua como um teclado variadíssimo de valores expressivos, um meio admirável e respeitável de transmitir, nos seus diferentes matizes, o mundo interior, enfim, uma forma de criação espiritual que encontra nas necessidades espirituais de toda o ordem, que não nas regras dos gramáticos, a sua justificação". A tarefa, no início, pode parecer não ser fácil; mas, descoberta a chave do segredo, professores e alunos entrarão no maravilhoso caminho da vida da linguagem.

Texto publicado no jornal *O Dia*, em 6/3/2011.

O LÉXICO DA LÍNGUA E O FOLCLORE

Pergunta-nos um leitor se é válida a explicação da origem da nossa palavra "forró" pelo inglês "*for all*" para designar um tipo de baile popular. Essa etimologia deve ser rejeitada, graças ao estudo da história do nosso léxico.

A fonte primitiva seria o termo técnico de música francês "*faux-bourdon*" cuja integração no léxico galego-português se teria operado sob duas formas: uma, "fabordão" com dissimilação da primeira vogal, e já literalizada na época de Sá de Miranda, o mais tardar; outra, "fobordó" > "forbodó", de ressaibo popular, e daí tardiamente lexicografada sob a forma "degenerada" "forrobodó".

No que toca ao final -ó ou "forbodó" ou "forrobodó", lembra Piel que os galicismos entrados no português com este final correspondem a palavras francesas com a desinência -*eau* ("*bandeau*/ bandó") ou ainda à terminação -*on* ("*chignon*/chinó"), que vieram juntar-se ao filão de vocábulos castiços portugueses em -ó como "enxó", "filhó", "ilhó" cuja vogal final aberta corresponde ao sufixo diminutivo latino -*íola* com acentuação vulgar paroxítona no -*o*-.

Não foi só "forbodó" ou "forrobodó" que sofreu gradação semântica da acepção primitiva. "Fabordão" passou a associar-se à desentoação "com sensaborias monotônicas", conforme explica o nosso dicionarista Morais (1813), comentando um passo dos *Estrangeiros* de Sá de Miranda (século XVI). Assim, o termo serve para referir-se a "coisa enfadonha, sensaborona, em que se repisa sempre na mesma tecla, no mesmo bordão. Foi atendendo a essa noção que João Ribeiro, com jocosa ironia, deu a um livro seu o título de *O fabordão*.

Outra consulente nos pergunta se podemos explicar a presença da palavra "viúva" em expressões do tipo "o cofre da Viúva", é a Viúva que pagará as despesas, demandadas ou feitas por outrem', em alusão ao erário público, à Nação. Ainda não esgotamos as pesquisas para uma explicação geral. Como a Bíblia tem sido uma das mais férteis fontes de frases feitas, comparações e alusões correntes tanto na tradição erudita, como na popular, sabe-se que são muitas e diversificadas as referências a viúvas; mas há uma referente à doação de dinheiro, que pode ser — quem sabe? — a metáfora de onde viria a explicação para a presença da viúva doadora de dinheiro.

É a passagem narrada por Marcos 12, 41: "Jesus sentou-se defronte do cofre da esmola, e observava como o povo deitava dinheiro nele; muitos ricos depositavam grandes quantias. Chegando uma pobre viúva, lançou duas pequenas moedas no valor de apenas um quadrante [a menor moeda romana, de bem pouco valor]. E ele chamou os seus discípulos e disse-lhes: Em verdade vos digo, esta pobre viúva deitou mais do que todos os que lançaram no cofre; porque todos deitaram o que tinham em abundância; esta, porém, pôs, da sua indigência, tudo o que tinha para seu sustento." Contra esta nossa hipótese, a Bíblia fala de uma viúva pobre, e a nossa é rica, a ponto de garantir a gastança geral. Mas, além da alusão ao "cofre" e ao dinheiro, fala-se da riqueza esbanjada dos poderosos. Sabemos também que muitas alusões bíblicas nos chegaram, através dos séculos, nem sempre fiéis ao original, alteradas pelo princípio de que quem conta um conto acrescenta um ponto. De modo que se esvaziou a alusão à pobreza da viúva para prevalecer, em seu lugar, a viúva rica, cuja doação ao cofre foi, aos olhos de Jesus, de maior valor. Por tudo isso, se não topar com explicação melhor, ficamos com esta "enquanto o Brás é tesoureiro".

Texto publicado no jornal *O Dia*, em 3/7/2011.

Língua portuguesa, uma disciplina fora de moda

Nas preocupações da Academia Brasileira de Letras, avultam as questões relativas à cultura e à educação do povo e, aí, ganha relevo maior uma competente e bem orientada política da língua portuguesa como fundamento e instrumento da cultura nacional.

Se cabem às instituições de ensino o estudo, a pesquisa e a investigação da língua portuguesa em toda a sua dimensão histórica, cabe fundamentalmente à ABL a promoção dos meios e providências necessárias ao cultivo e florescimento da língua escrita padrão ou exemplar, como a entendemos, para efetivar os objetivos traçados pelos fundadores da Casa de Machado de Assis e que estão consagrados, como cláusulas pétreas, no art. 1.º dos nossos estatutos.

No tocante à cultura da língua nacional, a ABL tem cuidado da questão ortográfica e da elaboração no dicionário. Neste sentido, a Comissão de Lexicografia, sob a competente presidência de Eduardo Portella, está trabalhando na área de suas atribuições e de projetos paralelos. Há cem anos, quando se fundou a Casa de Machado de Assis, essas atividades eram suficientes. Mas hoje, com o privilégio das variedades linguísticas, a ABL está retomando, com medidas e ações efetivas, o compromisso da cultura da língua.

Para tanto, tomamos a iniciativa de propor a criação de uma nova coleção (que já foi aceita) — com o nome de Antônio de Morais Silva, destinada à publicação de obras de real mérito, originais ou reedições, sobre língua portuguesa, bem como um prêmio especial, com o nome de Silva Ramos, atribuído bienalmente a trabalho publicado relativo ao estudo da língua escrita padrão.

Com essas providências, como salientou recentemente o acadêmico e jurista Miguel Reale, a Academia legitima a sua importante posição central no cenário cultural do país.

Na ABL, nós reconhecemos que com o advento dos estudos linguísticos modernos introduzidos no Brasil no fim da primeira metade do século passado, se vem acentuando não só nos meios universitários, mas também nas propostas de política do idioma para o ensino fundamental e médio a ideia redutora de que o objeto de estudo e de atuação gramatical é a chamada língua falada "primária", espontânea e usual, por ser a manifestação natural do falar.

E dentro desta ótica, o estudo e a atuação da língua escrita, mormente na sua realização literária mais elaborada, resultariam de uma ação coercitiva do grupo social elitista.

O texto literário dos autores dos séculos XIX e XX foi substituído pelo texto jornalístico, pelas letras de músicas populares, pelas charges e cartuns e pelos textos verbais e não verbais da publicidade comercial. Privilegiou-se o uso, o discurso; deslocou-se também o eixo de preocupação da linguagem humana concretizada na língua para outros códigos de comunicação; saiu-se do sistema linguístico para o plano semiótico; passou-se, então, como seria esperado por natural, a falar mais sobre a língua, do que de língua, quer no âmbito das universidades, quer no âmbito de sala de aula para alunos do nível fundamental e médio.

Essa alteração de pedras no tabuleiro do xadrez linguístico veio mexer profundamente em certos princípios em que se assentavam os alicerces didático--pedagógicos da correção idiomática e, por consequência, as metas de política do idioma. O professor de língua, cuja tarefa se caracteriza por um ensino normativo, passa a ser desbancado pelo linguista que, na qualidade de pesquisador de como a língua funciona e não como deve funcionar, defende o moto "Deixe o seu idioma em paz!".

J. Mattoso Câmara Jr. (1904-1970), introdutor da Linguística Moderna no Brasil e em Portugal, já denunciara, na década de 1960, os malefícios resultantes da confusão dessas duas disciplinas corretas, mas independentes. Segundo ele, a gramática normativa tem o seu lugar e não se anula diante da gramática descritiva. Mas é um lugar à parte, imposto por injunções de ordem prática dentro da sociedade. É um erro profundamente perturbador misturar as duas disciplinas e, pior ainda, fazer linguística sincrônica com preocupações normativas.

Correto em língua é tudo o que é tradição fixada na comunidade, tudo o que é normal e usual em cada membro da comunidade com os outros dessa mesma comunidade. Esse conceito de correção, tanto no léxico como na gramática, tem vigência circunscrita: chamar o fruto da aboboreira de abóbora ou jerimum tem sua vigência territorial circunscrita ao Sul ou ao Norte e Nordeste do país, respectivamente. E no Sul a vigência da pronúncia *abóbora* está circunscrita ao regime formal, enquanto *abobra* está circunscrita ao regime informal e popular.

Na gramática, *eu lhe vi* tem sua vigência no registro informal e popular, pois não é a construção eleita para os textos de natureza cultural, social ou científica. Todas essas formas e construções são corretas no âmbito da dimensão histórica da língua, mas só algumas são eleitas como exemplares. Professores e gramáticos puristas continuam a exigir que se escreva e até que se fale no Brasil: "O livro de que eu gosto não estava na biblioteca"; "Vocês vão assistir a um filme maravilhoso"; "O garoto cujo pai conheci ontem é meu aluno"; "Eles se vão lavar/ ou vão lavar-se naquela pia".

Há dois anos, no cumprimento imperativo de suas disposições estatutárias, a ABL tomou a iniciativa de designar uma comissão constituída de cinco acadêmicos que se debruçaram carinhosamente sobre o nosso problema linguístico e emitiram um parecer a respeito.

Desse parecer resultou um documento oficial, talvez um dos raros documentos oficiais já emitidos pela Academia até agora, ao longo dos 107 anos de sua existência, que foi apresentado ao então ministro Cristovam Buarque, da Educação, definindo a sua atual posição na defesa da língua e da literatura nacionais. Elas são um patrimônio sagrado que, como herança, recebemos dos nossos fundadores e antecessores e que, como legado, devemos transmitir, forte e enriquecido, às nossas futuras gerações.

Texto publicado no *Jornal do Brasil*, em 24/11/2004.

A GRAMÁTICA DOS TERMOS ESTRANGEIROS NO PORTUGUÊS

Já está longe a época em que se supunha que um termo estrangeiro introduzido no português iria macular-lhe a pureza ou iria constituir-se num perigoso inimigo, pronto para quebrantar-lhe os dotes expressivos e a vitalidade. Hoje o estrangeirismo é visto como o resultado do intercâmbio cultural e comercial de nações, em que umas passam a outras o prestígio do seu saber científico e artístico ou da sua pujança industrial. Como diz com muita propriedade Said Ali, são empréstimos "que nunca se restituem; dívidas que jamais se resgatam, salvo com outro empréstimo. Na linguagem faz-se isso sem cerimônia. Não se propõe nem se pede. Tira-se".[1]

A adoção de um estrangeirismo abre diversas maneiras de sua assimilação ao léxico da língua que o recebe; essa assimilação pode levar o novo termo a adaptar-se integralmente ao sistema fonético e gramatical do idioma, como ocorreu com o francês *abat-jour* / port. abajur, como o inglês *beef* / port. bife e os plurais *abajures* e *bifes*. Em algumas épocas e por circunstâncias culturais e históricas, o estrangeirismo pode lado a lado continuar com sua vestimenta nativa ou adaptar-se à nova língua, como ocorre com *maillot* e maiô, por exemplo. Outras vezes, a adaptação é parcial, por guardar vestígio da língua de origem; é o caso do inglês *Pall Mall*, importado do francês, que se pronuncia /*pél mél*/.

Os estrangeirismos que se curvam ao sistema fonético e gramatical do novo idioma não oferecem problemas e, por isso deles nos não ocuparemos aqui. Todavia aqueles que passam a outras línguas ou são citados nestas com sua forma primitiva devem regular-se fonética e gramaticalmente pelas normas do idioma a que pertencem. É o caso, por exemplo, especialmente em linguagem e textos técnicos, dos latinismos *memorandum, curriculum*, cujos plurais serão a latina *memoranda, curricula*; poder-se-á optar, e na linguagem comum seria preferível, pelas adaptações ao vernáculo *memorando* e *currículo*, cujos plurais serão naturalmente *memorandos* e *currículos*.

Campus, tão usado no jargão universitário, terá, como plural, *campi*: o *campus*, os *campi*. Outros vocábulos comuns desse jargão: o grego *topos*, cujo plural é *topoi*, e o latino *corpus*, cujo plural é *corpora*, os *corpora* (proparoxítono).

Usado também em português é o alemão *lied*, substantivo masculino, lido /lid/, cujo plural se deve regular pela língua originária: os *lieder*. Algumas vezes foge-se a este princípio e pluraliza à portuguesa *lieds*, como fez José Lins do Rego neste lanço de *Gordos e magros* (1942): "Goethe ia ao povo para sentir a força dos *lieds*, a música que dorme na alma popular." Depois, em *Poesia e vida* (1945) o mesmo escritor trilhou a boa tradição do nosso idioma, que é, em casos tais, respeitar a gramática da língua estrangeira originária: "Destruindo Mozart, uma grande Alemanha desapareceria; a Alemanha dos *lieder*, dos violinos gemendo por debaixo das macieiras em flor [...]."

Leitmotiv (pron. *laitmotif*), masculino singular, deve fazer o plural *leitmotive*, pela prata da casa alemã.

Não é só a pluralização que há de chamar a nossa atenção no tocante aos nomes estrangeiros: especial cuidado há de merecer o gênero gramatical. Consoante a regra geral adotada pelas principais línguas de cultura, já referida aqui o masculino, na língua de origem, continua masculino na língua que recebe o estrangeiro; assim também com o feminino. Os neutros originários, no caso de adotados em português, passam a masculinos. O uso entre as pessoas de cultura é soberano, e, por isso, explica algumas exceções. É o caso da *errata*, neutro plural, latino, considerado hoje feminino singular no português. Aurélio parece colocar no mesmo uso *addenda* e *corrigenda* como singulares; mas a vestimenta do primeiro com dois *dd* e o ar técnico de ambos pediriam melhor o tratamento como plurais, se não quiséssemos, quanto ao primeiro, aportuguesar para *adenda*, este sim, singular e feminino. Também *appendix*, feminino da língua de Cícero e que no português, na língua comum, é empregado no masculino. O título de um pequeno trabalho gramatical *Appendix Probi* — tem sido usado no masculino, em obras de nossos romanistas (Serafim da Silva Neto, Theodoro Maurer) e como feminino (Silvio Elia).

Confetti já é italiano como plural de *confetto*, mas foi aportuguesado no singular *confete* (adaptação de *confetti*) e tem, como plural, *confetes*. Em Portugal usou-se a forma plural errônea *confétis*, felizmente suplantada por *confetes*; aquele seria um plural com *s* sobre um plural italiano.

Outro exemplo é o alemão *Blitz* ("investida rápida sobre alguém ou alguma coisa"), redução de *Blitzkrieg*, "guerra ou investida relâmpago", masculino em alemão e em línguas que o adotaram, como o italiano. No português, porém, o termo *Blitz* fixou-se no feminino: *a blitz*. O *Manual de redação e estilo* de O Globo recomenda o plural *Blitzes*, que é uma incoerência em relação a outras recomendações dessa mesma obra. Deveria o plural regular-se pelo alemão *Blitze*, se optarmos pela grafia *Blitz*. A nossa linguagem jornalística se tem apresentado como campeã na defesa dos direitos humanos e da luta pela identidade dos povos; em matéria de linguagem, todavia, deixa arrastar os seus andrajos subservientes ao peso do prestígio do inglês, *máxime* da América. A inteireza da nacionalidade começa pela defesa da língua materna, patrimônio de todos os cidadãos. No capítulo desses manuais jornalísticos dedicados aos termos de outros idiomas há de se fazer alguma revisão de doutrina.

Um grande mestre da filologia portuguesa, Leite de Vasconcelos, pôs a nu certo ensinamento de Cândido de Figueiredo, a respeito dessa matéria. Respondendo a alguém que, tendo de citar denominações de árvores em latim, não sabia como proceder, se *o quercus*, *o pinus*, *os quercus* ou *a quercus*, *as quercus*, já que tais substantivos em latim são femininos, assim prelecionou Cândido de Figueiredo:

> O processo mais seguro, a meu ver, é o dos que dizem [...] *o quercus alba*, *o pinus pinea* [...] a concordância não e aparente, é latente [...] *o* não concorda com *quercus* ou *pinus*, mas com outra palavra, que se subentende: *o quercus alba* quer dizer — *o carvalho*, que a botânica chama de *quercus alba; o pinus pinea* quer dizer — *o pinheiro*, que se conhece em botânica pelo nome de *pinus pinea*.

Com essa lição não concordou José Leite de Vasconcelos:

> Mas o objeto eu: e se, em vez de se traduzir *quercus* por "carvalho", se traduzisse por "carvalha", que é que se subentende? Melhor é, pois, dizermos com a concordância latina a *quercus*, a *pinus*, do mesmo modo que dizemos os *Portugaliae Monumenta Historica*. A regularmos pela regra do autor (...), como é que havíamos de tratar a última expressão? Empregar *a*, subentendendo "obra" ou empregar *o* subentendendo "trabalho"? Veem-se as incongruências. Vale mais seguir uma regra geral. Se há muitos nomes de plantas que se traduzem por nomes masculinos, como *buxus* "buxo", ou por masculino e feminino, como *quercus* "carvalho" e "carvalha", há outros que só se traduzem por femininos, como *malus* "macieira" ou maceira". Segundo preceito do articulista, tem que se dizer *o malus*; como porém "macieira" é feminino, com que há de concordar *o*"?[2]

O ensinamento de Leite de Vasconcelos atira-nos a atenção para os plurais neutros latinos terminados em *a*, que podem levar os poucos iniciados no idioma de Cícero a supor que se trata de nomes femininos. Como não temos em português o gênero neutro, senão vestígios, os substantivos desse tipo — nas línguas que conhecem, como o latim, o grego, o alemão, o inglês, por exemplo — devem ser tratados como se do masculino fossem. Já vimos *os corpora*, *os memoranda*; agora o mestre lusitano traz à baila os *Monumenta Portugaliae Historica*; lembramos aqui *os Acta Universitattis Conimbrigensis* e *Flos Sanctorum*.

Há também nesse domínio os chamados "falsos amigos", isto é, palavras estrangeiras aparentadas às portuguesas, que não só têm significado diferente, senão ainda em gênero distinto. Assim é que na mesma lição, Leite de Vasconcelos lembra o caso do francês *étude*, *banque* e *annales*, respectivamente, em português *estudo*, *banco* e *anais*, estes masculinos entre nós e femininos na língua de Racine. Daí, termos de dizer as *études et glanures de Littré* (filósofo e filólogo francês), a *Banque de France* e as *Annales maritimes* et *coloniales*, se não quisermos, para fugir às fatais ciladas linguísticas, contornar as dúvidas naturais por meio de circunlóquios do tipo "o livro de Littré que se intitula *Études et ganures* ou, sem artigo, Em *Études et glanures*, entre outras soluções.

Rui Barbosa, que foi, como sabemos, um estrênuo batalhador da boa vernaculidade, deixou-se levar por esses falsos amigos, curiosamente citando o mesmo livro de Émile Littré atrás lembrado, numa página da *Réplica*, obra em que defende a boa vernaculidade no *Código Civil Brasileiro*:

Nem ao menos aqueles neologismos tinham por si a prescrição adquisitiva, essa prescrição que nos falava Littré nos seus *Études et glanures*.³

Está muito longe da verdade quem supõe que tais problemas só existem no português e na cabeça dos que nada têm que fazer nesta vida. Lá fora não é outra a preocupação dos que estudam seriamente seu idioma. É o caso, por exemplo, de dois excelentes mestres universitários italianos de renome internacional, Giorgio Pasquali — notável filólogo clássico, já falecido — e Tristano Bolelli — filólogo e linguista, catedrático da Universidade de Pisa — que se têm preocupado em mostrar aos falantes da língua de Dante o melhor modo de proceder e, diga-se a bem da verdade suas lições não diferem da nossa tradição, ressalvados, naturalmente, os casos em que um idioma se diferencia do outro, como é a questão do plural de nomes ingleses com *s* final (*films, clubs, leaders,* etc.), morfema que o italiano não conhece com a função de pluralizador (Bolelli, nos seus livros dirigidos ao grande público da Itália, recomenda deixar invariável o substantivo inglês e só indicar a flexão numérica por meio do artigo: *il bar, i bar,* à semelhança do que já se faz, vernaculamente, com *il vaglia, i vaglia, la tesi, le tesi*).

A questão se complica se se trata de línguas cujo conhecimento ou estudo é mais raro na comunidade; é o caso, por exemplo, do alemão. Quando isso acontece, a regra do usuário não conhecedor desse idioma é orientar-se pela analogia, isto é, pelas particularidades gramaticais do correspondente vernáculo. Assim é que Giorgio Pasquali (*Conversazioni sulla nostra lingua*, Torino, Edizioni Radio Italiana, 1953 e *Lingua nuova e antiqua*, Firenze, Le Monnier, 1964) condena a prática de empregarem os jornais italianos *La Ballplatz* ou *il Postdamer Brücke*, porque se diz no seu idioma *la piazza* (feminino) e *il ponte* (masculino), quando no alemão, *Platz* é do gênero masculino e *Brücke*, feminino.

Manda o bom senso que os profissionais que lidam com títulos estrangeiros atentem para a prática dos que conhecem tais idiomas ou, na falta do exemplo, para dar regra e compasso da boa norma, que consultem os manuais de gramática e dicionários compostos exatamente para serem consultados. Nos estudos de língua e de filologia portuguesa são muitos os lusitanistas e brasilianistas que escreveram em seus idiomas; de modo que devemos estar atentos às suas gramáticas para dizer corretamente, à latina as *Leges et Consuetudines*, os *Diplomata et Chartae*, o *Corpus Inscriptionum*; à francesa, os *Mélanges*, a *Esquisse*; à castelhana, o *Homenaje*, os *Orígenes*; à alemã, os *Abhandlungen*, os *Bausteine*, o *Sprachatz*, os *Jharesberiche*, os *Studien*, as *Randglossen*, o *Beitrag*, a *Zeitschrift*, e tantos outros.

O inglês, com seu artigo definido imobilizado *the*, indistinto à flexão de gênero e número, não fica atrás em dificuldades para o falante cuja língua — como o português — ostenta formas diferentes para tais flexões: *o, a, os, as*. Nessa língua *ship* "navio" contraria o paradigma inanimado dos neutros para ser tratado como um nome feminino. O termo técnico de fonética, *glide* (pron. *glaid*) — que aí serve a mais de uma aplicação — é masculino, *o glide*, plural *os glides*, e não feminino, como às vezes usam certos professores menos informados.

Outras palavras inglesas às vezes correm no português com sua vestimenta nativa, e devemos, por isso, obedecer às regras de plural de sua gramática; assim *lady* (pron. *leidi*) faz *ladies*, *penny* faz *pennies* ou *pence*, *dandy* faz *dandies* e *sportsman* faz *sportsmen*.

Em literatura, principalmente, fala-se numa composição poética medieval conhecida pelo nome de *lai* que o francês (*laí*) tomou do celta. Podem-se usar como sinônimos tanto o singular *lai* como o plural *lais*. Dessarte, *lais* pode ser um vocábulo cuja forma não tem compromisso com a flexão de número, conforme acontece com *lápis* e *pires*: *o lápis, os lápis*. O plural *laises*, formado em conformidade com o singular *lais*, apontado como se fosse lição de Gonçalves Viana (ensinamento que assim não interpreto, porque suponho que *laises* é o plural de *lais*, termo náutico que se aplica a cada uma das extremidades da verga), o plural *laises*, repito, como denominação plural da composição poética, não é frequente. Se for usado, pode-se explicar como plural duplicado, à semelhança do que fazemos com *ilhoses* e *filhoses*, plurais dos já plurais *ilhós* e *filhós*.

Para terminar estas considerações em tom alegre, lembro que a conhecida festa denominada *Oktoberfest*, presença germânica no Brasil, pertence ao gênero neutro em alemão, e em português deve seguir a regra de os neutros estrangeiros serem tratados por masculinos entre nós; portanto, o Oktoberfest, e não a Oktoberfest.

Texto publicado no jornal *Mundo Português* e na revista *Na Ponta da Língua*, originalmente em duas partes: 1/10/1993 e 15/10/1993.

Notas

1   ALI, M. Said. *Dificuldades da língua portuguesa*, 5.ª ed, Livraria Acadêmica: 1957, p. 187.
2   VASCONCELOS, Carolina Michaëlis. *Lições de filologia portuguesa*, Revista de Portugal: 1946, p. 201-202.
3   LITTRÈ, Emílio. *Études et glanures* (p. 573 da 1.ª ed. ou p. 401 do volume II na ed. no padre Augusto Magne, Casa de Rui Barbosa, 1953).

A LINGUÍSTICA, A GRAMÁTICA ESCOLAR E O ENSINO DA LÍNGUA PORTUGUESA

A gramática tenta codificar e fixar o chamado uso idiomático. Dessa maneira, ela assume um papel originariamente *didático*. Entretanto, como ela pretende fixar esse mesmo uso, a gramática passa a ser *dogmática*, na medida em que se reveste da prerrogativa de ser uma gramática acadêmica ou de autoridade. E aí, ao agasalhar certos usos e ao repudiar outros, ela se vê na contingência de dar os porquês, de oferecer explicações: assim, aspira a ser científica. E é aí, nesse momento, que ela assume um terceiro papel, aquele que, pelos interesses teóricos, a faz aproximar-se, às vezes invadir e outras tantas confundir-se com a linguística.

Mas é claro que a gramática não se confunde com a linguística, tendo em vista os próprios objetivos. Enquanto a primeira, normativa, registra o uso idiomático da modalidade padrão, a segunda, como ciência, estuda a linguagem articulada nos seus polifacetados aspectos e realizações.

Podemos, com Wagner e Pinchon, dizer que o ensino dessa gramática normativa pertence mais à educação que à instrução: ele pretende mostrar ao falante como dizer isso e repelir aquilo para atender aos usos e seleções esperados de uma pessoa culta. É uma atitude modelar diante da língua, igual à que deve assumir ao se dirigir aos mais velhos ou ao sair de um elevador, por exemplo, entre outras "boas maneiras".

O ensino da gramática com intuitos eminentemente normativos tem-se aproveitado das teorias linguísticas dominantes.

No século passado predominaram na linguística as teorias histórico-evolutivas que, dentro de sala de aula, repercutiram, entre outros aspectos, na ideia de que o presente da língua se explicava pelo passado e que a fase atual do idioma resultava de uma "corrupção" de fase anterior. Daí nasceu o prestígio dos escritores lusitanos dos séculos XVI e XVII, e, como consequência, a ausência de autoridades brasileiras, exceção feita, rarissimamente, àquelas que entre nós refletiam o prestígio dos usos portugueses. A *Antologia nacional* de Fausto Barreto e Carlos de Laet (e mais ainda na primeira versão de Fausto Barreto e Vicente de Sousa) é bem um exemplo dessa fase da modalidade culta baseada em autoridades "clássicas".

Daí também a preocupação historicista de que se reveste a reforma do ensino de línguas, mormente da materna, que norteou o programa elaborado por Fausto Barreto, em 1897, e donde derivaram as gramáticas portuguesas escritas por brasileiros que fizeram época até os primeiros decênios do século XX quer entre nós, quer entre portugueses: João Ribeiro, Pacheco da Silva Júnior e Lameira de Andrade, Maximino Maciel, Alfredo Gomes, Ernesto Carneiro Ribeiro e, anterior, mais independente e defeituosa, Júlio Ribeiro.

O primeiro eco das modernas ideias linguísticas, inspirado exatamente em Ferdinand de Saussure, surgiu na década de 1920, com as gramáticas redigidas por M. Said Ali: curiosamente um renovador da gramaticografia portuguesa sem ter sido nunca professor da disciplina, pois que era catedrático de alemão do Colégio Militar e Colégio Pedro II, estudioso da geografia e adaptador de excelentes compêndios para o ensino do francês e do inglês.

O primeiro reflexo do ensinamento saussuriano na obra de Said Ali recaiu sobre a dicotomia *sincronia-diacronia*, perfeitamente explicável num momento em que a visão exclusiva historicista dominava a descrição e o ensino das línguas.

O *Curso de linguística geral* do mestre genial saíra, póstumo, em 1916 e já em 1919, no prefácio à 2.ª ed. das *Dificuldades da língua portuguesa*, Said Ali se referia à proveitosa introdução no estudo do português da lição de Saussure. Partindo do legítimo conceito de diacronia em Saussure, Said Ali ideou uma *Gramática do português histórico* (note-se que o mestre brasileiro, ainda tendo presente a lição do linguista genebrino, não usou a denominação *gramática histórica*, mesmo escrevendo um livro com intuitos de satisfazer ao programa oficial vigente à época, e só por este motivo aceitou a alteração proposta pelo editor para *Gramática histórica*, na 2.ª edição). Em vez de seguir o caminho em geral percorrido pelos manuais do gênero, *do latim ao português*, imaginou um estudo diacrônico do português arcaico ao português moderno, duas sincronias tão válidas quanto a anterior. A inovação não foi entendida pelos seus contemporâneos que, não só não lhe agasalharam o livro (teve apenas duas edições em vida do autor, sendo "redescoberto" só depois que os estudos linguísticos da década de 1960 vieram validar a iniciativa do genial mestre brasileiro), mas ainda lhe condenaram a ideia de escrever uma gramática histórica sem latim, chegando a atribuir a influências de amizade o 1.º prêmio Francisco Alves concedido à obra, em 1921.

Ainda na *Gramática secundária da língua portuguesa* procurou expurgar os defeitos de uma descrição que confundisse sincronia com diacronia, e sua preocupação foi em geral bem-sucedida, a ponto de sobre ela dizer Mattoso Câmara que se trata de uma "admirável síntese didática".

Mais modernarnente os compêndios gramaticais vieram, em parte, a beneficiar-se de outros ensinamentos presentes no *Curso de linguística geral* de Ferdinand de Saussure: caracterização dos valores opositivos dos fonemas, distinguindo-se, assim, a pertinência dos traços fonéticos como diferenciadores de vocábulos e as diversas realizações fonéticas geradoras de "variantes". *Grosso modo*, estavam os compêndios distinguindo *fonemas* de *sons*, *fonologia* de *fonética*. Entra aí a influência do Círculo linguístico de Praga, que, se não estou enganado, aparece pela primeira vez entre nós, na 2.ª edição da *Gramática portuguesa* (1945) do eminente mestre paulista Mário Pereira de Souza Lima.

A dicotomia *langue-parole* abriu para nós o campo fértil da estilística, e as gramáticas mais recentes puderam distinguir o uso idiomático do recurso estilístico, aquele selecionado pela norma vigente na comunidade, este inédito, episódico, quase individual, a serviço de um intuito estético. Pôde o gramático compreender que estilística não se confunde com gramática e, se aquela aparece inserida num compêndio gramatical, é porque este, verdadeira gaveta de sapateiro, por erro de tradição, encerra algumas disciplinas que, a rigor, não lhe dizem respeito, como, por exemplo, a versificação.

A seguir, o estruturalismo americano nos pôs luz a alguns problemas de análise mórfica, e assim puderam os compêndios gramaticais de língua portuguesa distinguir *derivação* de *flexão* (mormente na descrição do gênero nos nomes), a conceituação da *parassíntese* e do *hibridismo* (este ainda numa flagrante confusão entre sincronia e diacronia), o problema das vogais *temáticas* e das *desinências* de gênero (*livro/aluno* em oposição a *zero/aluna*), a descrição mórfica do verbo (*amaria* composto dos dois verbos *amar + hia* ou forma simples constituída dos morfemas *am-a-ria*, tomada *-ria* como desinência modo-temporal de futuro do pretérito do indicativo), e tantos outros fatos.

Não pautado por simples xenofobia (como, por exemplo, o caso de Macedo Soares), mas com preocupações de alicerçar-se em bases linguísticas já alguns autores, como Said Ali, tinham mostrado que a língua portuguesa podia admitir uma norma portuguesa e outra brasileira, ambas igualmente válidas. Assim, estudava-se, por exemplo, a colocação dos pronomes pessoais objetivos. Essa linha de ação ensejou a que Sousa da Silveira enfatizasse a exemplificação de suas *Lições de português* com brasileiros dos dois últimos séculos, abrindo definitivamente a possibilidade de análise linguística em *corpus* até então descurado.

Outra renovação que a gramática escolar hauriu na linguística, mais precisamente na sociolinguística, foi a certeza de que a língua comporta, além dos dialetos regionais (ou variedades diatópicas), os dialetos sociais (ou variedades diastráticas), de modo que não se pode pensar que a realização idiomática só se faça ou só se possa fazer na modalidade culta, postergando de todo a modalidade coloquial, a língua transmitida de pais a filhos. Fez-se, ainda, a diferença entre língua escrita e língua oral, e prestou-se atenção a que a língua literária se pauta eminentemente pela utilização dos recursos idiomáticos para fins estéticos.

A gramática gerativa e transformacional se preocupou em reformular, entre outras coisas, o estudo da sintaxe, mas até agora foram poucos ou nenhuns os resultados de sua influência aproveitados pela gramática escolar.

Ultimamente, alguns teóricos da linguagem, como Eugenio Conseriu, têm desenvolvido algumas pesquisas em questões que se mostram bastante aproveitáveis para uma melhor descrição da língua, refletindo-se, destarte, na construção da gramática escolar. Desejo citar aqui o conceito de *língua funcional* como imperativo da análise linguística. Uma língua histórica — como a portuguesa, francesa, espanhola, etc. — não é bem um sistema linguístico, mas sim um diassistema, um conjunto mais ou menos complexo de "dialetos" (variedades diatópicas), de "níveis de língua" (variedades diastráticas) e de "estilos" (variedades diafásicas). Assim, não basta para uma perfeita descrição estrutural da língua encará-la enquanto técnica sincrônica do discurso, mas precisa ainda apresentar-se unitária e homogênea, vale dizer, ser um só dialeto (sintópica), num só nível (sinstrática) e num só estilo de língua (sinfática). Essa técnica linguística unitária e homogênea assim entendida é o que se pode chamar *língua funcional*. Como ensina Coseriu, o objeto "funcional" encontra aqui sua justificação porque somente essa língua entra efetivamente nos discursos. Só numa *língua funcional*, e não numa língua histórica em sua plenitude (por ser uma coleção de línguas funcionais) é que têm validade as oposições, estruturas e funções que se encontram numa tradição idiomática.

Partindo desse conceito de língua funcional, caberá à gramática normativa, levando-se em conta a política do idioma a ser adotada na escola, precisar que técnica linguística unitária homogênea caberá descrever em especial. Dizemos em especial, porque o que em geral ocorre é que todo falante, dentro de sua língua histórica, é "plurilíngue" ou "poliglota", isto é, ao lado de uma técnica que considera normal como sua, consegue distinguir "desvios" dessa técnica, que pertencem a outras línguas funcionais existentes na referida língua histórica considerada em sua plenitude.

A língua portuguesa admitirá, por exemplo, construções como "há fatos" / "têm fatos" / "houveram fatos" que se distribuem por línguas funcionais diferentes. Talvez na língua funcional que utilize "há fatos", também se registre a regência "chegar a casa", enquanto "chegar em casa" só apareça naquelas onde ocorre "têm fatos" ou "houveram fatos". E assim por diante.

De modo que a glotodidática não pode, sem uma análise mais profunda, adotar como *normais* na gramática escolar "desvios" da chamada língua padrão só pelo peso da sua frequência na chamada língua coloquial ou familiar.

Nos próximos anos, a gramática escolar deverá, com o auxílio da linguística, determinar que língua funcional seja objeto de sua descrição e que línguas funcionais servirão de confronto nos "desvios" a serem apontados aos seus leitores.

> Texto publicado na revista *Idioma 20*, Instituto de Letras da Uerj, transcrito do número 2, vol. 2, da *Revista Linguagem* (Niterói: Instituto de Letras/ UFF: 1979, p. 89-93).

Inovações sintáticas no português moderno

*A Eugenio Coseriu como
testemunho de amizade e de gratidão
aos ensinamentos recebidos.*

Uma das mais operativas distinções para a descrição linguística é a de **língua funcional**, conforme vem conceituada na obra densa de Eugenio Coseriu: uma língua homogênea delimitada dentro de uma língua histórica, vale dizer, um dialeto determinado, num determinado nível e num determinado estilo de língua. Realmente, a técnica sincrônica do discurso dentro de uma língua histórica não é de natureza unitária, pois apresenta esses três tipos de diferenças internas: **diatópicas, diastráticas e diafásicas**. De modo, como bem lembrou Coseriu, neste sentido:

> [...] una lengua histórica no es nunca un solo "sistema linguístico", sino un diasistema": un conjunto de "sistemas linguísticos", entre los que hay a cada paso coexistencia e interferencia.[1]

Essa distinção microscópica da língua enquanto realidade concreta e imediata no falar é a consequência teórica de outra macroscópica, iniciada por Ferdinand de Saussure, no momento em que estremou a técnica sincrônica da diacrônica, pois que a descrição que abrangesse os dois eixos seria inexequível:

> [...] aucun système n'est pas à cheval sur plusieurs époques à la fois.[2]

A esse passo juntou-se o de incorporar os conceitos de *estrutura* e *arquitetura* de língua, propostos por L. Flydal, compreendendo a primeira as oposições entre os fatos de uma mesma língua funcional (sistema linguístico), enquanto a segunda abarca as oposições entre as diversas línguas funcionais dentro de uma mesma língua histórica.

Desse modo, as observações que se vão fazer no presente artigo dizem respeito a línguas funcionais do português enquanto língua histórica, limitadas à variedade brasileira, especialmente da área carioca, e aí às modalidades padrão, familiar e popular que se distinguem entre os estratos socioculturais e entre os tipos de modalidades expressivas.

A língua funcional padrão falada e escrita continua fiel à distinção entre os pronomes "o" e "lhe", reservando o primeiro para exercer primordialmente a função de complemento direto (*Eu o vi*) e o segundo a de complemento indireto (*Eu lhe escrevo*).

Se a forma "lhe" é materialmente apta para entrar neste jogo opositivo, o mesmo não ocorre com a forma "o" (e o feminino "a"), porque, expostas à cadeia fonética, se apresentam em contextos que debilitam e lhe mascaram a forma, ameaçando com isso seu valor linguístico.

O testemunho dos textos de todas as épocas evidencia-nos a sua debilidade e nos permite prever e compreender os fatos a que hoje assistimos. Pospostos a vocábulos terminados em *-o* e *-a* (note-se que, em português, a série de finais vocálicos átonos se esgota com o acréscimo de *-e* a essas terminações), "o" e "a" em geral neles se embebem foneticamente, cabendo ao interlocutor subentendê-los, quando necessário. Para ficarmos num só texto medieval, basta assinalar aqui o comentário aos exemplos colhidos por Richard D. Abraham na sua edição da *Vida de Barlaão e Josafate*:

> The pronoun *o* is assimilated to either the initial or final *o* or *u* of the following words: *bautizou* (9 vo, 14), *ouue de bauptizar* (9 vo, 10), *mandou tomar* (16 ro, 17), *nõ pode achar* (13 vo, 22), *começou de tentar* (24 ro, 13), cf. *começou deo tentar* (34 vo, 26), *como achara* (18 vo, 21), *cobrio* (31 vo, 4), *beenzeo* (36 ro, 26). This assimilation was probably leading to the widespread omission of the object pronoun which is characteristic of popular speech today. Vid. the omission of the pronoun object of *ne qujs leyxar* (16 vo, 6) and *desperaua de trazer* (18 vo, 11).[3]

Alguns problemas de ecdótica d'*Os Lusíadas* parecem encontrar nesta ocorrência fonética melhor explicação do que resolver a questão simplistamente, considerando o caso como gralha tipográfica.

A frequência desse embebimento fonético é tão acentuada, que já houve quem tentasse por ele explicar a omissão do pronome objetivo direto junto a seu respectivo verbo, ou, pelo menos, encontrar aí o germe dessa prática do português. Assim é que é hoje corrente, em determinadas modalidades do português do Brasil (familiar e popular, por exemplo) uma construção do tipo:

*Se você deseja o livro, compre (= compre-**o**). Deseja o livro? Então compre (= **o** compre).*

Embora essa prática deva ter trazido um pouco da sua contribuição para a ausência do pronome complemento verbal, entendo que o fato melhor se justifique por um fenômeno de linguagem, **eco**, continuando a prática antiquíssima de se retomar o enunciado anterior, contentando-se o falante com expressar-se através do verbo empregado de forma geral, como ocorre, por exemplo, nas respostas a perguntas de sim-ou-não:

Você vai ao cinema? — Vou. Você quer o livro? — Quero.

Se a presença do pronome objetivo "o" estava e está ameaçada por esses contextos, quando aparecia encliticamente, não menos precária era, e é, a sua situação ao preceder vocábulos começados por *o-* e *a-*, incluindo-se neste último caso a preposição "a". Assim é que há passos de textos literários também explicados como falhas tipográficas e que se podem incluir no tipo de solução que aqui apresentamos. Está neste caso o último verso da estrofe 41 do canto IV d'*Os Lusíadas*:

> Muitos também do vulgo vil sem nome
> Vão, e também dos nobres, ao profundo,
> Onde o Trifauce Cão perpétua fome
> Tem das almas que passam deste mundo.
> E porque mais aqui se amanse e dome
> A soberba do imigo furibundo,
> A sublime bandeira castelhana
> Foi derribada ***os*** pés da lusitana.

Embora alguns editores considerem que o original "os" seja um "provavelmente lapso tipográfico", estou em que a razão é dos que explicam "os" por "òs" (aberto) e este como redução de "aos", introdutor do adjunto adverbial de lugar "aos pés da bandeira lusitana".

No seguinte passo também d'*Os Lusíadas*, entendo que o verso terceiro da estrofe 74 do canto IX está rigorosamente correto, do ponto de vista gramatical e métrico:

> Qual cão de caçador, sagaz e ardido
> Usado a tomar na água a ave ferida,
> *Vendo* rosto o férreo cano erguido
> Para a garcenha ou pata conhecida,
> Antes que soe o estouro, mal sofrido
> Salta n'água e da presa não duvida,
> Nadando vai latindo: assim o mancebo
> Remete à que não era irmã de Febo.

Temos aqui o "o" por "ò" [= ao] embebido no final de *vendo*: *vendo / vendo o / vendo ò / vendo ao*, reunidos, assim, dois fenômenos fonéticos que atestam a debilidade material da forma "o/a" para exercer as funções linguísticas que o português lhe confere.

Os editores do poema camoniano consideram que a estança apresenta erro tipográfico, e por isso lhe restituem as formas prepositivas "ao" ou "no" e emendam o verso para: "Vendo *no* (ou *ao*) rosto o férreo cano erguido."

Tais deficiências do sistema linguístico iriam deflagar, sem dúvida, uma série de consequências a que hoje estamos assistindo, em outras línguas funcionais do português. Uma dessas consequências é o total desaparecimento da forma *o* como complemento objetivo, desbancado por forma materialmente inconfundível: *você* (quando aplicado à pessoa com quem se fala) e *ele* (referido à pessoa de quem se fala).

Destarte, à construção da língua funcional padrão

*Eu **o** vi no cinema*

corresponderá, na língua funcional familiar e popular:

*Eu vi **você** no cinema*
e

*Eu vi **ele** no cinema* (aqui se nota uma tenuíssima restrição por parte de alguns falantes de melhor instrução).

Retirado do jogo opositivo "*o* x *lhe*" representativo, respectivamente, das funções de objeto direto e indireto, a forma foi desbancada em parte por "lhe", que passou a assumir, além da missão de objeto indireto, a de direto, que cabia às formas "o/a".

Entretanto, a inovação da língua funcional familiar e popular não parou aí. A série "o/lhe" já apresentava uma deficiência expressiva porque não conseguia distinguir a pessoa com quem se fala e a de quem se fala, cabendo a indicações extralinguísticas dirimir a dúvida ou explicitar a mensagem. Em fatos como esse encontrarão os estudiosos da matéria bastante com que reforçar as oportunas apreciações de Eugenio Coseriu sobre neutralização e sincretismo, e, consequentemente, sobre os três níveis de unidade: *arquiunidade, unidade* e *hipounidade*.

Em vista dessa deficiência, a língua funcional familiar e popular especializou a forma "lhe" como pronome interlocutório para complemento verbal (indistintamente objetivo direto ou indireto) referido à pessoa com quem se fala:

*Eu **lhe** vi no cinema.*
*Eu **lhe** contei essas novidades.*

Destarte, temos de corrigir em parte a lição dos que afirmam *tout court* que a forma "lhe" assumiu as funções de objeto direto e indireto. Isso só ocorre em geral se o pronome é empregado para o nosso interlocutor.

A referência à pessoa de quem se fala traduz-se de duas maneiras diferentes, quando concretizada por pronome pessoal:

a) através da forma "ele" (familiar e popular):
   *Os inimigos cercaram **ele**.*
   *Contei **a ele** essas novidades.*
b) através das formas "o/a" modalidade familiar, principalmente escrita, onde a situação não permite esperar "ele/ela", quando se trata de complemento objetivo direto:
   *Os inimigos **o** cercaram.*

As gramáticas portuguesas destinadas a falantes nativos, preocupadas que estão com o registro dos fatos da língua padrão, nada nos dizem a respeito desse emprego do "lhe" como complemento único dos verbos transitivos diretos e indiretos aplicado à pessoa com quem se fala.

Nos livros para estrangeiros, principalmente os modernos em que se dá grande atenção aos fatos do português falado da modalidade familiar, aparecem referências a esse emprego, mas com a simples referência do "lhe" como objeto direto, sem aludirem à distinção entre a pessoa com quem se fala e à de quem se fala.

Assim é que o livro de Thomas, *The Syntax of Spoken Brazilian Portuguese,* comenta o assunto:

> Lhe *and* lhes *(pronounced* li *and* lis *in Brazil) are sometimes used as direct objects. This usage is felt as substandard, and is not a regular practice in any circles, but it is heard sporadically at most levels. It may be a result of confusion between direct and indirect objects, or it may be an attempt to find a direct object acceptable to literary Portuguese.*[4]

Paul Teyssier, no seu *Manuel de langue portugaise — Portugal / Brésil,* também registra:

> *Les pronoms atones* o, a, os, as *sont d'emploi plus limité au Brésil qu'au Portugal, ainsi que les formes contractées* lho(s), lha(s). *La langue parlée familière répugne à les utiliser. Ils sont parfois remplacés par* lhe *et* lhes, *qui de compléments indirects deviennent compléments d'object direct, ex. "nao veio ninguem lhe buscar" ("personne n'est venu vous chercher",* — J.L. do Rego — Doidinho, *p. 151).*[5]

Nos trabalhos sobre o português do Brasil há boas referências às construções aqui estudadas. Diz-nos Antenor Nascentes, sempre tão arguto em suas observações:

> Brasileirismo comum também, no Rio de Janeiro e em todo o país, é o emprego do pronome oblíquo *lhe* (*le,* na boca da classe inculta) na função de objeto direto, *não como pronome de terceira pessoa, mas sim como pronome interlocutório: Não le vi onte na praia. Vou le visitá amenhã.*

Esse emprego também é corrente em Goa.[6]

Mário Marroquim, no livro *A língua do Nordeste,* assinala:

> A dualidade das formas *lhe* e *o* para uma só relação gerou a confusão no seu emprego.
> A linguagem usual encontrou o remédio na especialização.
>
> *Lhe* passou a indicar a 2.ª pessoa e *o,* a 3.ª
> Eu ***lhe*** vi = eu vi você
> *Eu **o** vi* = eu vi ele.[7]

Acerca do "lhe" em função de objeto direto como fato herdado do português de outros tempos, cabe dizer que não devemos utilizar uma explicação simplista para abarcar usos que parecem proceder de fontes diferentes. Faltam-nos estudos aprofundados da regência verbal no português antigo para podermos afirmar com certeza se se trata do emprego de "lhe" como objeto direto ou se o verbo a que servia de complemento era, à época, indiferentemente transitivo direto e indireto. A própria aproximação que Nascentes faz do fenômeno entre nós com o destino do "le" em espanhol está a exigir pesquisa mais minuciosa.

Esse uso de "lhe" como pronome interlocutório junto a verbos transitivos diretos e indiretos não é de hoje. A referência mais antiga que dele encontro está no *Epítome* da gramática portuguesa que Antônio de Morais Silva apôs como introdução ao seu *Dicionário*, a partir da edição de 1813. Segundo suas declarações, o *Epítome* já estava pronto em 1802. E aí declara que é traço linguístico das colônias.

José de Alencar caracterizava seus personagens usando, entre outros recursos, hábitos de língua que denunciavam seu nível sociocultural. No romance *Senhora* (1875), por exemplo, põe na boca de D. Firmina:

> Mas você está hoje ainda mais bonita do que nos bailes. Nunca **lhe** vi assim. Aqui anda volta de algum segredinho![8]

No seguinte passo aparece usado por Nicota, irmã de Seixas:

> Não **lhe** acuso, mano. Alguém tem culpa de querer mais bem a uma pessoa do que a outra?[9]

Texto publicado na revista *Idioma*, Instituto de Letras da UERJ, ano VII, p.55-62, em 1998.

Notas

1 COSERIU, Eugenio. "Sistema, norma y habla", em *Teoría del lenguaje y lingüística general*, 3.ª ed., Madrid, Gredos: 1973, p. 119.
2 SAUSSURE, F. de. *Cours de linguistique gènérale*, Paris, BUP: 1949, p. 185.
3 ABRAHAM, R. D. *A Portuguese version of th life of Barlaam and Josaphat*, Paleographical edition and linguistic study, Philadelphia: 1938, p.47.
4 THOMAS, E. W. *The syntax of spoken Brazilian Portuguese*, Nashville: 1969, p. 100.
5 TEYSSIER, P. *Manuel de langue portugaise: Portugal-Brésil*, Paris: 1976, p. 88.
6 VASCONCELOS, José Leite de. *Esquisse d'une dialectologie portugaise*, 2.ª ed., Lisboa, Centro de Estudos Filológicos: 1970, p. 127-128.
7 MARROQUIM, M. *A língua do Nordeste: Alagoas e Pernambuco*, São Paulo: 1934, p. 183-184.
8 ALENCAR, José de. *Senhora*, Ed. crítica de J. C. Garbuglio, Francisco Alves, Rio de Janeiro: 1979, p. 14.
9 ALENCAR, José de. *Senhora*, Ed. crítica de J. C. Garbuglio, Francisco Alves, Rio de Janeiro: 1979, p. 29.

A LÍNGUA LITERÁRIA PORTUGUESA NO SÉCULO XVI: FATOS LINGUÍSTICOS CARACTERÍSTICOS

O presente estudo de J. Mattoso Câmara Jr. foi escrito especialmente para a excelente obra *Literatura no Brasil*, colaboração que foi substituída nas últimas edições da citada publicação de Afrânio Coutinho. Reproduzimos aqui o estudo de Mattoso Câmara em homenagem aos dois grandes mestres. Trata-se de substancioso capítulo sobre a transplantação da língua portuguesa para o Brasil e os sucessos por que ela passou neste novo solo americano.

Evanildo Bechara

Condições gerais

Na implantação de uma língua em novo ambiente físico e social há duas possibilidades extremas. Uma é a transferência para uma comunidade aloglota, que assim abandona o anterior idioma materno. Outra é a transferência, não apenas da língua, mas de um grande grupo dos seus sujeitos falantes, para uma região desabitada, ou habitada por uma população nativa que os invasores eliminam.

É certo que, em regra, não se verifica na prática, singelamente, o esquema teórico aqui formulado. No primeiro caso, há que levar em conta um núcleo de conquistadores, sob cuja pressão material, cultural ou política se processa a mudança. No segundo caso, se a nova região não era totalmente erma, fica frequentemente um resíduo de população nativa, que com o correr dos tempos se integra à nova situação e adota a língua e as demais instituições sociais dos invasores. Mas, num e noutro caso, continua ainda assim válido o contraste entre as duas possibilidades de ocorrência.

É por isso que não se pode associar a implantação do latim em províncias do Império Romano — digamos, particularmente, na Península Ibérica — com a implantação de certas línguas europeias — digamos, particularmente, o português — no ambiente americano. Ali, houve, preponderantemente, a adoção do latim pelos iberos aloglotas, de par secundariamente com a fixação entre eles de soldados e colonos latinos. Aqui, houve uma colonização portuguesa em massa, que desarraigou *in totum* e eliminou em grande parte os indígenas malgrado certa assimilação que afinal se verificou.

O aspecto da implantação do português no Brasil explica por que tivemos, de início, um língua literária pautada pela do Portugal coevo. A sociedade colonial considerava-se — e o era em princípio, abstração feita da necessária adaptação ao novo ambiente — um prolongamento da sociedade ultramarina. O seu ideal era reviver os padrões vigentes no reino.

Já para a língua popular as condições eram outras. A separação no espaço entre a população da colônia e a da metrópole favoreceu uma evolução linguística divergente. Acresce que com o encontro, em território americano, de sujeitos falantes de regiões diversas da mãe-pátria, cada um dos quais com o seu falar próprio, se realizou um intercurso, intenso e em condições inéditas, de variantes dialetais, conducente à nova distribuição e planificação linguística. Mesmo sem insistir em tal ou qual ação secundária das novas condições de vida física e social e de contato com os indígenas (e posteriormente com os negros africanos), é obvio que a língua popular brasileira tinha de diferençar-se inelutavelmente da de Portugal e, com o correr dos tempos, desenvolver um coloquialismo ou *sermo cotidianus* seu.

Criou-se assim um conflito com a língua literária, singelamente transplantada. Outro que se lhe acrescentou foi determinado pelo impacto do movimento pan-europeu do romantismo, que abalou a norma linguística clássica por força de novos ideais estéticos e novos impulsos de expressão. Em Portugal, neste segundo caso, a solução era relativamente fácil, porque bastava à literatura abeberar-se na língua coloquial viva. No Brasil, a situação era mais incerta e fluida, porque a escola e a tradição literária rebaixavam o nosso coloquialismo para o plano da língua popular, sentido como grosseiro e inestético. Faltava-nos a cristalização das formas vivas num sistema firme, coeso e socialmente prestigiado.

As atitudes dos escritores

Em princípio, o romantismo favorecia a integração da língua popular na literatura, e os nossos românticos sofreram uma atração nesse sentido. As suas decantadas "incorreções" não são apenas o resultado de um domínio imperfeito da norma literária; têm também um aspecto positivo, que é o impulso para a espontaneidade e para a libertação das peias convencionais, sob o signo de uma língua coloquial haurida nos primeiros anos da meninice e, pois, veículos naturais da exteriorização psíquica.

Casimiro de Abreu, entre os nossos grandes poetas românticos, caminhou longe nessa direção. Deixa-se levar, insensivelmente, para uma expressão baseada na língua cotidiana e em harmonia com o seu tema insistente da evocação dos anos da infância e do aconchego familiar. Castro Alves e Fagundes Varela elevam-se a um plano mais elaborado em virtude da estruturação mental das metáforas, das alusões mitológicas e históricas e de um vocabulário não raro inusual e erudito.

Outra é a solução de Gonçalves Dias, que tenta uma espécie de conúbio entre a língua coloquial brasileira e a língua clássica ou, melhor, arcaica (*cf. mi, hi, imigo*), ao mesmo tempo que introduz o elemento tupi na base do tema do indianismo, chegando a adotar uma frase feita tupi ("*Y-Juca-Pyrama*" — aquele que vai morrer) para título de um poema. Com ele se pode falar na existência de um "jargão poético": trata-se, com efeito, da combinação convencional, para fim literário, de três grupos heterogêneos de formas, vazados embora num conjunto harmonicamente expressivo.

Foi, porém, José de Alencar que, no quadro da nossa literatura do romantismo, tentou dotar o Brasil de uma língua literária, que fosse, ao mesmo tempo, espontaneamente viva, moderna e nobre. Empreende uma decidida depuração estética da fala cotidiana, guiando-se não só pelo sentimento linguístico, mas até, às vezes, pelo raciocínio gramatical, como testemunham as considerações anexas à *Diva*, à *Iracema* e às cinco cartas abertas a Joaquim Serra sob o título de "O nosso cancioneiro".[1]

Ao contrário de Gonçalves Dias; não ascende para isso ao passado. É anticlassicista, declara-o ele próprio, à maneira de Almeida Garrett em Portugal. Visa a um meio de expressão consentânea com a vida e o pensamento modernos, o que explica a sua atitude de simpatia em face dos galicismos e anglicismos. E acrescenta o elemento indígena, em parte por sedução estética e em parte por necessidade do assunto, mas, sobretudo pela impressão de que assim integraria melhor a língua literária no novo ambiente físico.

O arroubo da polêmica e o nativismo, exacerbado pela crítica de lusos e lusófilos, empanaram às vezes a clareza de uma concepção que se consubstancia nas suas seguintes palavras:

> A linguagem literária, escolhida, limitada e grave, não é por certo a linguagem cediça e comum, que se fala diariamente e basta para a rápida permuta das ideias: a primeira é uma arte, a segunda é simples mister. Mas essa diferença se dá unicamente na forma e expressão; na substância a linguagem há de ser a mesma, para que o escritor possa exprimir as ideias de seu tempo e o público possa compreender o livro que se lhe oferece.[2]

O romance realista-naturalista, que se sucedeu ao de Alencar, avançou mais francamente no sentido do afrancesamento da nossa língua literária. Em Raul Pompeia e Aluísio Azevedo aproximamo-no com desembaraço da língua literária francesa, especialmente no vocabulário e na sintaxe, como fazia concomitantemente Eça de Queirós em Portugal.

Há, porém, paralelamente, uma reação, que inicia um retorno à tradição clássica em maior ou menor grau. É um movimento discreto na poesia parnasiana e em Machado de Assis. Este aconselha aos nossos escritores a leitura dos clássicos e um ecletismo linguístico entre antigos e modernos para enriquecer o pecúlio comum[3]. Aquela procura pautar-se pelos ditames de gramáticos conservadores e fazer a aproximação, na base da tradição clássica, entre as línguas literárias de aquém e além-mar.

Com Rui Barbosa o movimento se intensifica e se torna marcha à ré, decidida, para as fontes clássicas.

Se no âmbito dos teoristas gramaticais Gonçalves Dias é louvado por Sotero dos Reis e a atitude romântica concorda com a de João Ribeiro na sua última fase e, mais especialmente, a de José de Alencar com os *Rascunhos* de Batista Caetano[4], Rui Barbosa tem a sua contraparte doutrinária nos ensinamentos de Mário Barreto. Ele próprio, aliás, se duplica em teorista da linguagem e em autoridade gramatical, quando, a propósito da redação do Código Civil, elabora a *Réplica* e entra em polêmica com Carneiro Ribeiro. Podemos dizer que com Rui Barbosa se consolida entre nós a escola tradicionalista e classicista em matéria de língua literária: rejeita-se a influência francesa e o substrato coloquial brasileiro, e faz-se dos exemplos dos clássicos a jurisprudência das normas linguísticas.

É uma jurisprudência um tanto fluida e especiosa, como testemunham as divergências entre Rui e Carneiro Ribeiro, entre Cândido de Figueiredo e Heráclito Graça. Isso decorre de certa incoerência linguística dos próprios clássicos, que não tiveram o rigorismo lógico nem o purismo gramatical a eles assim atribuídos. Acresce que a atitude rígida só foi possível em Rui Barbosa por causa da natureza especial da sua atividade literária, que não é a interpretação da vida ambiente, como no romance, nem a exteriorização anímica, como na poesia, mas uma formulação abstrata de princípios jurídicos e políticos através da dissertação e da oratória; só por isso se tornam esteticamente possíveis expressões como, na *Oração aos Moços* "dizer e redizer de não", calcada em Vieira.

Assim se explica ser ele mais admirado do que propriamente imitado na literatura brasileira, tomada em seu sentido amplo. A reação contra as incorreções da linguagem romântica se pauta muito mais por Machado de Assis, que por sua vez se apoia numa corrente de doutrinadores gramaticais hodiernos.

No polo oposto está a posição de Mário de Andrade (consubstanciada em *Macunaíma*, por exemplo), esforçando-se por criar uma língua literária em novas diretrizes, mediante a exploração em profundidade da língua popular e a sua racionalização e generalização sistemática.

Fatos linguísticos

Vale agora apreciar rapidamente alguns fatos linguísticos, que, mais debatidos entre hesitações e divergências, têm sido pontos nevrálgicos na consolidação da nossa língua literária.

A pronúncia, em que o "sotaque" brasileiro é tão distinto do de Portugal na base de muito menor subordinação da frase a sílabas fortes culminantes e da ausência de certas variantes vocálicas, como o *a* velarizado e o *e* neutro, só indireta e muito parcialmente aflora através da métrica e das rimas[5].

Entre os românticos, surpreendemos às vezes o tratamento de uma plosiva pós-vocálica como sílaba distinta, de acordo com a elocução popular (*adevogado*, *abissolutamente*); assim procede esporadicamente Gonçalves Dias com *admirar* e *observa*, feitos tetrassílabos com sílabas implícitas — di —, — bi —, como já ressaltou Sousa da Silveira[6].

Mas em regra a nossa ortoépia poética é a de um coloquialismo cuidado, em que se foge da evolução popular ao mesmo tempo em que do artificialismo da pronúncia alfabética, tão desajeitadamente imposta às vezes nas nossas escolas primárias. Desta última souberam fugir até os parnasianos, guardando em meio a tantos convencionalismos de concepção poética o senso agudo da língua viva[7].

Em referência à acentuação, nota-se uma decidida relutância a seguir passivamente os teoristas gramaticais no seu afã de recompô-la a todo o transe pelos princípios da quantidade latina e de rejeitar as analogias e a influência francesa, que tem deslocado o acento em muitas palavras de fundo "erudito" (*nacar, nenufar, exul,* oxítonos; *exodo, alacre, crisantemo,* paroxítonos; etc.).

No âmbito do vocabulário, defronta-se a língua literária com o acervo dos brasileirismos. Como os dicionários registram de preferência o uso do português europeu e servem no caso como um padrão da língua culta, o brasileirismo, de forma ou sentido, baixa com isso à condição de termo impróprio porque ainda não devidamente consignado. Mas essa situação hoje está praticamente superada pela iniciativa dos escritores, sobrepondo-se aos dicionaristas. Machado de Assis, por exemplo, emprega *cochilar* em poesia lírica de clima erudito, como é a tradução de "O corvo" de Edgar Poe, enquanto no romance *Quincas Borba* baseia intencionais efeitos estilísticos no brasileirismo "cachorro" em sua equivalência com "cão".

Outro problema de seleção vocabular é o que decorre dos neologismos: termos científicos, próprios da civilização moderna, novas derivações e composições de fundo português, estrangeirismos literalmente transcritos ou adaptados. Alguns escritores, e acima de todos Euclides da Cunha, souberam carrear o léxico científico para a língua literária com intuição estética e agudo senso de possibilidades, como quando, nos *Sertões*, se nos transmite a repugnância pela água que bebiam os sitiados, nela se ressaltando "o tóxico das ptomaínas e fosfato de cadáveres decompostos".

Os estrangeirismos, por sua vez, criam dificuldades, que nos são comuns com Portugal e resultam da nossa situação de povos culturalmente satélites, girando em torno de povos líderes da civilização ocidental. Neste particular, temos tido os puristas, faltos do senso das realidades, os que aceitam o estrangeirismo como necessidade inelutável e, até, os que avidamente o procuram sob a atração de um mestre ou de uma escola estrangeira.

A disciplina gramatical, em face da indisciplina do uso cotidiano, tem levantado certos problemas, que não são privativos nossos e aparecem também em Portugal: os estrangeirismos sintáticos, o abandono da impessoalidade de *haver* fora do indicativo presente (especialmente no pretérito imperfeito com frases do tipo — *haviam homens*), a incompreensão do *se* como pura partícula de apassivamento (donde construções como *aluga-se casas*, com *casas* sentido como objeto), a delimitação do emprego entre o infinitivo flexionado e o invariável (cf. em Gonçalves Dias: "possas tu... seres presa", "hão de os velhos servirem de escravos").

Mais diretamente nosso é o problema da colocação dos pronomes pessoais átonos antes ou depois do verbo. Os românticos seguiam a colocação praticamente livre do uso brasileiro, que favorece a próclise para efeito de ênfase quando o pronome adjunto se funde semanticamente no verbo (como é em regra o caso da partícula *se*) ou convém um proparoxítono solene ao ritmo da frase ou ao seu valor estilístico[8]. Machado de Assis e os parnasianos, ao contrário, preferiram dobrar-se à disciplina gramatical do português europeu, que rigidamente sistematiza a tendência do uso lusitano para fazer a posição do pronome átono depender da existência de pausa ou de certas partículas antes do verbo. Rui Barbosa, que se extremou nessa atitude, firmou uma tradição hoje difícil de vencer, mas que tem provocado não poucas perplexidades.

Um brasileirismo sintático que tem criado certa confusão é o do emprego do *em* para indicar contiguidade (*sentar na mesa*). A língua literária tende a evitá-lo. Chega a ultrapassar a meta, quando adota da nossa redação tabelioa a preposição *a*, em vez de *em*, para indicação de moradia, porque essa praxe dos nossos cartórios é, por ultracorreção provavelmente, um artificialismo em confronto com a língua viva de Portugal e do Brasil e com os modelos clássicos, que usam neste caso *em*. É curioso que Alencar, em "O nosso cancioneiro", defenda a regência com *a*, porque, com efeito, em regra se pauta, ao mesmo tempo em que aconselha *em* para a expressão da contiguidade de acordo com a nossa língua coloquial[9].

Ressalve-se, em conclusão deste rápido exame de fatos, que a atitude dominante dos escritores brasileiros é repelir como "erro" o que é sentido claramente como vulgarismo gramatical. Assim, a forma verbal indicativa para o imperativo — tão arraigada, embora mesmo na fala das classes brasileiras cultas — é banida em teoria, se bem que entre os românticos se tenha insinuado às vezes na prática.

Há uma delimitação bem firmada entre a língua literária e a popular: frases como — "seu Rodrigues, Manduca está lhe chamando", de Artur Azevedo, ou "ainda hoje deixei ele na quitanda", de Machado de Assis, só servem para caracterizar, em estilo direto, a fala coloquial popular. Em seu próprio nome, os nossos escritores refugam o emprego de ele como objeto direto ou o de *lhe* como forma oblíqua geral de *você* ou *senhor*, conquanto esses traços sejam menos da língua popular do que da familiar *lato sensu*.

Cotejo com Portugal

Cabe agora aqui um cotejo final entre as línguas literárias de Portugal e do Brasil. Há entre elas fatores de convergência e outros de divergência.

Entre estes últimos está a diferenciação, que neste capítulo se focalizou e explicou de início, em matéria de língua cotidiana falada. É inegável que a forma literária tem de apoiar-se nesse substrato para não perder contato com a vida e o ambiente social. Nessas circunstâncias, é digna de atenção a tendência moderna para a democratização da literatura, na língua como no conteúdo, pois a base popular — em tantos aspectos distinta — do português do Brasil trará cada vez mais, com essa tendência, um fator apreciável de divergência entre os escritores de cá e os de lá, quanto à expressão formal.

Acresce que, desde o romantismo, a arte literária no mundo ocidental busca o particular, o pitoresco, o exótico, e, dentro de um grande país, assume às vezes um aspecto regional. Ora, a prosa ou a poesia do Brasil, posta em termos de linguagem gaúcha, caipira ou nordestina, será completamente outra da de Portugal, vazada no falar minhoto, alentejano ou algarvio.

Há finalmente um fator latente de divergência na própria psique dos dois povos irmãos. Portugal é um país velho, que vai buscar alimento espiritual no passado, onde se afirma a continuidade histórica, a inalterabilidade étnica e o amor-próprio nacional. O Brasil é, ao contrário, um país novo, que vive de esperanças e de sonhos do futuro, e a cada momento sente alterar-se a sua constituição étnica, social e política. Vimos do passado como o mineiro que sobe para a luz do sol, e o ideal de uma língua literária intangível não conseguiria ser entre nós um elemento da psicologia coletiva.

Entretanto, o conceito da intangibilidade do idioma é também apenas teórico na literatura portuguesa. Na prática, ela sofre com as brasileiras influências comuns, como prova, por exemplo, a coincidência dos galicismos em escritores de aquém e além-mar. Nem se pode esquecer os empréstimos mútuos que favorecem o intercâmbio literário entre os dois povos de língua fundamentalmente una, já que continuam coincidentes as linhas mestras do sistema fonético, do sistema gramatical e do acervo vocabular.

Persiste o sentimento da língua comum e a inteligibilidade espontânea da leitura, e, nessa base, as duas literaturas se interpenetram como o líquido de dois vasos comunicantes.

Não é provável, por outro lado, que se dê a cisão da estrutura linguística em futuro próximo, ou mesmo remoto. A atual situação se prolongará, talvez indefinidamente, para garantir às duas línguas literárias o caráter de variantes de uma unidade nata. O maior perigo de subversão desse estado de coisas não seria a decantada existência do elemento indígena e negro da sociedade brasileira, um e outro já a rigor assimilados culturalmente e, pois neutralizados como fermento de transformação radical; mas a imigração dos aloglotas no meio brasileiro, vindos da Europa e da Ásia. Ora, tudo indica que entre nós, como entre outros povos novos no mundo moderno, o núcleo tradicional da nação absorverá as levas imigrantes; a língua portuguesa se lhes imporá, justamente com os nossos outros padrões sociais.

> Texto publicado na revista *Confluência*, Liceu Literário Português, números 33/34, p.9-12, em 2007.

Notas

1. *O Globo*. Rio de Janeiro 7, 9, 10, 17, 30 dez. 1874. Sílvio Romero (*in Estudos sôbre a poesia popular no Brasil*. Rio de Janeiro, 1888, p. 164) dá desses artigos uma transcrição truncada. Estão agora transcritos, como toda a sua obra teórica, em José de Alencar. *Obra completa*. Rio de Janeiro, Editorial J. Aguilar: 1960, Vol. IV, p. 961.
2. *Diva*, "Pós-escrito", Edição revista por Mário de Alencar. Rio de Janeiro, Garnier (s. d.): p. 195-196.
3. In Instituto de nacionalidade (1873), repr. *in Crítica*.
4. B.C., i.e. Batista Caetano, *Rascunhos sobre a Gramática da língua portuguesa*. Rio de Janeiro: 1881.

5   Também aflora na hesitação sobre a colocação do acento gráfico (timbre aberto átono) da partícula *a*, quando se trata da preposição em crase com o artigo feminino; esse timbre, aberto em consequência da crase, só é sistemático em Portugal. No Brasil, a vogal assim contracta pode ficar com timbre fechado e, por outro lado, a preposição isolada ou em crase com o artigo pode ter tonicidade para efeito de ênfase, a fim de se distinguir melhor do artigo feminino isolado; isso levou Alencar a acentuar sempre a preposição isolada ou em crase. Hoje procura-se seguir ortodoxamente a praxe portuguesa, mas na base de um raciocínio gramatical (há contração ou não), sem o sentimento espontâneo do timbre aberto átono.

6   V. *Lições de português*, Rio de Janeiro: 1937, p. 352.

7   V. capítulo "A rima na poesia brasileira", *in* Mattoso Câmara Jr. *Para o estudo da fonêmica portuguesa*. Rio de Janeiro: 1953.

8   Pode-se, por exemplo, tirar da diversa colocação do pronome adjunto ao verbo a interpretação mais exata do espírito de dois trechos de Fagundes Varela: solene e majestoso, na enunciação de um desejo transcendente, o primeiro; e o segundo intimista e simples na descrição de um quadro de doloroso encanto: 1) "Por que não sou concha/ que volver-se na praia?" — 2) "E a trepadeira espinhosa/ que se enlaça caprichosa; à força do condenado." Mattoso Câmara Jr. *Contribuição à estilística portuguesa*. Rio de Janeiro: 1953, p. 100.

9   V. Mattoso Câmara Jr. "Um caso de regência", *in Miscelânea em honra de Manuel Said Ali*. Rio de Janeiro, 1939, e *in Revista de Cultura*. Rio de Janeiro: n. 211.

Uma visão tranquila e científica do novo Acordo Ortográfico

Antes do último equivocado decreto do governo, que prorrogou o prazo para total implementação do novo sistema ortográfico, o dia 1.º de janeiro de 2013 marcaria o início de sua plena obrigatoriedade. Pode-se dizer que muito antes deste prazo o Acordo já se achava completamente adotado entre nós, graças ao apoio decisivo da maior parte da imprensa escrita e televisiva nacional, das autoridades de ensino do país e do magistério de todos os graus, ressalvadas poucas vozes de resistência de pequeno grupo de especialistas, de escritores, de educadores e de jornalistas contrários a mudanças de hábitos ortográficos.

Muitas das vozes de resistência apresentam razões destituídas de qualquer fundamentação real. A primeira delas, compartilhada por vozes fora do país, argumentava que o Acordo de 1990 escondia um propósito de neocolonização por parte do Brasil, porque as bases ortográficas atendiam mais aos hábitos vigentes no nosso país do que aos hábitos vigentes entre portugueses e africanos. Pondo de lado o argumento de que o texto foi assinado sem restrição por representantes de sete nações soberanas, por mais superficial que seja a leitura das bases, percebe-se que o Acordo mais se aproxima das normas estabelecidas pelo sistema de 1945, corrente entre portugueses e africanos, do que das estabelecidas pelo sistema de 1943, oficial somente no Brasil.

Outra argumentação infundada apegava-se ao fato de o Brasil, pela Academia Brasileira de Letras, ter publicado a 5.ª edição do seu *Vocabulário ortográfico* (*VOLP*) antes de as nações envolvidas, signatárias do texto oficial, terem publicado o vocabulário ortográfico comum de que fala o Art.2.º do supracitado texto. Deve-se o argumento mais a confundir as partes e menos a uma leitura inadvertida, porque o Art. 2.º não trata do léxico comum, mas sim do léxico das terminologias técnicas e científicas, antigo desejo de acadêmicos lusitanos da unificação da nomenclatura técnica que corre diversificada entre o domínio linguístico das nações de língua oficial portuguesa. Leiamos o Art.2.º e tiremos nossas conclusões:

> Art. 2.º Os Estados signatários tomarão, através das instituições e órgãos competentes, as providências necessárias com vista à elaboração, até 1.º de janeiro de 1993, de um vocabulário ortográfico comum da língua portuguesa, tão completo quanto desejável e tão normalizador quanto possível, no que se refere às terminologias científicas e técnicas.

A restrição final traduz inequivocamente a intenção dos signatários, não dando nenhuma margem de discussão, neste particular, à pretendida leitura dos adversários da implementação do Acordo. Na oportunidade, cabe lembrar que a preocupação terminológica já estava esboçada no texto que orientou a reforma ortográfica portuguesa de 1945. A normalização da terminologia técnica e científica é tarefa gigantesca e difícil, prenunciada na cautela da redação do Art.2.º "tão completo quanto desejável" e "tão normalizador quanto possível". E, de fato, evidenciou-se a magnanimidade da tarefa, que levou os signatários a desistir do prazo inicialmente proposto em 1990, para concluir a obra: "Até 1º de janeiro de 1993."

Um terceiro subterfúgio alegado pelos inimigos da implementação do Acordo elaborado pela ABL no seu *VOLP* é que este se afastava do texto oficial de 1990, e ditava normas próprias, inexistentes nas bases. O que não observaram os críticos do *VOLP* foi que o texto de 1990, além de algumas outras novidades, só trazia à discussão para acordo de unificação os pontos em que divergiam entre si as normas dos sistemas de 1943 (brasileiro) e de 1945 (português). O que nesses sistemas era comum não vinha à baila para discussão por motivos óbvios, porque já estavam unificados. Basta recorrer a seus pontos comuns nos dois sistemas para perceber e justificar a sua ausência no texto oficial de 1990, mas em plena vigência, e já observados esses pontos nos vocabulários e dicionários, como foi, por exemplo, o caso do prefixo *re* seguido de palavra começada por *e*: *reedição*, *reeleger*, etc.

Às vezes, trata-se de um evidente engano do texto de 1990, que, repetindo uma lição do texto de 1945, contraria nova lição assumida no texto de 1990; é o caso do debatido prefixo *co-* em *co-herdeiro*, quando o texto de 1990 propõe "em geral" a aglutinação deste prefixo (Base XVI, 1.º, b) e obs.). Numa proposta de unificação, firmemente defendida no texto de 1990, não há razão para se usar aglutinado *coabitar* ao lado de *co-herdeiro* hifenado. Vale aqui lembrar que o *Vocabulário ortográfico e remissivo da língua portuguesa* que o notável ortógrafo lusitano Gonçalves Viana, editado em 1912, preparou para exemplificar a reforma de 1911, só registra *coerdar — coerdeiro*. A lição posterior, talvez devida a Rebelo Gonçalves, de atribuir ao prefixo *co-* o sentido de "a par' para justificar a não aglutinação de palavras como *co-herdar*, *co-herdeiro* e *co-autor*, opondo-se a grafias como *coabitar*, *coonestar* e *coeducação*, ofereceu grande dificuldade de aceitação pacífica, quando ao referido prefixo se atribui o sentido geral da copresença, isto é, onde houver a haverá necessariamente b. Assim também o *VOLP* rejeitou hífen com o advérbio *não* (*não aceitação*, *não legal*), porque até hoje nenhum sistema ortográfico oficial tratou deste caso em língua portuguesa, prática não generalizada, mas corrente por pura influência do francês ou do inglês.

Prosseguindo o capítulo das críticas infundadas, cabe lembrar aquela que acusa o Acordo de 1990 como ineficiente no seu propósito de unificação ao admitir duplas como, *bebê* (Br.) / *bebé* (Port.), *de fato* (Br.) / *de facto* (Port). Quem assim procede, labora em equívoco, por não alcançar o objeto da ortografia; ela se limita à grafia, à vestimenta gráfica da palavra, e não interfere nos fatos de língua, como nos exemplos citados, isto é, em fatos fonéticos. *Bebê* e *bebé*, *de fato* e *de facto* são fatos de língua, porque se trata de realidades linguísticas diferentes. Os portugueses empregam duas palavras diferentes que os dicionários registram em verbetes distintos: *fato* (= roupa) e *de facto* (= com efeito). São "variantes" fonéticas. Escrever *Egito* (Br.) e *Egipto* (Port) são apenas variantes gráficas, e não linguísticas, porque se pronunciam igualmente. Neste caso, o Acordo de 1990 recomenda o não uso da consoante inarticulada, ou muda, *Egito* em todos os domínios da língua portuguesa escrita. Esse, aliás, é o hábito de grafia mais importante de que portugueses e africanos terão de abrir mão, para alívio das crianças que começam a entrar no maravilhoso mundo da língua escrita.

No caso de *bebê* e *bebé*, temos duas variantes de língua, e não simplesmente de ortografia, como aconteceu com *Egito* e *Egipto*. *Bebê* e *bebé* são duas pronúncias de uma mesma palavra, dupla que a ortografia tem de registrar diferentemente, como faz com *accessível* e *acessível*. Se *bebé*, proferido com *e* aberto, é comum em Portugal, também ocorre, por exemplo, em algumas regiões nordestinas brasileiras.

Como dissemos no início destas linhas, não corresponde à verdade afirmar que o Acordo de 1990 atende mais aos hábitos ortográficos brasileiros vigentes desde 1943; por isso mesmo, o novo sistema já se mostra aqui plenamente implantado e obedecido. Quem fez tal declaração ou não leu o texto, ou quer escamotear a verdade com falsos argumentos.

Os brasileiros têm de abrir mão de vários hábitos ortográficos no domínio da acentuação gráfica, todas em razão de normas fixadas pelo Acordo de 1945, vigentes em Portugal. Deixaremos de marcar com acento agudo ou circunflexo, conforme o caso, desde que não contrarie princípios fixados anteriormente:

1) as vogais *i* e *u* tônicas dos paroxítonos quando precedidas de ditongo decrescente: *baiuca, maoista, cauila, feiura, feiudo*, etc. *Feíssimo* acentua-se, por ser proparoxítono, e *guaíba* por ter um ditongo crescente;
2) os ditongos abertos *ei* e *oi* dos paroxítonos: *assembleia, ideia, heroico, jiboia*, etc., mas não as oxítonas (*réis, anéis*), nem *Méier*, por terminar em r, com obediência à regra geral;
3) o encontro *oo*: *voo, enjoo, perdoo*, etc.;
4) o encontro *ee* das formas verbais plurais *veem, creem, leem, deem*;

A iniciativa de retirar o circunflexo de *voo, enjoo*, etc., veio aliviar o sistema de uma notação desnecessária, porque não há outra maneira de pronunciar tais palavras. Por sua vez, não usar circunflexo nas formas verbais *creem, leem* etc., vem corrigir um excesso desnecessário de acentuação gráfica: não há razão para usar circunflexo nesses plurais, pois tal prática nasceu por falsa analogia de plurais do tipo *eles têm, eles vêm, ele detém, eles detêm*, etc.

Abolimos, em consonância com o sistema de 1945, o acento diferencial obrigatório, exceto em *pôde* e *pôr*. Será facultado quando o contexto o exigir, especialmente nas oposições do tipo *forma/fôrma, sede/sêde*, etc.: "O poema é forma e não fôrma"; "O coração do cristão não tem sede nem sêde de vingança."

Reclama-se que a acentuação gráfica diferencial deveria abranger a forma verbal *para* do verbo *parar*, para distingui-la da preposição *para*, em contextos ambíguos do tipo: "O trânsito para Petrópolis." Tal cedência iria atribuir ao acento agudo (pára) a função diferencial, exclusiva do acento circunflexo, além de abrir a porta para outros contextos. O leitor terá de apelar nesses casos, como nos outros, para a correta interpretação.

No que toca à morfologia, o Acordo de 1990 veio disciplinar o emprego das vogais *e* e *i* antes de sílabas tônicas:

a) escrevem-se com *e*, e não com *i*, as palavras derivadas terminadas em *e* ou ditongo de sílaba tônica: *galeão* (de galé), *coreano* (de Coreia), *daomeano* (de Daomé), *guineense* (de Guiné);

b) escrevem-se com *i*, e não com *e*, as palavras derivadas mediante os sufixos — *iano* e *iense*: *açoriano* (de Açores), *acriano* (de Acre), *camoniano* (de Camões), *duriense* (de Douro), etc.

c) escrevem-se com as terminações — *io* e *ia* (átonos) os substantivos com variações ampliadas de outros substantivos terminados em vogal: *hástia* (de hasta), *réstia* (do antigo *veste*), *véstia* (de *veste*); em 1943, usavam-se *hástea* e *véstea*, com *e*, mas *réstia*, com *i*.

Uma decisão muito discutida do Acordo de 1990 para seguir o Acordo de 1945 foi a exclusão do trema. Surgiram até piadas gastronômicas por se comerem "linguiças" sem esse sinal gráfico nos menus e cardápios de restaurantes e pés-sujos. Houve cozinheiros mais espirituosos que ofereciam "linguiças sem trema", simples, distintas de "linguiças com trema", isto é, acompanhadas de outra iguaria.

Pondo de lado a brincadeira, foi sábia a decisão do Acordo de 1990, pois, no seu propósito de simplificação dos hábitos ortográficos para o homem comum, tirou a este a incumbência de decidir os casos de pronúncia obrigatória do *u* nos grupos *gue, gui, que, qui*, daqueles casos em que há facultatividade da pronúncia, e ainda daqueles casos em que, a rigor, é errada a pronúncia desse *u*. Isso porque o assunto encerra essas três possibilidades, e, ao exigir do homem comum usar ou não o trema, o leva a uma decisão nem sempre fácil. Assim é que temos palavras nas quais o u átono destes grupos é sempre proferido: *consanguíneo, equestre, sequência, lingueta, linguiça, pinguim, sequela*. Há outras palavras em que é facultativa a sua pronúncia: *antiguidade, equilátero, equivalência, líquido, liquidação, quíntuplo, bilíngue*. Em outras, não devia ser pronunciado, mas aparece com frequência: *questão, questionário, questionar, distinguir, extinguir, adquirir, inquérito*. Não exigir o emprego do trema tira a quem escreve a obrigação de decidir na escrita qual a melhor solução, que só virá, nas indecisões, com a consulta aos dicionários.

* * *

Uma difícil sistematização para o emprego do hífen, tarefa jamais cabalmente enfrentada pelas anteriores reformas ortográficas, encontrou no Acordo de 1990 o mais inteligente esforço de normatização, que cumpre ser apoiado para se chegar ao melhor resultado possível na complexa operação mental que efetiva o nascimento de uma *composição*, isto é, da junção de palavras de que resulte uma nova palavra semanticamente independente, ou de visível aderência de sentido.

A sutileza de que se reveste essa operação mental é o grande fator de perturbação no emprego ou não emprego do hífen nas línguas que optaram pela presença deste sinal gráfico para assinalar o nascimento da nova palavra composta. O movimento para encontrar uma sistematização racional e econômica partiu para estabelecer uma primeira divisão entre compostos constituídos de *formas livres* e *formas presas*, que integram, respectivamente, as Bases XV e XVI do Acordo de 1990, sem desrespeitar os desvios de exceção da tradição ortográfica comum aos sistemas luso-africanos de 1945 e brasileiro de 1943, que o tempo e a experiência se esforçarão por minorar ou mesmo desaparecer.

1) *Do hífen com formas livres*

A nomenclatura gramatical conceitua por forma *livre* aquela que funciona sozinha, livremente, no discurso; por exemplo, *novo* é uma forma livre; já *neo*, que significa também "novo", é uma forma *presa*, porque só aparece como componente de uma palavra composta, do tipo de *neogramático, neopolítico, neossimbolismo*. O Acordo dedica dois capítulos (Bases XV e XVI) ao emprego do hífen; o primeiro (XV), quando entram as formas livres, e o segundo (XVI), quando entram as formas presas, procedimento que, bem-vindo, trouxe racionalização das complicadas regras antigas deste sinal gráfico. O princípio geral da Base XV recomenda que se empregue o hífen nos compostos formados por substantivos, adjetivos, numerais e verbos não ligados ao 2º termo por elementos de ligação:

alcaide-mor	seu-vizinho	quebra-mar
mesa-redonda	norte-americano	porta-retrato
azul-escuro	primeiro-ministro	guarda-chuva
rega-bofe	segunda-feira	vaga-lume

Alguns compostos que a rigor estariam incluídos neste princípio geral já têm tradicionalmente fixada sua grafia sem hífen; o Acordo lembra *girassol, madressilva, pontapé, mandachuva, paraquedas, paraquedista*, ao qual a consulta aos dicionários brasileiros e portugueses nos faz acrescentar: *cantochão, catassol, claraboia, madrepérola, montepio, outrossim, passaporte, passatempo, rodapé, salsaparrilha, santelmo, varapau, valhacouto*. Em caso de dúvida, recorra-se ao dicionário.

O Acordo esqueceu-se de incluir neste primeiro princípio os compostos em que o termo inicial é um advérbio: *abaixo-assinado* (= documento), *assim-assim, ave-maria, salve-rainha, já-começa*, etc.

Se entre os dois termos aparece elemento de ligação, dispensar-se-á o hífen: *tenente-coronel*, mas *general de brigada*. Portanto, *água de cheiro, boi de mamão, cabeça de negro* (= bomba), *mesa de cabeceira, pé de boi* (= trabalhador), *pé de moleque* (= doce ou bolo), etc. O Acordo assinala como exceções: *água-de-colônia, arco-da-velha, cor-de-rosa, mais-que-perfeito, pé-de-meia* (= economia).

O 2º caso de emprego do hífen se dá com os nomes de lugares (topônimos) formados com os adjetivos *grã, grão*, ou com forma verbal ou com elementos que estejam ligados por artigo: *Grã-Bretanha, Grão-Pará; Abre-Campos, Passa-Quatro; Baía de Todos-os-Santos, Entre-os-Rios, Trás-os-Montes*.

Os outros topônimos compostos se escrevem separadamente sem hífen, tenham ou não elemento de separação: *América do Sul, Mato Grosso, Belo Horizonte, Cabo Verde, Freixo de Espada à Cinta*. Faz essa exceção *Guiné-Bissau*, fixado pela tradição, e *Timor-Leste*, pelo uso oficial no novo país independente.

Note-se que os gentílicos (isto é, que indicam o lugar de nascimento) compostos se escrevem com hífen: *belo-horizontino, mato-grossense, mato-grossense- -do-sul, juiz-forano*, etc.

Também se usa o hífen nos compostos com os adjetivos *grã, grão*, seguindo o 1º caso já assinalado, quando não entram em topônimos; *grã-cruz, grão-mestre*.

Um terceiro caso de emprego do hífen com formas livres é o que diz respeito aos compostos que designam espécies botânicas ou zoológicas, estejam ou não ligadas por preposição ou qualquer outro elemento: *abóbora-menina, couve-flor, feijão-verde, bênção-de-deus, erva-do-chá; cobra-capelo, bem-te-vi* (= pássaro).

Se o composto homógrafo não se aplica à espécie botânica ou zoológica, não ocorrerá o hífen: *bico-de-papagaio* (= planta) / *bico de papagaio* (= saliência óssea); *pé-de-cabra* (= planta) / *pé de cabra* (= alavanca).

Um quarto caso de emprego do hífen incluído na Base XV se dá quando o 1.º elemento está representado pelas formas *além, aquém, recém, bem* e *sem*:

além-Atlântico	recém-casado	bem-dito
além-fronteira	recém-nascido	bem-vindo
aquém-mar	bem-aventurado	sem-número
aquém-Pirineus	bem-estar	sem-cerimônia
recém-eleito	bem-humorado	sem-vergonha

Obs.: Em muitos compostos o advérbio *bem* aparece aglutinado ao segundo elemento, quer este tenha ou não vida à parte, quando o significado dos termos é alterado: *bem-dizer* (= dizer bem) / *bendizer* (= abençoar); *bem feito!* (interjeição) / *benfeito* (= benefício)

Também se usará hífen quando o 1.º termo é o advérbio *mal* que não se liga ao 2.º por qualquer elemento, e que ainda se inicia por vogal, *h* ou *l*: *mal-entendido, mal-estar, mal-humorado, mal-limpo*

Assim, não se usa hífen em: *malcriado, malditoso, malgrado, malsoante, malvisto, malmequer*, etc.

Obs.: Quando *mal* forma um substantivo composto com o significado de "doença", entra na regra geral, isto é, com hífen, quando não há elemento de ligação, e sem hífen, em caso contrário: *mal-francês* (= sífilis), *mal-caduco* (= epilepsia), mas *mal de Alzheimer, mal de gota*.

O Acordo esqueceu-se dos substantivos compostos formados com elementos repetidos, com ou sem alternância vocálica ou consonântica, do tipo de *blá-blá--blá, reco-reco, lenga-lenga, zum-zum, zás-trás, zigue-zague, pingue-pongue, tico-tico, tique-tique, trouxe-mouxe, xique-xique* (= chocalho, diferente de *xiquexique* 'planta' e Xiquexique, topônimo). Tais elementos, quase sempre sons de coisas ou vozes de animais, devem ser hifenados conforme a tradição ortográfica; mas não seus derivados: *lengalengar, ronronar, zunzunar*, por se ter neles esmaecida sua motivação onomatopeica.

Também não se usa hífen nas palavras reduplicativas da linguagem infantil: *babá, bumbum, titio, vovó, pipi, xixi*, etc.

A Base XV termina com um grande pesadelo para quem precisasse escrever unidades linguísticas integrantes de locuções. O princípio anterior obrigava a pessoa a distinguir semântica e gramaticalmente locuções homógrafas. Tomemos dois exemplos: *à-toa*, com hífen, quando significa 'sem valor', e vale por locução adjetiva (*questão à-toa, sujeito à-toa*), e *à toa*, sem hífen, quando significa 'inutilmente', e vale como uma locução adverbial (*trabalhou à toa*). Outro exemplo é *dia-a-dia*, com hífen, significando 'quotidiano' e valendo por substantivo (*meu dia-a-dia é agradável*), e *dia a dia*, sem hífen, quando significa 'diariamente' e é uma locução adverbial (*a criança cresce dia a dia*).

Partindo de que não se escrevem com hífen as locuções pronominais (*nós mesmos, quem quer que seja*, etc.), as verbais (*quero ver, tenho de dizer*, etc.), as prepositivas (*perto de, depois de, apesar de*, etc.), as conjuntivas (*logo que, enquanto que*, etc.), o Acordo, racional e coerentemente, aboliu o hífen em todas as locuções, ainda que possam apresentar diferenças de significado e de valor gramatical:

Substantivas: *fim de semana, fim de século, dia a dia, (quotidiano), calcanhar de aquiles*;

Adjetivas: *cor de açafrão, à toa* ('sem valor');

Pronominais: *cada um, ele próprio, quem quer que seja*;

Adverbiais: *à toa* ('inutilmente'), *dia a dia* ('diariamente'), *tão somente*;

Prepositivas: *abaixo de, por baixo de*;

Conjuntivas: *a fim de que, ao passo que*;

Interjectivas: *bem feito! Aqui d'el-rei!*

O Acordo abre exceção para os casos fixados pela tradição ortográfica: *água--de-colônia, arco-da-velha, cor-de-rosa, mais-que-perfeito, pé-de-meia*, como já vimos antes.

Por outro lado, embora delas não fale o Acordo, devem-se incluir na regra das locuções as do tipo *deus nos acuda, salve-se quem puder, faz de contas, disse me disse, maria vai com as outras, tomara que caia*, etc.

Também não serão hifenadas as locuções estrangeiras latinas: *ad immortalitatem, ad hoc, data venia, causa mortis, ex libris, habeas corpus*, etc.

2) *Do hífen com formas presas*

A) *Nas formas com prefixos*
1.º Emprega-se o hífen:
a) quando o 1.º elemento termina por vogal igual à que se inicia o 2.º elemento:

anti-infeccioso	electro-ótica	sobre-edificar
anti-inflamatório	entre-eixo	sobre-elevar
arqui-inteligente	infra-axilar	sobre-estadia
arqui-irmandade	micro-onda	sobre-estimar
auto-observação	neo-ortodoxa	sobre-exceder
contra-almirante	semi-interno	supra-auricular

Obs.1: Incluem-se neste princípio geral os prefixos terminados por vogal: *agro-* (= terra), *albi-, alfa-, ante-, anti-, ântero-, arqui-, auto-, bi-, beta-, bio-, contra-, electro-, euro-, ínfero-, infra-, íntero-, iso-, macro-, mega-, multi-, poli-, póstero-, pseudo-, súpero-, neuro-, orto-*, etc.

Obs.2: Nas formações com os prefixos *co-, pro-, pre-* e *re-*, estas aglutinam-se em geral com o segundo elemento mesmo quando iniciado por *o* ou *e*:

Coabitar	procônsul	preexistir
Coautor	proembrião	reedição
coedição	proeminente	reedificar
coerdeiro	prolepse	reelaborar
coobrigação	propor	reeleição
coocupante	preeleito	reeducação
coordenar	preembrião	reenovelar
cooperação	preeminência	reentrar
cooperar	preenchido	reescrita
coeminente	preesclerose	reeleição
coenzima	preestabelecer	reelegível

b) quando o 1.º elemento termina por consoante igual à que inicia o 2.º elemento:

ad-digital	sub-base
hiper-requintado	sub-bibliotecário
inter-resistente	super-revista

Adendo:
Formas como *abbevilliano, addisoniano, addisonismo, addisonista* se prendem a nomes próprios estrangeiros: *Abbeville, Addison.*

c) quando o 1.º elemento termina acentuado graficamente pós-, pré-, pró-:

pós-graduação	pré-história	pró-ativo
pós-tônico	pré-matinal	pró-europeu
pré-escolar	pró-africano	pró-ocidental

Adendo:
Pode haver, em certos usos, alternância entre pre- e pré-; neste último caso, usar-se-á o hífen: preembrião / pré-embrião, preesclerótico / pré-esclerótico.

d) quando o 1.º elemento termina por *m* ou *n* e o 2.º elemento começa por *vogal, h, m, n*:

circum-escolar	pan-africano	pan-mágico
circum-hospitalar	pan-americano	pan-negritude
circum-murado	pan-harmônico	pan-ortodoxo
circum-navegação	pan-hispânico	pan-ótico

e) quando o 1.º elemento é um dos prefixos *ex-* (anterioridade ou cessação), *sota-, soto-, vice-, vizo-*:

ex-almirante	sota-almirante	soto-capitães
ex-diretor	sota-capitão	soto-pôr
ex-esposa	sota-mestre	vice-presidente
ex-hospedeira	sota-vento (mas barlavento)	vice-reitor
ex-voto	soto-almirante	vizo-rei

Adendo:
Registre-se que não desaparece o acento gráfico de *pôr* em formas compostas como *soto-pôr.*

f) quando o 1.º elemento termina por *vogal, r* ou *b* e o 2.º elemento se inicia por *h*:

adeno-hipófise	arqui-hipérbole	giga-hertz
ante-histórico	auto-hipnose	semi-hemisférico

| anti-herói | extra-hepático | semi-histórico |
| anti-hemofílico | geo-história | sob-roda |

Obs.: Não se emprega o hífen com os prefixos *des-*, *an-* e *in-* quando o 2.º elemento perde o *h* inicial: *desumano, desumidificar; anistórico, anepático, anidrido; inábil, inumano*, etc. Reduzido a *a-* (de *an*) conserva-se o *h* inicial e usa-se hífen: *a-histórico*

Adendo:

Não se emprega o hífen com a palavra *não* e *quase* com função prefixal: *não agressão, não beligerante, não fumante, não periódico, não violência, não participação; quase solene, quase herói*, etc.

g) quando o 1.º elemento termina por *b* (ab-, ob-, sob-, sub-) ou *d* (ad-) e o 2.º elemento começa por *r*:

ad-referendar	ob-rogar	sub-réptil
ad-renal	sob-roda	sub-rogar
ab-rupto	sub-reitor	ab-reação

Obs.: *Adrenalina, adrenalite* e afins já são exceções consagradas pelo uso. *Abrupto* (sem hífen) é hoje mais usado que *ab-rupto* (com hífen).

2.º: Não se emprega o hífen:

a) quando o 1.º elemento termina por vogal e o 2.º elemento começa por vogal diferente, prática em geral já adotada para os termos técnicos e científicos:

aeroespacial	contraindicação	protoariano
agroindustrial	contraofensa	pseudoalucinação
anteaurora	extraescolar	pseudoepígrafe
antiaéreo	extraoficial	retroalimentação
autoajuda	extrauterino	retroiluminar
autoaprendizagem	hidroelétrico	semiárido
autoestrada	infraestrutura	sobreaquecer
coadministrar	infraordem	supraesofágico
coautor	intrauterino	supraocular
coeducação	neoafricano	ultraelevado
contraescritura	neoimperialismo	ultraestrutural
contraespionar	plurianual	pluriocular

b) quando o 1.º elemento termina por vogal e o 2.º elemento começa por *r* ou *s*, devendo essas consoantes duplicar-se, prática já generalizada em palavras deste tipo pertencentes aos domínios científico e técnico.

antessala	Eletrossiderúrgica	protossatélite
antirreligioso	extrarregular	pseudossigla
antissemita	infrarrenal	semirrígido
antissocial	infrassom	sobressaia
autorregulamentação	microssistema	suprarrenal
contrarregra	minissaia	ultrassonografia
contrassenha	neorrinoplastia	macroanálise
cosseno	Neorromano	multiangular

B) Nas formas com sufixo
Emprega-se o hífen apenas nos vocábulos terminados pelos sufixos de origem tupi-guarani *-açu, -guaçu, -mirim*, quando o 1.º elemento termina por vogal acentuada graficamente, ou quando a pronúncia exige a distinção gráfica dos dois elementos: *amoré-guaçu, anajá-mirim, andá-açu, capim-açu, Ceará-Mirim*.

* * *

Para concluir esta série de considerações em defesa do Acordo de 1990, vale a pena aludir a mais duas críticas muito frequentes nas entrevistas. A primeira delas atende à grande presença de acentos gráficos num sistema que se considera "simplificador". E logo a seguir, o crítico se refere, neste particular, à excelência da ortografia inglesa, que não usa acentos. O confronto é antigo entre nós, e sempre é lembrado com a chancela de Monteiro Lobato que, no livro *Emília no país da gramática*, declara textualmente, quase no final da obra, na reclamação da dama Ortografia contra o uso excessivo dos acentos no português:

> Sou contra isso: quanto menos acento houver numa língua, melhor. A língua inglesa, que é a mais rica de todas, não se utiliza de nenhum acento. Os ingleses são homens práticos. Não perdem tempo em enfeitar as palavras com bolostroquinhas dispensáveis.[1]

Na verdade, o inglês não usa acentos para marcar a sílaba tônica porque são pessoas práticas. Não o fazem porque no inglês, como noutras línguas (o latim clássico ou as línguas germânicas), a posição da sílaba tônica é estruturalmente determinada, fato que não ocorre no português.

A outra crítica diz respeito à pretensa inconstitucionalidade do ato do governo que impôs a obediência do novo sistema ortográfico a todos os usuários do idioma. A matéria ortográfica da língua portuguesa nunca se apresentou como de natureza plebiscitária. Sobre esse aspecto do problema, Fernando Pessoa, em lúcidas páginas que ficaram inéditas até pouco tempo, referiu-se ao fato de que a ortografia apresenta dois aspectos que precisam ser bem distinguidos. Um aspecto *cultural*, pelo qual a pessoa grafa as palavras de acordo com a sua cultura, ou como aprendeu nos bancos escolares. Isso dá o direito de opções variadas ao usuário, como fizeram, por exemplo, os escritores de todos os tempos. Todavia, o lado *social* da ortografia, em que o texto se destina a uma multidão de usuários, não deve oferecer espaço para essa pletora de grafias pessoais, cuja indisciplina irá dificultar a difusão do texto entre todos. Daí entra o papel do governo que, como indivíduo coletivo, tem de evitar a indisciplina. E é nesse momento que apela para a colaboração dos técnicos que se dedicam a estudos linguísticos e que, em geral, se encontram nas academias de letras e nas universidades. São essas duas instituições que fixam o aspecto social dos sistemas ortográficos. Já no prefácio da 1.ª ed. do poema *Camões*, em 1825, Almeida Garrett conclama governo e academia para a solução de uma ortografia uniformizada entre todos os usuários:

> Sobre ortografia (que é força cada um fazer a sua entre nós, porque não a temos), direi só que segui sempre a etimologia em razão composta com a pronúncia; que acentos só os pus onde sem eles a palavra se confundiria com outra; e que de boamente seguirei qualquer método mais acertado, apenas haja algum geral e racionável em português: o que tão fácil e simples seria se a nossa Academia e Governo em tão importante coisa se empenhassem.

Por tudo isso, a adoção do Acordo de 1990 seguiu o mesmo rito oficial começado na reforma de 1911, com o concurso do governo português e da Academia das Ciências de Lisboa.

Simpósio Internacional Linguístico-Ortográfico da Língua Portuguesa, Brasília, 10 a 13 de setembro de 2014.

Nota

1   LOBATO, Monteiro. *Emília no país da gramática*: 1955, p. 139.

Em tempo de ortografia e de bom senso

Aos 17 de dezembro de 1910, o chefe do Gabinete da Revisão encaminha ao seu superior hierárquico, Administrador da Imprensa Nacional de Lisboa, solicitação no sentido de providências cabíveis "relativamente à necessidade de se adotar nova ortografia uniforme nos trabalhos desta Imprensa e principalmente no *Diário do Governo*".

Dada a relevância da matéria, foi rápida a tramitação do processo pelos órgãos governamentais competentes, de tal modo que o Sr. Ministro do Interior, Dr. Antônio José de Almeida, a quem estava afeta a Direção Geral da Instrução Secundária, Superior e Especial, aos 15 de fevereiro de 1911 nomeava, por portaria, comissão de notáveis especialistas integrada por D. Carolina Michaëlis de Vasconcelos (1851-1925), Aniceto dos Reis Gonçalves Viana (1840-1914), Antônio Cândido de Figueiredo (1846-1925), Francisco Adolfo Coelho (1847-1919) e José Leite de Vasconcelos (1858-1941), "encarregada de fixar as bases da ortografia que deve ser adotada nas escolas e nos documentos e publicações oficiais, e bem assim de organizar uma lista ou vocabulário das palavras que possam oferecer qualquer dificuldade quanto à maneira como devem ser escritas".

Cabe aqui lembrar àqueles que não tiveram a oportunidade de ler as peças integrantes desse processo que o chefe do serviço de revisão acima aludido, Sr. José Antônio Dias Coelho, aproveitara a oportunidade para sugerir que a reforma a ser adotada poderia ser a preconizada no livro *Ortografia nacional*, do doutíssimo filólogo Gonçalves Viana, porquanto essa obra "tem o aplauso de todos os que modernamente se têm dedicado ao estudo profundo da ciência da linguagem; e a ortografia simplificada defendida naquele livro é já seguida por grande número de professores e escritores de valor, e adotada em muitos livros escolares, revistas, etc.".

Aos 16 de março seguinte, em atendimento manifestado pela Comissão nomeada no dia anterior, que assinalou a abertura da sessão inaugural, nova portaria do mesmo Ministro de Interior agregava como vogais à Comissão anterior outros notáveis especialistas: Antônio José Gonçalves Guimarães (1850-1919), Antônio Garcia Ribeiro de Vasconcelos (1860-1941), Augusto Epifânio da Silva Dias (1841-1916), que declinou o encargo, Júlio Moreira (1859-1932), José Joaquim Nunes (1854-1911) e Manuel Borges Grainha (1862-1925). Ficando a Comissão constituída por dez membros, com a saída de Epifânio Dias, acordou-se que, no caso em que, em acontecendo empate em qualquer questão posta em votação, caberia ao presidente da comissão eleito pelos seus pares o voto de minerva. Por proposta dos membros da Comissão, foi eleita presidente-honorária D. Carolina Michaëlis de Vasconcelos, e presidente da comissão Francisco Adolfo Coelho.

As reuniões semanais da comissão realizavam-se em Lisboa, a que nem todos os integrantes podiam comparecer, por motivos de distância dos que não moravam na Capital, e de compromissos outros; todavia, nesses casos, todos eram consultados, de tal maneira que, para integrar o relatório final, todas as decisões resultaram da ampla discussão, "por grande maioria ou por unanimidade dos votos dos indivíduos que a compõem".

Nas duas primeiras sessões "foi unânime o parecer de, seguindo-se uma tendência já manifestada no espírito público, se simplificarem as grafias correntes, entre si contraditórias, regularizando-as em obediência ao princípio capital da simplificação".

Por proposta do presidente, aprovada unanimemente, foi adotado como base para a discussão o *Questionário ortográfico* que Gonçalves Viana, anos atrás, apresentara à Academia das Ciências de Lisboa, posteriormente publicado, bem ampliado, com o título de *Ortografia nacional*, bem como o *Vocabulário ortográfico e ortoépico da língua portuguesa*, do mesmo autor.

O relatório final da comissão em que se propõe a regularização da ortografia, encaminhado ao Ministro do Interior com a data de 23 de agosto de 1911, é modelar por dois motivos:

> 1.º A Comissão nem por um momento perdeu de vista que a principal vantagem de nossa ortografia oficial é favorável ao ensino fácil da leitura e da escrita, tanto quanto num idioma secularmente literário o permita, tomando-se por base a história do idioma pátrio, para que ela se perpetue no futuro, como no passado até o presente perdurou, sempre idêntico a si próprio, apesar da sua inevitável evolução.
> 2.º Pelo seu testemunho de honestidade científica ao nos ensinar a respeitar a opinião de seus pares.

Os princípios científicos que nortearam as propostas de sistematização e simplificação de Gonçalves Viana passaram pelo crivo do bom senso de seus pares, e para as soluções mais ousadas, ainda que procedentes. Assim é que o parecer final da Comissão abre espaço para considerações deste teor:

> Poucas e de pequena importância relativa foram as modificações que a Comissão entendera conveniente que se fizessem no sistema ortográfico ali proposto e seguido, e essas foram adotadas para que ela ficasse mais em harmonia com modos de escrever que, conquanto menos consequentes, se tornaram já, a bem dizer, habituais; e tais modificações em preceitos, que o autor daquelas obras defendera com razões históricas cuja valia a Comissão reconheceu, tiveram por causa o considerar a Comissão que alguns deles eram em demasia prematuros, e um ou outro já extemporâneo, em virtude de usos ortográficos radicados e que se não devem considerar absolutamente como erros científicos.

Teve, pois a Comissão em atenção que a estranheza, que poderiam ocasionar no público certas inovações ou renovações gráficas, não viesse prejudicar a aceitação dos demais preceitos, que parecerão de todos exequíveis. O autor, membro da Comissão, concordou com todas essas modificações, e votou com a maioria da Comissão em todas elas.

A 1.º de setembro mandou o Governo da República Portuguesa, pelo Ministro do Interior, fazer acolher o parecer conclusivo da comissão que estabeleceu as bases para a regularização e simplificação da ortografia que deve ser adotada nas escolas e nos documentos e publicações oficiais, que o referido relatório seja publicado no *Diário do Governo*, e que se dê a relevância máxima de três anos, a contar da data da publicação desta portaria para a conservação das grafias usadas nos livros didáticos a fim de que não haja prejuízo de autores ou editoras.

Abro aqui um parêntese para referir-me a um ponto das resoluções aprovadas pela Comissão que mereceu de alguns membros certa relutância de aceitação pacífica, e que hoje é um pomo de discórdia entre os que criticam o Acordo de 1990: quero referir-me ao emprego diacrítico das consoantes não articuladas *C* e *P* para garantir o timbre aberto da vogal anterior, como nos vocábulos *director* e *adoptar* na pronúncia padrão dos portugueses. Infelizmente, não nos ficaram testemunhos daquelas discussões entre os membros da comissão, mas tudo nos indica não ter sido aceita pacificamente a estratégia gráfica idealizada por G. Viana para preservar o timbre aberto daquelas vogais, sabendo-se que a grafia de uma palavra pode, com o tempo, influir em nova pronúncia da referida palavra. Mas, como disse certa vez Amado Alonso em relação a preocupações futuras dessa natureza, não devemos crer que é o termômetro que dá origem ao calor. D. Carolina Michaëlis, em entrevista concedida ao jornal português *O Primeiro de Janeiro* de 14 a 18 de março de 1911, transcrita nas *Lições de filologia portuguesa* na *Revista Lusitana*, entre os poucos pontos do Parecer da Comissão de que discordava, estaria esse diacrítico das chamadas consoantes mudas, e ainda acrescentava que não adotando esta prática, salvo naturalmente nos casos de pronúncia facultativa, a Academia Brasileira de Letras é mais lógica do que a conservação recomendada por Gonçalves Viana.[1]

Em passagem anterior, reforça a lição: "Importa que Portugal e Brasil realizem simultaneamente e de modo idêntico à reforma planeada, escrevendo de aqui em diante da mesma maneira, racionalmente simplificada, todos os vocábulos de sua língua comum, *apesar do timbre diverso com que cá e lá se pronunciam as vogais tônicas e átonas*.[2]

O relatório final da comissão, redigido por G. Viana, foi fiel ao que resultou da discussão neste particular, considerando como excepcionalidade ao propósito de simplificação esse artifício gráfico do emprego das consoantes ditas mudas: "Com esta exceção aos princípios simplificadores que a Comissão observou no sistema ortográfico que compõem [...]."

A relutância dos companheiros de Gonçalves Viana ao artifício gráfico de se usar na escrita uma consoante não articulada, como hoje conhecemos, talvez tenha nascido pelo fato de tal artifício atender a razões bem diferentes: a integridade do timbre aberto (como *director; acção*), a relação de família (como *Egipto* por influência de *Egípcio*), além da facultatividade de pronúncia (como, por exemplo, *acessível* e *accessível*).

Portanto são válidos os pertinentes comentários do Anexo II que acompanha as Bases do AO90, quando declara: "Noutros casos, porém dá-se a situação inversa da anterior, ou seja, das consoantes [mudas] que não são proferidas em nenhuma pronúncia culta da língua, como acontece em *acção, afectivo, direcção, adopção, exacto, óptimo*, etc."

Prosseguindo a mecânica dos trabalhos determina ainda o governo que a comissão nomeada, responsável pelo parecer, "continue em exercício pelo tempo que se julgar conveniente, a fim de ser ouvida sobre quaisquer dúvidas que se suscitem relativamente à execução da reforma proposta, podendo a referida Comissão, reunir-se por iniciativa própria, ou convocada pela Direção Geral da Instrução Secundária, Superior e Especial, por intermédio da qual serão feitas quaisquer reclamações sobre o assunto".

Andou sábio o governo português em não prescindir da colaboração dos especialistas responsáveis pela sistematização ortográfica posta em prática nas escolas sob sua jurisdição, bem como nos documentos oficiais, ainda que os signatários da proposta se tivessem esforçado, como ponderou Cândido de Figueiredo em documento encaminhado ao Ministro da Instrução Pública de seu país, oito anos depois de postas em prática as novas regras, "para não propor uma nova reforma que contrariasse profunda e largamente usos e práticas mais ou menos generalizados; e, estribando-se nos ditames da ciência da linguagem e nas tradições do idioma, processo, usos e costumes que mereceram o acatamento dos entendidos, adotando no que eram adotáveis, os bons e seguros exemplos da ortografia espanhola e italiana".

Curioso é que as grandes dificuldades que os reformadores portugueses enfrentaram advinham das riquezas do sistema fonético e fonológico, em primeiro plano, e depois do morfológico do seu idioma, em contraste com certa uniformidade nos mesmos domínios, quando sua língua é comparada com o espanhol e o italiano, idiomas que serviram de inspiração e modelo para a revisão ortográfica do português no século XX.

Os especialistas portugueses que encetaram a reforma tinham disso plena consciência. Gonçalves Viana, era o relator da comissão e, como sabemos, dono de finíssimo e apuradíssimo ouvido, assim se refere a outras características do sistema vocálico português:

> Aludiu agora mesmo a Comissão à distinção, que é mister deixar retratada na escrita, manter *e* e *o* fechados e *e* e *o* abertos, quando entre si distinguem inúmeras palavras e formas gramaticais. Outra não menor dificuldade oferece a língua portuguesa, comparada às suas congêneres: é a atonia de certas vogais, que adquirem timbres especiais, e lhe é peculiar, só tendo paralelo na catalã, e em muito menor grau, e de certo modo, na francesa e na provençal moderna, mas em qualquer delas sujeita a menor número de exceções. Neste ponto é o português só comparável, ainda que vagamente, ao inglês [...].

Desta série de fenômenos, que tornam o português o mais delicado e interessante dos idiomas neolatinos, originam-se constantes erros e hesitações na sua escrita, a que não é possível obviar, a não ser por uma transcrição absolutamente fonética, a qual reproduza fielmente todos esses acidentes, e que seria inadmissível em ortografia corrente e usual, pois somente um ouvido exercitado e um tirocínio especial a poderiam aplicar.

E remata com o seguinte alerta que deve levar em conta todo aquele ou toda aquela equipe de especialistas que se dispuser a propor uma regularização e simplificação de um sistema ortográfico tão rico quanto o português: "Não se pense, portanto, que a fixação de uma ortografia regularizada e simplificada possa remover todas as dificuldades, sem um suficiente preparo gramatical, em que a derivação e formação das palavras, e os resultantes acidentes na variação dos sons que as compõem, conforme a sua situação, hajam sido estudados."

Não menos enfático e sem meias palavras proclamou o conhecido linguista italiano e valente poliglota Carlo Tagliavini na sua primeira página da *Grammatica elementare della lingua portoghese*:[3]

"*La fonetica portoghese è una della più difficile d'Europa, e la più difficile delle lingue romanze.*"

* * *

Mas retornando ao ofício de Cândido de Figueiredo de 25 de novembro de 1919 encaminhado ao Ministro da Instrução Pública, em que sugere quatro modificações para melhoria das bases integrantes do texto oficial de 1.º de setembro de 1911, tendo em vista correções que se impuseram como necessárias durante o período em que foram postas em prática para aperfeiçoamento delas, sabendo-se que não há nem pode haver reforma ortográfica perfeita nem de feição permanente para todas as idades de uma língua. A prática das bases recomendava as seguintes quatro emendas, verdade seja dita, de pouca monta:

a) substituição do acento grave (em situações como *saìmento, saùdar*) pelo trema (*saïmento, saüdar*);
b) substituição do acento circunflexo (em situações como *porêm, alguêm*), pelo agudo (*porém, ninguém*), adiantando que o próprio Gonçalves Viana, depois de publicado o relatório, teria preferido [...] o acento agudo";
c) substituição do acento agudo (em situações como *sómente, fácilmente*) pelo grave (*sòmente, fàcilmente*), pare evitar possíveis silabadas;
d) substitução das formas *lial* e *rial*, que produziram estranheza, pelas tradicionais *leal* e *real*.

Consultados os integrantes remanescentes da Comissão (Carolina Michaëlis, Leite de Vasconcelos, Ribeiro de Vasconcelos, José Joaquim Nunes e Borges Grainha), todos, à exceção do último citado, "aprovaram francamente os mencionados alvitres". Para dar mais peso às emendas, Cândido de Figueiredo alargou a consulta a nomes estranhos à comissão, mas de notória competência na área linguística, José Maria Rodrigues, no Brasil, Silva Ramos e Mário Barreto, todos favoráveis às alterações referidas.

A aceitação do novo sistema pela imprensa portuguesa foi facilitando sua generalização no país, o que levou a Academia das Ciências, por iniciativa do seu Presidente, Julio Dantas, a convidar a Academia Brasileira de Letras a promover encontro com vista a um futuro possível acordo de unificação ortográfica entre os dois países. Realmente as jornadas foram levadas a efeito, e delas resultaram várias bases para um acordo ortográfico propostas e aprovadas pelas duas academias.

Quando um idioma é falado por mais de um país quase sempre se tornam frustrantes as ações propostas de simplificação e unificação desse material comum, razão por que sabemos bem a verdade que encerra a conhecida declaração de Amado Alonso: *"Problema de lengua, problema de pasión. De veras, lo que excita a las gentes es el conflicto ; el problema, a unos pocos."*

Dessa quadra em diante, quer nas bases para o Acordo de 1931 entre as duas academias, foram frustrantes os resultados com diferenças gráficas de lado a lado registradas nos vocabulários resumidos e no brasileiro de 1943, que não chegou a ser resultado de um Acordo entre as duas academias, constituindo-se entre brasileiros uma praxe aceita provisoriamente pelo nosso governo até ser aprovado um vocabulário comum a Portugal e ao Brasil. Talvez por falta de representante brasileiro hábil que tivesse com a equipe portuguesa diálogo fecundo para estabelecer bases satisfatórias a ambas as partes, a situação poderia ter sido diferente para a harmonização entre as bases estabelecidas pelas duas academias. Do desastre de 1945 para o *Simpósio de Coimbra* de 1967, surgiram novas esperanças de acordo com as propostas desse encontro, que mereceram o aplauso de excelentes autoridades dos dois países. Aí se discutiram quatro pontos diferentes:

1.º o problema das "consoantes mudas", abolidas no Brasil e parcialmente conservadas em Portugal. A proposta é seguir a prática brasileira;

2.º o problema do acento circunflexo na distinção de homógrafos, abolido em Portugal. A proposta é seguir a prática de Portugal, deixando-se a faculdade, mas não só o circunflexo, mas também o agudo, quando o contexto exigir a diferenciação;

3.º uso do trema no Brasil e não em Portugal.

— Deixar o emprego facultativo;

4.º diversidade no emprego do circunflexo no Brasil e do agudo em Portugal para assinalar a vogal tônica respectivamente fechada ou aberta seguidas de consoante nasal nos proparoxítonos (e falsos proparoxítonos). Proposta: Supressão total dos acentos gráficos.

* * *

A seguir, o Brasil (1971) e Portugal (1973) dão um passo a mais no sentido de unificação ortográfica eliminando o acento circunflexo e o acento grave nas sílabas subtônicas dos vocábulos derivados com o sufixo -mente (*somente*, e não *sòmente*; *cortesmente*, e não *cortêsmente*) ou sufixo começado por –z (*cafezinho*, e não *cafèzinho*).

Hoje a maior objeção dos portugueses ao AO90 diz respeito a deixar de indicar o timbre aberto da vogal anterior com o auxílio de uma consoante não articulada, originariamente de fonte etimológica. Essa utilização diacrítica proposta por Gonçalves Viana já não atende a oposições de timbre de vocábulos como *sede* (ê) e *sede* (é), pela inexistência de consoante etimológica em latim. Nos sistemas ortográficos anteriores a distinção de timbre era assinalada com acento diferencial, que agora já se não pratica. Daí se chega à conclusão de que o artifício proposto por Gonçalves Viana não tem a força para atender a todos os casos de distinção de timbre. Talvez por isso, já em 1911 esse procedimento, que ia de encontro à tese de simplificação, merecera a discordância explícita de D. Carolina Michaëlis, quando entrevistada, e pela redação cautelosa a cargo do próprio Viana, no relatório oficial encaminhado às autoridades portuguesas da época.

Que o processo tem na origem esse calcanhar de aquiles percebe-se na adesão de autoridades portuguesas de peso, com exceção do saudoso Álvaro J. da Costa Pimpão, no Simpósio de Coimbra de 1967: Vitorino Nemésio, Jacinto do Prado Coelho, L. F. Lindley Cintra, Maria de Lourdes Belchior, Manuel de Paiva Boléo, A. da Costa Ramalho e José Herculano de Carvalho.

Mais recentemente, a tese que sustenta a continuação das consoantes não articuladas ganhou o apoio daqueles que enfatizam a sua necessidade nas distinções semânticas do tipo *óptica / óptico* vs. *ótica / ótico*. Esse novo argumento vai de encontro à existência do fenômeno da homonímia, frequente em português e em línguas outras, cuja distinção os utentes resolvem pela situação do diálogo e/ ou pelo contexto, tão excelentemente praticados no diálogo oral ou durante a leitura de um texto escrito. As situações anedóticas ventiladas em algumas discussões acadêmicas não desacreditam nem põem em risco a existência das homonímias nas línguas naturais.

Não resta dúvida de que o AO90, como toda obra humana e principalmente nos textos de qualquer sistema ortográfico, tem suas deficiências que a prática e o tempo deverão corrigir. No âmbito dos sistemas oficiais ortográficos para a língua portuguesa isso tem acontecido desde 1911, como vimos no histórico acima relatado, quando em oito anos de uso já quatro alterações mereceram revisão.

Por tudo isso manda o bom senso que o AO90 seja praticado em todo o domínio da lusofonia para que, com o decorrer do tempo, essas deficiências aflorem e sejam postas em discussão, para aperfeiçoamento do sistema.

Atentar para isto revela boa dose de bom senso.

25.º Colóquio de Lusofonia, Montalegre — Portugal, em abril 2016.

Notas

1 VASCONCELOS, Carolina Michaëlis. *Lições de filologia portuguesa*, Revista de Portugal: 1946, p. 116.
2 VASCONCELOS, Carolina Michaëlis. *Lições de filologia portuguesa*, Revista de Portugal: 1946, p. 108.
3 TAGLIAVINI, Carlo. *Grammatica elementare della lingua portoghese*: 1938, p. 1.

As línguas como facilitadoras do diálogo cultural

Em se tratando da família linguística a que pertencem o espanhol e o português, sua historicidade se prende ao fenômeno político e cultural do contato resultante da expansão do Império Romano no ocidente, iniciados os contatos por volta dos anos 200 a.C.

O tipo de latim introduzido na Península Ibérica foi da sua fase arcaica em relação ao que foi levado à Gália por Júlio César.

Pondo de lado os acontecimentos resultantes das conquistas territoriais sobre os povos que, antes dos romanos, se tinham instalado e desenvolvido nas diversas regiões ibéricas, a arcaicidade do latim culto e vulgar deixa vestígios de fatos gramaticais e léxicos que separam os dois romances ibéricos do francês e do italiano, como, por exemplo, os três pronomes demonstrativos *este, esse e aquele*, o relativo *cujo* e o verbo *chegar*, que contrasta com a história lexical do francês *arriver* e do italiano *arrivare*.

O trato cultural desses dois romances ibéricos já resultantes em idiomas literários, a partir dos séculos XI e XII, justifica os fatos lembrados por D. Carolina Michaëlis de Vasconcelos nas suas *Lições de filologia portuguesa*:

> O período histórico-arcaico começa com o reinado de Sancho I, no último quartel do séc. XII. Os documentos em prosa são ainda raríssimos, e rudes; os primeiros ainda contêm vestígios do latim-bárbaro. Por ora conhecem-se apenas alguns anteriores a 1250.
> Quanto a composições poéticas palacianas, nascidas sob impulsos vindos de França, das quais, ainda assim, transparece a existência de uma poesia popular florescente, é certo terem sido já numerosas antes desse termo. Embora não seja fácil marcar data segura a pálidos versos de amor, conseguiu-se colocar no ano 1189 uma das cantigas, — por se reconhecer na dama chamada pelo trovador *filha de Dom Paay Moniz* uma das amantes do rei, a afamada *Ribeirinha*; outra, a ela dirigida pelo próprio monarca, deve ser de 1194 a 1199; ainda outra de um filho dos dois, de perto de 1213.
> A língua empregada nessas cantigas, muito mais unitária e escolhida que a da prosa familiar merece o nome de galego-portuguesa, por ser a mesma (com pequenas variações dialectais) que se falava da outra banda do Minho.

Ela era tão apta para a expressão lírica dos sentimentos ternos que todos os namorados da Península, quer fossem portugueses ou galegos, quer leoneses ou castelhanos, quer da Andaluzia, mesmo alguns da Catalunha e das províncias vascongadas, se serviram desse idioma trovadoresco até 1350, e isoladamente até 1450.[1]

Vários autores portugueses do século XVI estavam tão familiarizados com a língua espanhola que escreviam nele e no idioma materno: Gil Vicente, Sá de Miranda e Camões.

O testemunho da língua como veículo de cultura, objeto principal deste nosso *I Simpósio das Línguas Espanhola e Portuguesa no Espaço Ibero-Americano*, pode ser exemplificado num pequeno testemunho de fatos extraídos do poema épico de Luís de Camões, como passaremos a explicitar.

O notável mestre português da Geografia Orlando Ribeiro afirmou, com muita propriedade, que Camões "não é só o cantor das glórias lusíadas e das líricas que se situam em tantos lugares por onde andou, mas o mais geógrafo dos poetas, desde a descrição da 'máquina do mundo' segundo Ptolomeu até uma suma tanto das terras como dos mares navegados ou acabados de descobrir e das suas margens".

Apesar de já se terem publicado vários trabalhos especiais que revelam a polifacetada cultura humanística do nosso poeta maior, ainda há muito que descobrir na sua vasta obra, para conhecimento e ilustração dos seus leitores. O citado mestre Orlando Ribeiro deu-nos a explicação, que considero correta, de um trecho d'*Os Lusíadas* que tem passado despercebido a todos os comentadores da epopeia, ainda que nesse rol figurem eruditos do porte de Epifânio Dias e Leite de Vasconcelos.

Trata-se da passagem em que o poeta descreve a posição geográfica da Península Ibérica "como cabeça ali de Europa toda" (III, 17) e do Reino Lusitano... "quase cume da cabeça De Europa toda" (III, 20), posição estranhamente cimeira que vem assim explicada por Orlando Ribeiro:

> Qualquer pessoa versada na cartografia da época sabe que os mapas se orientavam muitas vezes com o Oeste para cima. Esse uso manteve-se até o século XVII e o primeiro mapa de Portugal, impresso em 1560, conforma-se com ele. Ao localizar a Península e Portugal parece-me que Camões não emprega apenas uma metáfora, mas uma imagem exata: a nobre Espanha aparecia, de fato, como cabeça da Europa toda e Portugal como "quase" cume dela. Qualquer coisa que corresponderia na figuração moderna da Europa, à Escandinávia e à Lapônia como cume desta Península. É evidente que o Poeta utilizou ao máximo esta situação para, por meio dela, tirar efeito da preeminência que, de fato, a Espanha possuía na Europa do tempo.

Como poucos soube Camões transmitir a seus leitores descrições de episódios e fenômenos marítimos e atmosféricos, as manobras náuticas da faina dos marujos, os padecimentos da tripulação devidos ao escorbuto, a tempestade em pleno mar, o fogo de Santelmo. Além dessa mina de informações espalhadas pela epopeia, apresenta-nos o testemunho de seu saber ou da sua curiosidade científica em aspectos extremanente técnicos; recordo, apenas a título de exemplificação, alguns já ressaltados por especialistas, como Alexandre de Humboldt: a circunstância de a região do céu vizinha ao polo austral ser desguarnecida de estrelas (V, 14); a passagem à água doce quando cai da parte superior da tromba marítima, na fase final do fenômeno (V, 22); o conhecimento dos gelos antárticos (V, 27); a notícia das inundações do rio Mecom (X, 127), informação que, segundo José Maria Rodrigues, estribado no testemunho da *Enciclopédia Britânica,* foi o poeta o primeiro em dar.

Se passarmos desses terrenos ao domínio da flora e sua distribuição geográfica, o poeta não se mostra menos exato à verdade. Disso nos dá oportuna lição o Conde de Ficalho, na *Flora dos Lusíadas:*

> Podemos afoitamente afirmar, depois deste exame, que o grande Poeta tinha sobre os vegetais do Oriente noções que para o seu tempo eram não só bastante extensas, como admiravelmente rigorosas.

Luís Lobo investigou algumas informações de Camões sobre fatos de etnografia geral referidos no poema e aí assinala a exatidão das notícias, perfeitamente ordenadas, relativas aos tipos étnicos, desde a Baía de Santa Helena até Melinde, que Vasco da Gama ia encontrando à medida que prosseguia sua histórica viagem. O poeta vai pondo aos olhos do seu leitor os diferentes graus de civilização existentes entre aqueles gentios e alude, como suporte desses diversos graus, às maneiras distintas da vestimenta, da alimentação, do falar (os fonemas conhecidos pelo nome técnico *cliques*), do uso de armas e dos meios de navegação. Assim, refere-se à nudez dos bochimanes-hotentotes, além do seu estado de selvageria, da sua timidez e dos primitivos meios de alimentação; já entre os aborígenes do rio dos Bons Sinais, registra-se o uso da tanga e do pano delgado de algodão, enquanto os naturais de Moçambique trazem panos de algodão brancos e listrados (mas ainda despidos da cintura para cima) e um turbante na cabeça; os de Melinde se vestem de cabaias de seda e têm na cabeça fotas de seda e de algodão, de variadas cores.

Camões foi muito exato na distinção das armas de guerra de que se utilizavam essas gentes; enquanto os da costa atlântica manejavam pedradas e setas, os de Moçambique, a par do arco encurvado e seta ervada, utilizavam a adaga e a azagaia.

Para finalizar este relato que já vai longo, tomo a liberdade de propor uma interpretação minha acerca do discutido passo de *Os Lusíadas*. Trata-se do verso final da estrofe 71 do canto IV, quando Camões referindo-se aos rios Indo e Ganges, antropomorfizados na figura de dois príncipes, desta maneira conclui sua descrição:

> A cor da pele baça e denegrida,
> A barba hirsuta, intonsa, mas comprida.

Entre os comentadores nasceu a dúvida do fato de se a barba era intonsa, isto é, não cortada, tudo estava a indicar que seria *comprida*. Desta maneira ponderou José Maria Rodrigues que o poeta "teria enunciado em pensamento que estaria a par do conhecido disparate: *Era noite, mas chovia*".

Para corrigir o pretenso "disparate", propõe a leitura, *mas* por *mais,* isto é, não teria Camões querido expressar um fato inesperado, porém uma intensidade: *mais comprida*.

Talvez se explique melhor partindo da observação de historiadores e viajantes dessas regiões, segundo os quais os habitantes da África, entre outras diferenças, se distinguiam pelo tamanho dos cabelos e da barba: os do Norte os tinham compridos e corredios; os do Sul, curtos. Na configuração antropomórfica do Ganges e do Indo por dois príncipes na visão do rei, vindos do norte, teriam a barba hirsuta, intonsa, entretanto comprida. Assim, o *mas* da passagem deve ser mesmo interpretado como conjunção adversativa, e o *comprida* deve ser mesmo entendido como longa, conformando-se com a descrição conhecida dos historiadores e viajantes daquelas regiões. Ressalte-se que os rios Indo e Ganges nascem no norte da península "[...] e as gentes que nestas Ethiopias habitam, *são negros e têm cabelos curtos e crespos feitos como frisa de pano*". A outra Ethiopia superior começa no rio Indo, além do grande Reyno de Pérsia, do qual a Índia este nome tomou, e o seu leito e costa se dilata e estende, e *estes são negros,* mas já em tanta quantidade como os da Ethiopia baixa, e tem os cabelios corredios e compridos como os homens brancos.

(Duarte Pacheco Pereira. *Esmeraldo de Situ Orbis*, p. 80, ed. de Epifânio Dias)

> "*Estes índios* (modernamente hindus) *são homens baços, e trazem grandes barbas e os cabelos da cabeça muito longos, e trazem-nos trançados* (cf. no texto camoniano *hirsuta)" (Roteiro da primeira viagem de Vasco da Gama,* de Álvaro Velho. p. 39)
>
> "Esta cidade de Calecut é de cristãos, os quais são homens baços. E andam parte deles com *barbas grandes e os cabelos compridos*" (*Roteiro da primeira Viagem de Vasco da Gama*, de Álvaro Velho. pA.l).
>
> "(e eram *homens baços* [...] traziam *barbas grandes* e os cabelos compridos como mulheres)" (Castanheda. *História do Descobrimento e Conquista da Índia*, p. 34).

Estes são alguns dos vários exemplos que se podem colher na literatura da época, anterior e posterior a Camões, em que se faz alusão ao contraste de cabelos compridos e corredios em pessoas de "pele baça e denegrida.

Se Camões desejou, mais uma vez, deixar patente no poema uma informação aos seus patrícios das terras e das gentes que os navegadores portugueses iam conhecendo, não há razão de emendar o texto original. *Comprida,* de *barba comprida,* é comprida mesmo (isso porque algumas sugestões se limitaram a dar ao termo significado diferente deste), e o *mas* também deve ser interpretado como conjunção adversativa, a assinalar o inesperado de se encontrar *barba comprida* em pessoas que geralmente a têm curta e encaracolada.

Mais uma vez Camões estava sendo fiel a tudo que via e transmitia no diálogo cultural com seu leitor.

I Simpósio das Línguas Espanhola e Portuguesa no Espaço Ibero-Americano, Madri, em junho de 2017.

Nota

1   VASCONCELOS, Carolina Michaëlis. *Lições de filologia portuguesa*, Revista de Portugal: 1946, p. 19-20.

A língua portuguesa na concepção dos fundadores da ABL

No ano de seu nascimento — 1897 — faz-se mister uma pesquisa que venha trazer à luz do dia que ideia tinham da língua portuguesa os fundadores da ABL, uma vez que, desde o surgimento das modernas academias, se estabelecia estreito vínculo entre o idioma e os propósitos das instituições do gênero.

No caso da ABL, o primeiro passo da pesquisa põe-nos diante de uma questão gramatical, de um procedimento de concordância nominal, aparentemente trivial e inocente, mas que, com a sua correta solução, se desdobrará um rosário de intenções comunicativas que porá a nu toda uma orientação programática dos fundadores da Casa de Machado de Assis, quando assim redigiram a parte inicial do art. 1.º dos Estatutos:

"A Academia Brasileira de Letras, com sede no Rio de Janeiro, tem por fim o cultivo da língua e da literatura nacional [...]."

Se estamos no caminho da boa interpretação desse artigo inicial, é de toda importância ressaltar a extrema inteligência que norteou os redatores dos Estatutos na concepção do programa superior da novel instituição ao fixar-lhe a finalidade do "cultivo da língua e da literatura nacional".

A primeira impressão do analista é que a expressão "língua e literatura nacional" exemplifica a possibilidade da norma gramatical segundo a qual o adjetivo *nacional*, aparentemente referido aos dois substantivos *língua* e *literatura*, está a concordar por atração com o último elemento da série, isto é, com *literatura*, em vez de ficar no plural, para concordar com a totalidade dos termos da série: "o cultivo da língua e da literatura *nacionais*."

Se assim supõe o analista, deixou escapar um mundo de intenções que se esconde e justifica o emprego consciente e exclusivo do singular, aplicado tão somente a *literatura*, e não a *língua*: "o cultivo da língua e da literatura NACIONAL".

Para penetrarmos o intuito dessa opção gramatical, rica de tantos propósitos subjacentes, convidamos os caros ouvintes a acompanhar as razões que sustentam o emprego do singular no artigo dos Estatutos.

Todos sabemos — e os nossos fundadores não nos subtraíram essa fonte inspiradora — que a Academia Francesa lhes ministrou régua e compasso para seus objetivos e propósitos como instituição acadêmica de letras no Brasil. No discurso de inauguração, Machado de Assis assim se pronunciou:

A Academia Francesa, pela qual esta se modelou, sobrevive aos movimentos de toda casta, às escolas literárias e às transformações civis. A vossa há de querer ter as mesmas feições de estabilidade e progresso.

O modelo acadêmico francês inspirou nos nossos fundadores muito mais do que aspectos organizacionais; inspirou-lhes também o sadio princípio de que a instituição há de ter, em matéria de língua, como lembrara havia muito José Veríssimo, a missão de "acompanhar o uso; o público, compreendendo os escritores, é que faz as reformas. Ela se limitou sempre a dar-lhes ou negar-lhes, conforme as julga boas ou más, a consagração da sua autoridade".

Lembra ainda o mesmo acadêmico, na 3.ª série dos *Estudos da literatura brasileira*, a ação desenvolvida pelo cenáculo francês no que se refere ao registro da língua em uso, "não — como diz a Academia — no uso que começa, mas no uso geralmente aceito".

É oportuno vermos essa afirmação ratificada ressoar nas palavras de Machado de Assis, no substancioso artigo publicado em 1873, sobre o Instinto de nacionalidade da literatura brasileira e a questão da língua:

> Há, portanto, certos modos de dizer locuções novas, que de força entram no domínio do estilo e ganham direito de cidade. Mas se isto é um fato incontestável, e se é verdadeiro o princípio que dele se deduz, não me parece aceitável a opinião que admite todas as alterações da linguagem, ainda aquelas que destroem as leis da sintaxe e a essencial pureza do idioma.

Dessa forma, entenderam os nossos fundadores em 1897 que o papel que cabe à Academia, pelo modelo que lhe ministra a instituição francesa, é emprestar o prestígio de sua autoridade ao que considera bom uso que os escritores brasileiros fizeram e fazem da rica herança linguística que os portugueses lhes legaram. Aliás, essa é a firme convicção dos escritores mais representativos do período anterior a 1897. Em carta datada de 1857, longa e programática, a Pedro Nunes Leal, Gonçalves Dias chega a duas conclusões que agora nos cabe reproduzir, entre outras de que nos valeremos no decorrer desta exposição:

> 2.ª Que uma só coisa fica e deve ficar eternamente respeitada: a gramática e o gênio da língua.
> 3.ª Que se estudem muito e muito os clássicos, porque é miséria grande não saber usar das riquezas que herdamos.

Joaquim Nabuco repetiria, na essência, as mesmas ideias exaradas no art. 1.º dos Estatutos e na carta de Gonçalves Dias, ao proferir o discurso de posse como secretário-geral, na sessão inaugural da Academia, aos 20 de julho de 1897:

> [...] devemos reconhecer que eles [os portugueses] são os donos das fontes, que as nossas empobrecem mais depressa e que é preciso renová-las

indo a eles. A língua é o instrumento de ideias que pode e deve ter uma fixidez relativa; nesse ponto tudo precisamos empenhar para secundar o esforço dos que se consagrarem em Portugal à pureza do nosso idioma, a conservar as formas genuínas, características, lapidárias, da sua grande época... Nesse sentido nunca virá o dia em que Herculano, Garrett e os seus sucessores deixem de ter toda a vassalagem brasileira. A língua há de ficar perpetuamente *pro indiviso* entre nós; a literatura, essa, tem que seguir lentamente a evolução diversa dos dois países, dos dois hemisférios. A formação da Academia é a afirmação de que literária, como politicamente, somos uma nação que tem o seu destino, seu caráter distinto e só pode ser dirigida por si mesma, desenvolvendo sua originalidade com os seus recursos próprios, só querendo, só aspirando à glória que possa vir de seu gênio.

Por essas afirmações do secretário-geral que refletem medidos e contados os propósitos dos fundadores durante as "salutares e íntimas confabulações da sala de redação da *Revista Brasileira*", conforme palavras do Relatório de Rodrigo Octávio, temos condições de afirmar que no art. 1.º do Estatuto, a palavra *língua* se refere à *língua portuguesa* e a palavra *literatura* se aplica à *literatura brasileira* e que, portanto, só a esta pertence o adjetivo *nacional*. Não se trata de um caso de concordância atrativa, mas de uma firme ideia dos fundadores da Casa de Machado de Assis de que a língua dos brasileiros é a língua portuguesa, rica herança com que iriam plasmar o gênio nacional da literatura brasileira.

Firmavam com isso os fundadores que a Academia Brasileira não teria como propósito, como a italiana, buscar o *farelo* para separar o joio do trigo, nem como divisa da agremiação teria uma peneira, segundo ideia da Academia della Crusca, em Florença, em 1582. Não seria uma academia da língua, tal quais a francesa de 1635, a espanhola, de 1713, e a portuguesa de 1779. Destas diferindo neste particular, não figurou nos Estatutos a elaboração de um Dicionário da língua, como aquelas realizaram, e de Gramática, como efetivaram a espanhola, em 1771, e a francesa só em 1932.

Não estar estruturada a exercer no Brasil do último quartel do século XIX as funções de uma academia da língua justifica a aparente incongruência de não incorporar ao seu quadro figuras proeminentes dos estudos linguísticos e filológicos dessa época. O fato é ainda mais para notar, porque 1897 estava muito perto do movimento renovador do ensino de línguas dos preparatórios, *máxime* da vernácula, graças à reforma de Fausto Barreto, em 1887, dez anos antes, para atender à solicitação do Diretor-Geral da Instrução Pública, Emídio Vitório. Maximino Maciel, ilustre representante do grupo de escola que à época se aplicava aos estudos gramaticais, assim nos aponta as excelências dessa reforma:

> O que foi este programa, a influência que exerceu, o efeito que produziu pela orientação que paleava, desviando o álveo do curso das línguas, agitando questões a que se achavam alheios muitos dos docentes, é mister

assegurarmo-lo: assinalou nova época na docência das línguas e, quanto à vernácula, a emancipava das retrógradas doutrinas dos autores portugueses que espousávamos.[1]

Por essa característica, não buscou para o seio da instituição nenhum dos expoentes dessa reforma para cujo programa se escreveram, a partir de 1887, as melhores gramáticas, que ainda hoje se leem com proveito. É bem verdade que à Academia foram chamados grandes sabedores do idioma — como Silva Ramos, Carlos de Laet, José Veríssimo, Rui Barbosa, Taunay, mas que para lá foram lembrados como poetas, literatos, jornalistas ou publicistas, jamais como gramáticos ou filólogos. O mesmo João Ribeiro, gramático e artista, primeiro acadêmico eleito, foi lembrado por José Veríssimo, que o recebeu em 1898, mais como artista do que como gramático.

Recebendo a língua portuguesa como patrimônio herdado, não supunham nossos escritores que o idioma aqui se mantivesse inalterado, a repetir os usos dos quinhentistas e seiscentistas. Todos tinham presentes que esse patrimônio haveria de sofrer alterações e se enriqueceria com as novidades de que os brasileiros passariam a necessitar. Na já referida *Carta* de Gonçalves Dias, quarenta anos antes de 1897, o mavioso cantor dos nossos índios declararia em primeiro lugar:

> 1.ª A minha opinião é que ainda, sem o querer, havemos de modificar altamente o português. [...]
> 4.ª Mas que, nem só pode haver salvação fora do Evangelho de S. Luís, como que devemos admitir tudo o de que precisamos para exprimir coisas ou novas ou exclusivamente nossas. E que, enfim, o que é brasileiro é brasileiro, e que *cuia* virá a ser tão clássico como *porcelana*, ainda que a não achem tão bonita.

O "*Evangelho de S. Luís*" a que se referia Gonçalves Dias é o conjunto de lições, quase sempre desprovidas de valor técnico e científico, sobre pureza da língua portuguesa, do Frei Francisco de S. Luís, o Cardeal Saraiva, membro da Academia das Ciências de Lisboa, que viveu de 1766 a 1845.

A arraigada concepção que nutriam nossos fundadores sobre a língua portuguesa como veículo da literatura brasileira impediu que a onda nacionalista dos numerosos intelectuais que não só apontavam para as diferenças linguísticas entre a língua portuguesa e o falar dos brasileiros, mas defendiam a tese de que a independência política de 1822 estava a exigir nossa independência idiomática. O rastilho dessa proposta aflorada na lista, pequena e imperfeita, de diferenças apontadas pelo Visconde de Pedra Branca (Domingos Jorge de Barros), entre 1824 e 1825, contaminou intelectuais do porte de Macedo Soares, Salomé Queiroga e Paranhos da Silva. Macedo Soares chega a proclamar, no seu *Dicionário brasileiro da língua portuguesa* (1875-1888): "Já é tempo dos brasileiros escreverem como se fala no Brasil e não como se escreve em Portugal."

O nosso José de Alencar, que tem sido muitas vezes apontado como defensor de uma *língua brasileira*, soube pairar no espaço do bom senso entre o exagero servil do classicismo lusitano e a consciência de dotar a língua literária do Brasil das exigências de um novo estilo. Conhecedor da tradição lusitana e dotado de informações hauridas nos bons linguistas da época (Whitney e Max Müller, entre outros), sabia fazer distinções entre língua falada e língua escrita; interpretava corretamente a aceitação de neologismos, galicismos e outros estrangeirismos exigidos por uma sociedade nascente.

Leia-se este pequeno trecho doutrinário que poderia ser assinado por qualquer bom linguista de hoje, integrante do Pós-escrito de *Diva*, em 1865:

> A escola ferrenha, que já vai em debandada, mas há cerca de vinte anos tão grande cruzada fez em prol do *classicismo*, que pretende que atualmente, meado do século XIX, discorramos naquela mesma singela da adolescência da língua, quando a educavam os bons escritores dos séculos XV e XVI [...]
> A língua literária, escolhida, limada e grave, não é por certo a linguagem cediça e comum que se fala diariamente e basta para a rápida permuta de ideias: a primeira é uma arte, a segunda é simples mister. Mas essa diferença se dá unicamente na forma e expressão; na substância a linguagem há de ser a mesma, para que o escritor possa exprimir as ideias de seu tempo, e o público possa compreender o livro que se lhe oferece.

Dadas as naturais e comprovadas diferenças que se vinham manifestando entre o português da antiga metrópole e o português do Brasil, entraria nas tarefas da novel instituição o levantamento ordenado que viria a constituir o *Dicionário de brasileirismos*, previsto como ocupação da comissão de Lexicografia, cedo referida no Regimento. Tais subsídios iriam se juntar aos trabalhos dos que se consagravam na outra banda do Atlântico ao estudo da língua portuguesa, como proclamava Joaquim Nabuco no discurso inaugural. Assim, com a colaboração dos brasileiros, tais estudos e investigações ajudariam a compor uma visão mais alargada dos usos idiomáticos e os argumentos que melhor pudessem compreender e analisar a unidade e a diversidade linguística nos dois países independentes.

O movimento nacionalista em favor da língua dos brasileiros promoveu, no seio da Academia, em 1907, um sistema de ortografia simplificada que rompia violentamente com a tradição escrita. O repúdio de acadêmicos, e do público em geral, somado às críticas dos especialistas, acabou por enterrar a proposta iconoclasta.

Nos dias de hoje, ampliados os horizontes da língua portuguesa pelas exigências de uma sociedade moderna e atuante, as novas gerações de acadêmicos continuam fiéis aos princípios gerais emanados dos fundadores da Academia Brasileira de Letras, em 1897, mas ampliando os estudos e tarefas linguísticas a cargo da Comissão de Lexicologia e Lexicografia.

Texto publicado na *Revista Brasileira*, nº 35, p. 129-134 — Academia Brasileira de Letras, em junho de 2003.

Nota

1   MACIEL, Maximino. *Gramática descritiva*, Francisco Alves, Rio de Janeiro: 1922.

Para quem se faz uma gramática?

Resenhando o *Compêndio da gramática portuguesa*, de Vergueiro e Pertence, saído em Lisboa em 1861, Machado de Assis assim começa os seus comentários:
 "Sempre achei que uma gramática é uma coisa muito séria. Uma boa gramática é um alto serviço a uma língua e a um país. Se essa língua é a nossa, e o país este em que vivemos, o serviço cresce ainda e a empresa torna-se mais difícil."[1]
 Iremos levar aqui em consideração dois entendimentos diferentes do que vem a ser uma gramática. O termo *gramática* é polissêmico; e entre outras aplicações, que deixaremos de lado, só nos vamos ater ao que mais de perto se aplica ao tema desta palestra. São dois os conceitos que nos interessam no momento: a) *gramática descritiva*, disciplina científica, que tem por objetivo registrar e descrever um sistema linguístico em todos os seus aspectos (e em todas as suas variedades), sem pretender recomendar um modelo exemplar, e b) *gramática normativa* ou *prescritiva*, que, por seu turno, tem por finalidade didática recomendar um modelo de língua, assinalando as construções "corretas" e rejeitando as "incorretas", ou não recomendadas pela tradição culta. Isso significa, em outras palavras, que a primeira disciplina mostra "como a língua funciona", e a segunda, "como a língua deve funcionar", segundo os tipos de sua exemplaridade idiomática.
 A boa orientação linguística assinala essa dupla finalidade das disciplinas, sem sobre elas emitir juízo de valor, mas recomendando cuidadosamente que não se misturem suas tarefas, sob pena de perturbar a validade e as análises de tão importantes atividades nos seus âmbitos de ação.

> "Vimos que a gramática greco-latina era normativa e se podia definir como "a arte do falar e escrever corretamente".
> Será que essa gramática deve ser abandonada, como sustentam alguns linguistas, especialmente norte-americanos? [...] A resposta que parece certa é que há em tal atitude uma confusão entre duas disciplinas correlatas, mas independentes. A gramática descritiva tal como a vimos encarando, faz parte da linguística pura. Ora, como toda ciência pura e desinteressada, a linguística tem a seu lado uma disciplina normativa, que faz parte do que podemos chamar a linguística aplicada a um fim de comportamento social. Há assim, por exemplo, os preceitos práticos da higiene, que é independente da biologia. Ao lado da sociologia, há

o direito, que prescreve regras de conduta social nas relações entre os membros de uma sociedade.

A língua tem de ser ensinada na escola, e, como anota o linguista francês Ernest Tonnelat, o ensino escolar "tem de assentar necessariamente numa regulamentação imperativa".[2]

Assim, a gramática normativa tem o seu lugar e não se anula diante da gramática descritiva. Mas é um lugar à parte, imposto por injunções de ordem prática dentro da sociedade. É um erro profundamente perturbador misturar as duas disciplinas e, pior ainda, fazer linguística sincrônica com preocupações normativas.

Há a esse respeito algumas considerações, que se fazem aqui necessárias. Antes de tudo, a gramática normativa depende da linguística sincrônica, ou gramática descritiva em suma, para não ser caprichosa e contraproducente. Regras de direito que não assentam na realidade social, depreendida pelo estudo sociológico puro, caem no vazio e são ou inoperantes ou negativas até. Só é altamente nociva uma higiene que não assenta em verdades biológicas.

Não se compreende uma situação inversa. Depois, mesmo quando convém a correção de um procedimento linguístico (porque marca desfavoravelmente o indivíduo do ponto de vista da sua posição social, ou porque prejudica a clareza e a eficiência da sua capacidade de comunicação, ou porque cria um cisma perturbador num uso mais geral adotado), é preciso saber a causa profunda desse procedimento, para poder combatê-lo na gramática normativa. Finalmente, a norma não pode ser uniforme e rígida. Ela é elástica e contingente, de acordo com cada situação social específica. O professor não fala em casa como na aula e muito menos numa conferência. O deputado não fala na rua, ao se encontrar com um amigo, como falaria numa sessão da Câmara. E assim por diante.

Quando o linguista sincrônico se insurge contra o gramático normativo ou o professor de língua, é em regra porque este e aquele declaradamente desobedecem a esses três preceitos. Impõem as suas regras praxistas como sendo linguística. Corrigem às cegas, sem tocar no ponto nevrálgico do procedimento linguístico que querem corrigir e com isso só criam confusão e distúrbio. Partem do princípio insustentável de que a norma tem de ser sempre a mesma e fixam um padrão social altamente formalizado como sendo que convém sempre dizer.

O remédio é o professor de língua e os homens em geral aprenderem os princípios gerais da linguística. Para isso, a melhor solução parece ser fornecer-lhes uma gramática descritiva desinteressada de preocupações normativas.

Há apenas uma observação final a fazer. Se a língua é variável no espaço e na hierarquia social, ou ainda num mesmo indivíduo, conforme a situação social em que se acha, a gramática descritiva pode escolher o seu campo de observação. Se ela tem em vista, indiretamente, o ensino escolar como é o objetivo implícito do presente livro, a escolha está de certo modo predeterminada. A descrição não tomará por base, evidentemente, uma modalidade popular ou remotamente regional. Muito menos vai assentar num uso elaborado e sofisticado, como, por exemplo, a língua da literatura. Partirá do uso falado e escrito considerado "culto", ou melhor dito, adequado às condições "formais" de intercâmbio linguístico no sentido inglês do adjetivo.[3]

O linguista francês Victor Henry, em livro saído em 1896, chamou-nos a atenção para a dicotomia *língua transmitida* e *língua adquirida*; a transmitida é aquela primeira que recebemos do meio social e familiar em que nascemos e nos desenvolvemos, assentada no dialeto regional, com seu sotaque particular, seu vocabulário e expressões peculiares, sua morfologia e sintaxe locais, tudo apreendido por tradição oral. Como disse José de Alencar no "Pós-escrito" do romance *Diva*, em 1865, é a "linguagem cediça e comum, que se fala diariamente e basta para a rápida permuta das ideias". Já a língua adquirida é aquela que nos vem pela necessidade cultural e social quando, concomitante ou não, penetramos num estrato mais largo da vida nacional, usuários que passam a ser da língua comum, marca e alicerce da unidade nacional. Enquanto a língua transmitida recolhe e reflete a variedade de cada modalidade local, ora próxima, ora fortemente diferenciada, a língua comum anula, na medida do possível, essas diferenças em favor de uma modalidade mais uniforme e sujeita a um equilíbrio instável. Antonino Pagliaro, linguista italiano e dos melhores do nosso tempo, assim se manifesta sobre a natureza do papel excepcional de que goza a língua comum:

> A existência de uma língua comum, capaz de se elevar acima de todas as particularidades dialetais, é indício certo de que surgiu aquela consciência unitária, aquele sentimento e desejo de participar num destino comum que, de um povo, faz uma nação. Pode afirmar-se com absoluta certeza que, quando um povo atingiu uma unidade linguística própria por um ato de adesão à forma expressiva de maior prestígio, atingiu também o espírito de sua unidade nacional.[4]

Se juntarmos a preciosa lição de Mattoso Câmara às considerações do linguista italiano, é fácil concluirmos que, para fins de elaboração de uma gramática com objetivo do ensino escolar, esta terá de apoiar-se na realidade que lhe apresenta a língua comum escrita, sedimentada não só pela língua literária, mas ainda pela língua padrão a serviço dos textos técnicos e científicos. Para lembrar outra vez a lição de Pagliaro, o patrimônio da língua comum "é, na verdade, um esquema no qual encontram lugar todas as concordâncias substanciais que se verificam nas variedades dialetais, e esse esquema assume por vezes uma consistência tão forte que leva o linguista a ver neste o representante de uma verdadeira fase comum".[5]

Desde sempre a gramática normativa, pejorativamente acoimada de tradicional, toma por modelo e fundamento de sua norma de correção o testemunho daqueles escritores que se pautam pela tradição dos fatos da linguagem veiculados pela língua comum, especialmente os mais próximos dos usuários a quem vai servir.

Embora vista como atividade "desprovida de toda visão científica e desinteressada da própria língua", como sentenciou o genial linguista Ferdinand de Saussure, nunca ele a deixou de considerar um componente das disciplinas linguísticas. Oriunda da especulação filosófica greco-latina, com as tentativas de aperfeiçoamento mais modernamente pelos estudiosos franceses, ingleses e alemães, a gramática dita tradicional, sem perder o objetivo central da sua natureza pedagógica, jamais se confinou a um canto para pacientemente receber da área exitosa da linguística científica toda sorte de impropérios e esvaziamento. Continuando a sua rotina de mestre-escola, esforçava-se, todavia, por não desprezar, antes aproveitar-se, do embasamento teórico em que a linguística teórica e a linguística descritiva apoiavam seus conceitos e aperfeiçoavam sua metodologia. Isso porque tinha consciência de que o sucesso e validade de seus ensinamentos dependiam muito mais de um aprofundado conhecimento da natureza complexa da linguagem do que dos princípios da lógica herdada dos antigos, não porque a língua não fosse lógica, mas porque sua lógica nem sempre coincide com aquela com que costumamos trabalhar. Assim é que, a partir, principalmente do século XIX, começou a gramática normativa a *operacionalizar* novos conceitos e distinções que a ciência ia pondo em prática, e mais de perto diziam respeito às suas atividades *pedagógicas*.

Hoje, com seus novos modelos que muitos dos seus fervorosos inimigos ou detratores chamam de "gramática tradicional", está longe de lembrar as feições que apresentava no passado.

Sem receio de exagerar, podemos dizer que algumas gramáticas normativas modernas nada ou pouco se mostram caprichosas ou contraproducentes quando comparadas com o *rigor* das modernas gramáticas descritivas *do português e de línguas estrangeiras*. Em parte, a renovação da gramática dita tradicional se deve ao fato de algumas delas terem sido elaboradas por bons linguistas.

Também cabe aqui acrescentar que bons linguistas souberam apreciar os méritos e qualidades da gramática tradicional. Citamos dois que gozam de muito prestígio nacional e internacional. Maria Helena de Moura Neves, na "*Introdução* de seu erudito: *A vertente grega da gramática tradicional*, declara:

> A gramática tradicional constitui uma exposição de fatos que tem sido examinada sempre como obra acabada, sem consideração para o que tenha representado de esforço de pensamento. Citá-la apenas como dogmática, normativa, especulativa, não científica significa não compreender o processo de sua instituição.[6]

Não menos ilustre é o linguista espanhol Ignacio Bosque, *académico ponente* desta preciosa *Nueva gramática de la lengua española*, em dois volumes, num total de 3.885 páginas, só dedicada à morfologia e à sintaxe (Madrid, 2009), que em *Repaso de sintaxis tradicional: Ejercicios de autocomprobación* diz:

> *Existen grandes diferencias teóricas entre los gramáticos actuales que trabajan en los distintos marcos que ofrece la lingüística moderna.*

> *Lógicamente, también existen entre los que investigan sobre la sintaxis del español. Sin embargo, es fácil entrever entre estos últimos (al menos entre los que enseñan gramática) um acuerdo tácito sobre la importancia que tiene el hecho de que los estudiantes que se adentran en cualquier modelo gramatical orientado teoricamente lo hagan con el bagaje que proporciona la gramática descriptiva clásica y, más concretamente, el estudio detallado de lo que llamamos, de manera talvez excesivamente simplificada, "gramática tradicional". Frente a lo que algunas veces se dice, las teorías gramaticales más modernas no consideran equivocado ese enorme corpus de doctrina, sino más bien todo lo contrário. Lo consideran imprescindible, y a la vez, y sin que exista contradicción, insuficiente. Aun a pesar de serlo, si se prefiere verlo desde la investigación gramatical más moderna, ese bagaje es relativamente satisfactório desde el punto de vista de las necesidades de los alumnos de bachillerato y de los cursos universitarios más básicos. Más aún, constituye el fundamento sobre el que más tarde podrá asentarse cualquier aproximación teórica, especialmente si se desea que este asentamiento sea sólido, y no se confundan y se entremezclen los cambios meramente terminológicos con los verdaderamente conceptuales.*[7]

Em todos os períodos da elaboração da gramática normativa de todas as línguas de cultura com o *corpus* que sempre lhe serviu de referência, apoio e modelo, foi selecionado o que se assentava na língua padrão e exemplar. Não perdeu a oportunidade de nos lembrar essa referência o primeiro gramático do nosso idioma, Fernão de Oliveira, em 1536, quando afirmou que a língua padrão "há de ser a mais acostumada entre os melhores dela; e os melhores da língua são os que mais leram e viram e viveram contribuindo mais entre primores, sisudos e assentados, e não amigos de muita mudança".[8]

De tempos em tempos o peso da norma padrão é contestado por várias razões. Entre estas está a motivação da consciência nacional de encarecer a variedade regional em detrimento da língua comum padrão. Entre nós, tal iniciativa aparece na proposta do desembargador Antonio Joaquim de Macedo Soares, no prólogo do *Dicionário brasileiro da língua portuguesa*, de 1889: "Já é tempo dos brasileiros escreverem como se fala no Brasil, e não como se escreve em Portugal." Por mais bem-intencionada que seja a iniciativa posta em prática por escritores inábeis, o exagero pode prejudicar o projeto. É bem provável que, para combater tais excessos, João Ribeiro, na 2.ª edição do seu *Dicionário gramatical*, saído em 1897, no verbete "brasileirismo", tenha alertado os incautos:

> É a expressão que damos a toda casta de divergências notadas entre a linguagem portuguesa vernácula e a falada geralmente no Brasil. [...] Que esse dialeto, porém, tenha foros de língua literária e culta é o que de todo se torna inadmissível, atendendo-se a que a dialetação brasileira não é suficientemente caracterizada e intensa de todo que torne possível a revolta contra a língua pura e vernácula. [...] A emancipação

do dialeto brasileiro se não é de todo inexequível, é seguramente, pelo menos, prematura. A língua clássica não constitui óbice de espécie alguma para os brasileiros, a não ser a exigência, que se dá em todas as línguas literárias, de meditada cultura.[9]

Em nota de rodapé: "Até hoje tem sempre predominado o elemento clássico, com as devidas concessões aos que querem e desejam a licença de falar sem gramática."
Já antes de João Ribeiro, de quem não se pode dizer que tenha sido um puritano devoto da metrópole portuguesa, Machado de Assis, com a admirável clarividência sobre questões de vernaculidade, em artigo de 1873, intitulado "Instinto de nacionalidade", adianta:

> Entre os muitos méritos dos nossos livros nem sempre figura o da pureza da linguagem. Não é raro ver intercalados em bom sentido os solecismos da linguagem comum, defeito grave, a que se junta o da excessiva inferência da língua francesa. Este ponto é o objeto de divergência entre os nossos escritores. Divergência digo, porque se alguns caem naqueles defeitos por ignorância ou preguiça, outros porque os adotam por princípio, *ou antes por uma exageração de princípios* (o grifo é meu).

E acertando o passo com a consentânea lição dos melhores linguistas e a melhor política do idioma, adianta:

> Não há dúvida que as línguas se aumentam e alteram com o tempo e as necessidades dos usos e costumes. Querer que a nossa pare no século de quinhentos é um erro igual ao de se afirmar que sua transportação para a América não lhe inseriu riquezas novas. A este respeito a influência do povo é decisiva. Há, portanto, certos modos de dizer, locuções novas, que da força entram no domínio do estilo e ganham direito de cidade. Mas se isto é um fato incontestável e se é verdadeiro o princípio que dele se deduz, não me aprece aceitável a opinião que admite todas as alterações da linguagem, ainda aquelas que destroem as leis da sintaxe e a essencial pureza do idioma. A influência popular tem seu limite, e o escritor não está obrigado a receber e dar curso a tudo o que o abuso, o capricho e a moda inventaram e fazem correr. Pelo contrário, ele exerce também uma grande parte da influência a este respeito, depurando a linguagem do povo e aperfeiçoando-lhe a razão.[10]

Em 1921, João Ribeiro lança livro intitulado *A língua nacional*, com vista, segundo suas palavras, a investigar a "curiosidade dos amadores e estudiosos do idioma português na América". Desconhecemos o que a obra provocou naqueles que pretendiam a emancipação da variedade americana da língua-mãe europeia, mas na 2.ª edição, em 1933, o fato logo aplaca o desejo desses revolucionários, afirmando que não era seu propósito "a defesa nem a apologia intencional de solecismos, de barbaridades e defeitos indesculpáveis. Era muito mais erguido e alevantado o meu propósito. Tratava-se da independência do nosso pensamento e de sua imediata expressão".[11]

Mais recentemente nos chegou, em geral por via da sociolinguística, a lição correta de que são válidas e merecem ser estudadas todas as variedades diastráticas da língua histórica, ao lado das variedades diatópicas e diafásicas. A seguir, dado o privilegiamento, natural pelos seus objetivos pedagógicos, da língua comum culta, natural, começou entre nós um exaltado privilegiamento da variedade popular, sob a alegação de que se procurava combater o chamado "preconceito linguístico". O movimento ganhou corpo e adeptos, penetrou em universidades e em cursos de formação de professores de língua portuguesa. A tendência iconoclasta não atingiu o modo de falar e escrever dos defensores do preconceito linguístico, que sempre utilizaram e utilizam a norma padrão. Também tais ideias não invadiram os cursos de formação de professores de línguas estrangeiras, os quais se esforçam por usar a linguagem das pessoas cultas dos respectivos países. O combate ao preconceito entrou em órgãos do Ministério de Educação, como comprovam declarações inseridas nos *Parâmetros Curriculares Nacionais*, da Secretaria de Educação Fundamental do MEC em que se lia:

> Assim, por exemplo, professores e gramáticos puristas continuam a exigir que se escreva (e até que se fale no Brasil):
>
> O livro *de* que eu gosto não estava na biblioteca,
> Vocês vão assistir *a* um filme maravilhoso,
> O garoto *cujo* pai conheci ontem é meu aluno,
> Eles *se* vão lavar / Vão lavar-*se* naquela pia,
>
> quando já se fixou na fala e já se estendeu à escrita, independentemente de classe social ou grau de formalidade de situação discursiva, o emprego de:
>
> O livro que eu gosto não estava na biblioteca,
> Vocês vão assistir um filme maravilhoso,
> O garoto que eu conheci ontem o pai é meu aluno,
> Eles vão se lavar na pia.

Contra tal modo de ensinar, insurge-se, entre outros, Eugenio Coseriu, excepcional teórico moderno:

> Na linguística atual considera-se com frequência só a língua falada "primária" (espontânea ou "usual") como "natural" e livre, ao tempo que a língua exemplar (ou "língua padrão") e a forma literária desta se consideram como "artificiais" e "impostas". Por conseguinte, considera-se também só a gramática descritiva "objetivista" como realmente científica e a gramática normativa como expressão sem fundamento científico duma atitude antiliberal e dogmática. Trata-se de erros e confusões teóricas que procedem da concepção positiva vulgar da linguagem e da linguística. Na realidade e, portanto, na boa teoria, a língua literária representa no grau mais alto

a dimensão deôntica (o "dever ser") da língua; e a gramática normativa é a manifestação metalinguística explícita desta dimensão.[12] [E conclui:] O "liberalismo" linguístico é, no fundo, um falso liberalismo; não promove a liberdade, mas sim o arbítrio. E não é como alguns pensam (ou dizem sem pensar), uma atitude "progressista", "tolerante" e "democrática", mas sim uma atitude reacionária e profundamente antidemocrática, já que ignora a dimensão deôntica da linguagem (ignora e despreza a aspiração a falar "melhor" e "como os melhores", aspiração genuína de todo falante consciente do seu ser histórico) e aceita tacitamente a exclusão dos falantes de modalidades não exemplares da cultura maior da nação.

Em suma, parafraseando uma sentença de Ortega: "muito pior do que as normas rigorosas é a ausência de normas, que é barbárie."[13]

Elabora-se uma gramática para preparar o usuário da língua a dela aperfeiçoar sua educação linguística que, nas palavras do escritor espanhol Pedro Salinas lhe permite *despertarle la sensibilidad para su idioma, abrirle los ojos a las potencialidades que lleva dentro, persuadiéndole, por el estudio ejemplar, de que será más hombre y mejor hombre si usa con mayor exactitud y finura ese prodigioso instrumento de expresar su ser y convivir con sus prójimos.*[14]

Academia Brasileira de Letras — Ciclo de Conferências — Entre a gramática e a linguística —, em30/4/2013.

Notas

1   ASSIS, Machado de (1953) [1862]. *Crítica Literária*. "Resenha ao Compêndio de Língua Portuguesa", por Vergueiro e Pertence. In *Crítica Literária*, Rio de Janeiro, W. M. Jackson. Editores: 1953, p. 21.
2   TONNELAT, Ernest. *Histoire de la langue allemande*. Librairle Armand Colin: 1927, p. 167.
3   CÂMARA JR., Joaquim Mattoso. *Estrutura da língua portuguesa*, Editora Vozes: 1984, p. 79.
4   PAGLIARO, Antonino. *A vida do sinal*. Trad. de Anibal Pinto de Castro, Lisboa, Gulbenkian: 1967, p. 136.
5   PAGLIARO, Antonino. *A vida do sinal*. Trad. de Anibal Pinto de Castro, Lisboa, Gulbenkian: 1967, p. 140.
6   NEVES, Maria Helena de Moura. *A vertente grega da gramática tradicional*, São Paulo: 1987, p. 15.
7   MUÑOZ, Ignacio Bosque. *Repaso de sintaxis tradicional: ejercicios de autocomprobación*. Madrid: 1995, p. 9.
8   OLIVEIRA, Fernão de. *A Gramática da linguagem portuguesa*, edição crítica, semidiplomática e anastátia. Organização de Amadeus Torres e Carlos Assunção, com estudo introdutório de Eugenio Coseriu. Lisboa, Academia de Ciências de Lisboa: 2000, p. 38.
9   RIBEIRO, João. *Dicionário gramatical*, 2.ª ed., Francisco Alves: 1897, p. 63-64.

10 ASSIS, Machado de (1953) [1862]. *Crítica Literária*. "Resenha ao Compêndio de Língua Portuguesa", por Vergueiro e Pertence. In *Crítica Literária*, Rio de Janeiro, W. M. Jackson. Editores: 1953, p. 147.
11 RIBEIRO, João. *A língua nacional*, 2.ª ed., Editora Nacional: 1933, p. 16.
12 COSERIU, Eugenio: *A língua literária*, Revista Internacional da Associação Galega da Língua — Universidade de Tünbingen: 2000, p. 79.
13 COSERIU, Eugenio: *A língua literária*, Revista Internacional da Associação Galega da Língua — Universidade de Tünbingen: 2000, p. 79.
14 SALINAS, Pedro. *La responsabilidad del escritor y otros ensayos*. Seix Barral, Barcelona: 1961, p. 57.

As línguas e seus usos caprichosos

Interessado no estudo comparativo das línguas, o estudioso alemão Mario Wandruszka procura nelas sondar o espírito (alemão *Geist*) que as orienta, como no saboroso livrinho *O espírito da língua francesa* (*Der Geist derfranzösischen Sprache*), publicado pela Rowohlt em 1959 e que já em 1969, data da edição que possuo, chegara a 38 mil exemplares saídos.

Perseguindo, mais ampliada nos objetivos, essa mesma trilha, partiu para estudos de comparação interlinguística, e entre numerosas obras (na década de 1970 estavam em oitenta!), elaborou uma extraordinariamente rica de fatos dessa natureza, que mereceu, em 1976, tradução para o espanhol, em dois volumes, vinda à luz com o prestígio da Editorial Gredos de Madrid, hoje o mais importante repositório de estudos linguísticos, filológicos e literários da Espanha. Nesta obra, que na tradução se intitulou *Nuestros idiomas comparables e incomparables* (no original *Sprachen-vergleichbar und unvergleichlich*), tomou Wandruszka seis idiomas — alemão, inglês, francês, italiano, português e espanhol — e, partindo de um texto originalmente produzido num deles, comparou com suas traduções nas cinco outras línguas, auscultando-lhes as particularidades que as aproximam e as separam. Para que os leitores possam ter ideia da utilidade desses dois volumes para o estudioso da linguagem, para o estudioso de um ou mais desses idiomas, para os tradutores e até para os curiosos não profissionais que buscam conhecer as esquisitices (no bom e no mau sentido) das línguas — inclusive da materna —, passarei a respigar de um capítulo escolhido para atender ao propósito não especificamente erudito desta nossa seção, algumas informações de ordem lexical que suponho de interesse para o leitor comum.

Comecemos pelos exemplos mais fáceis. O espanhol distingue *el pescado* "alimento humano" de *el pez* "o peixe", talvez porque haja no idioma uma homofonia incômoda: *el pez* "o peixe" (do latim *piscem*) e *la pez* "o piche" (do latim *picem*), de modo que comer pez daria motivos a provocadoras elucubrações por parte de pessoas maldosas.

Para a noção de "veneno" contam as línguas românicas com duas palavras de procedência latina: *venenum* "bebida", "bebida venenosa" e *potio* "bebida", "poção", além de uma terceira, da linguagem técnica greco-latina, *toxicum*. O italiano decidiu-se por *veleno*, enquanto o francês, embora como termo específico do veneno de cobra e de animal semelhante use *venin*, optou por *poison*. O espanhol e o português agasalharam *veneno*, ainda que conheçam, respectivamente, *ponzoña* e *peçonha*, esta última resultante de uma dissimulação do primeiro *o* em *e*. O inglês recebeu do francês seu *poison*, mas também pode empregar, com mais raridade, *venin*.

Dispondo o idioma de dois vocábulos, quase sempre se estabelecem entre eles sutilezas de sentido ou marcas estilísticas. Assim o precioso *Dicionário de sinônimos*, de Antenor Nascentes, comenta esta possibilidade em relação a *veneno* e *peçonha* em português, empregadas metaforicamente:

> Em sentido moral, cabe ainda uma diferença entre *veneno* e *peçonha*. A peçonha aparece a descoberto, perverte imediatamente os costumes; o veneno é oculto, produz indiretamente os seus efeitos (p. 329 da 3.ª ed.).

O derivado adjetivo do francês *venin* apresenta-se sob duas roupagens: *venimeux* e *vénéneux*, estabelecendo, com o passar dos tempos, uma diferenciação semântica surpreendente. Diz-se *venimeux* de animais (e se usado em sentido figurado), enquanto *vénéneux* se aplica a plantas, quando, com base na distribuição acima estabelecida entre *poison* e *venin*, se esperaria, em seu lugar, *poisonneux* em alusão a portadores de veneno não animais: *ce serpent venimeux/laplante vénéneuse*.

Do latim *civitas* procede o filão fundamental das correspondentes românicas para a noção de cidade: port. "cidade", esp. *ciudad*, it. *città*, fr. *cité*. Ao lado de *civitas*, apareceu o concorrente *villa* que, da ideia de "casa de campo", passou, na Idade Média, a significar "cidade". Enquanto em português *vila* é entendida como menor que *cidade*, em espanhol não se opunha a *ciudad*, mas hoje só aparece em algumas fórmulas fixas com esse valor. Já no francês *ville* acabou ocupando o primeiro lugar e *cité* passou a segundo. Na norma culta francesa, *cité* só se aplica a cidade antiga e de tradição, mormente se fundada por gregos ou romanos, ou ao antigo núcleo de uma *ville* moderna como Paris, ou ainda em referências a cidades modernas quando se alude à comunidade de vida: *la Cité universitaire*, para a qual, como lembra Wandruszka, falta uma palavra alemã apropriada, já que nem *Universitätstadt* ("cidade com universidade"), nem *Universitatsviertel* ("bairro da universidade"), nem *Universitatssiedlung* ("aglomeração universitária") traduzem o que pela expressão entendem os franceses.

Os ingleses também distinguem as noções com duas palavras: *city* e *town*, enquanto os alemães só dispõem de uma; se pretendem penetrar nas diferenças assinaladas pelos pares franceses e ingleses, têm de socorrer-se de adjetivos ou da composição: *Grosstadt* "cidade grande", *Stadtkern* "núcleo da cidade", *Geschaftsviertel* "bairro comercial".

Enquanto os portugueses e outros povos reconhecidamente desbravadores de mares e que têm com estes seu destino indelevelmente ligado, contam com uma só palavra corrente para designar o "mar" (port. e esp. *mar*, inglês *sea*, por exemplo), os alemães ostentam dois vocábulos: *das Meer* e *die See*.

Destes dois vocábulos alemães, *Meer* é o mais geralmente usado, porque *See* tem a perturbar o seu emprego um incômodo homófono *See* com o significado de "lago". Isoladamente, distingue-se um do outro com a diferenciação de gênero: *die See*, feminino, é o "mar", ao passo que *der See*, masculino, é o "lago". O inconveniente torna-se mais patente quando se está diante de palavras compostas, já que se relacionam sem distinção externa umas vezes com o mar, outras com o lago.

Embora sinônimos, Wandruszka assinala diferenças de emprego, às vezes puramente de natureza estilística como ocorre na prosa de Thomas Mann. Em geral, parece que *die See* denota uma carga de familiaridade. Mas também, seguindo as pegadas do inglês (*sea*), *die See* pode aplicar-se a qualquer mar, por mais distante que esteja: *Südesee* "Mar do Sul". Já nos compostos passam a competir lado a lado com *Meer*: *Seebär* "lobo do mar" junto a *Meeresgrund* "fundo do mar".

Para a noção de corrente d'água, distinguiram os romanos, conforme o caudal, *rivus*, *fluvius*, *flumen* e *amnis*. As línguas românicas fizeram suas escolhas neste elenco lexical: o português, o espanhol e o italiano contentaram-se com um só termo: *o rio* e *el río*, nos dois primeiros, e *il fiume* na língua de Dante.

Se o português, o espanhol e o italiano precisarem aludir ao caudal mais ou menos intenso, farão uso de sufixos e adjetivos adequados: port. *riacho*, *riachinho*, *riachão*, *riozinho*; esp. *riachuelo*; it. *fiumicino*, *fiumicello*, etc., além de adjetivos como *grande*, *pequeno* rio, etc.

Em contrapartida, o francês ficou com *fluvius* (*le fleuve*) e foi tomar outra palavra latina (*ripariu*) para o mesmo conceito: *la rivière*. Parece que a distinção semântica no uso dos dois termos repousa no fato de que um curso d'água desemboca no mar, enquanto o outro não. Segundo o mesmo autor, essas características, válidas para a língua da burocracia e dos compêndios escolares, justificam que *Le Petit Larousse* (1965) ensine: "*Missouri (le), grande rivière de États-Unis, qui se jette dans le Mississipi...*" e que "*Orb, fleuve de France, qui naît dans les Cévennes, arrose Béziers et finit dans le Méditerranée.*"

Assim como se deu com o caso das denominações para "mar", o alemão dispõe de dois termos para o conceito de "rio": *Fluss* e *Strom*, dos quais se serve para distinguir o tamanho — *Strom*, em geral, se aplica a um rio maior — e certa oposição estilística, já que do último se acerca certo matiz de estilo solene. Todavia, um escritor pode referir-se a um rio como o Reno tanto por meio de *Strom* como de *Fluss*.

O inglês também tem à sua disposição dois termos para designar "rio": *the river* e *the stream*, mas neste idioma a distribuição semântica deles é diferente do alemão: *river* é a palavra mais geral, usada para um rio de grande extensão como o Mississippi, enquanto *stream* — paralelo materialmente ao alemão *Strom* — pode aplicar-se a um arroio muito pequeno. Isso permite que de *stream* se tenha um diminutivo: *a little stream, a streamlet*.

Para encerrar este capítulo do polimorfismo linguístico, isto é, o excesso assistemático de formas, ponho mais um exemplo aludido por Wandruszka. Para a ideia de "céu" tanto em referência ao céu estrelado da natureza como ao céu de religião, o latim e o alemão dispõem de um só vocábulo: *caelum* e *Himmel*, respectivamente.

Já o inglês tem à sua disposição um termo anglo-saxão — *heaven*, e outro que tomou de empréstimo aos viquingues dinamarqueses, *sky* "nuvem", "céu". Mas essa distribuição sofreu alterações no inglês. A partir do século XVII e pela influência do puritanismo, *heaven* começou a aplicar-se cada vez mais ao conceito religioso, enquanto *sky* passou a reservar-se ao céu da natureza. Só aos poetas, sonhadores inveterados, lhes é permitido aplicar a este último conceito, ao lado de *sky*, o termo *heaven*.

Por esses exemplos, percebe-se facilmente que se das línguas se pode abstrair uma concepção de sistema, por outro lado não deixam de refletir a complexa e intrincada estrada da cultura, em sentido latíssimo, do Homem, da sua cosmovisão, da maneira de refletir e sentir o mundo e as coisas que o cercam desde sempre. É neste particular que os idiomas, como no título do livro de Wandruszka, podem ser comparáveis e incomparáveis.

> Texto publicado no jornal *Mundo Português* e na revista *Na Ponta da Língua*, originalmente em duas partes: 15/1/1993 e 19/2/1993.

A MISSÃO DOS CONSULTÓRIOS GRAMATICAIS

Mais uma vez, nesta seção, temos ressaltado a importância dos chamados consultórios gramaticais, isto é, de colunas de jornais e revistas que, ou respondendo às perguntas que lhes são dirigidas, ou propondo aspectos de língua em que geralmente o falante ou escritor tem dúvidas, cumprem o honroso dever de salvaguardar a unidade e os valores da língua exemplar, veículo da cultura de uma comunidade linguística.

Dessa língua exemplar diz bem o nosso ilustre colega Gladstone Chaves de Melo, no seu mais recente artigo para esta seção:

> Todo povo que atinge determinado nível de cultura intelectual, necessariamente cria uma forma especial de comunicação, uma forma "ideal" de comunicação independente do espaço geográfico, dos grupos ou estamentos sociais, das modas ocasionais. Ela vai sendo apurada e enriquecida ao longo do tempo pela ação de certos homens que lhe penetram mais fundo o gênio, que sabem explorar as virtualidades, as potencialidades, que forjam novas palavras e novas construções, perfeitamente afinadas com a "personalidade" digamos assim, do "idioma".

É justamente essa variedade de língua exemplar — também dita língua-padrão, língua culta e, menos propriamente, porque restritiva da gama de aplicações do termo "literatura", língua literária — que representa o objeto e o *corpus* da gramática normativa. A gramática normativa só dá conta dessa língua exemplar, que, além de se caracterizar como expressão de cultura, se mostra mais conservadora e regular, o que torna o veículo mais efetivo para unir duas ou mais gerações, conforme sua mudança se apresente, respectivamente, mais ou menos acentuada. Assim é que os atuais leitores franceses e ingleses de Racine (1639–1699) e Milton (1608-1674) não os leem com a mesma facilidade com que hoje os de língua espanhola e portuguesa leem Calderón de La Barca (1600-1681), Vieira (1608-1697) e Gregório de Matos (1623-1696). Isso porque do século XVII aos nossos dias a língua francesa e a inglesa sofreram mudanças bem mais profundas do que, neste mesmo período, conheceram o espanhol e o português.

É importante levar em conta o fato de ter a gramática normativa um objeto bem definido (a língua exemplar, que é, como dissemos, uma variedade "ideal" construída pela tradição culta da comunidade), e por isso mesmo não espelha *todas* as possibilidades vigentes e correntes do idioma, nas suas variedades regionais, sociais e estilísticas. Aliás, todo estudo sério tem de delimitar seu *corpus* de aplicação. Daí cometer-se uma injustiça com a gramática normativa quando se a chama retrógrada por não agasalhar certos fatos que correm, por exemplo, na variedade popular, ou na familiar ou na regional. Temos ouvido e lido críticas à gramática normativa por não aceitar começar frases com pronome átono adverbial, ou aconselhar que se evitem construções como *implicar em crise* (em vez de *implicar crise*, sem a preposição *em*), *aluga-se apartamentos* (*por alugam-se apartamentos*), *deu dez horas* (*por deram dez horas*), *hoje é sete de dezembro* (*por hoje são sete de dezembro*), *fazem dez meses* (por *faz dez meses*), *isto é para mim fazer* (em vez de *é para eu fazer*) e tantos outros fatos de regência, de concordância e de colocação que correm tranquilos e normais nas variedades informais da língua, mas que não conseguiram ainda penetrar vitoriosos na língua exemplar, nos momentos em que o texto — especialmente o escrito — exige, pela tradição sociocultural, essa variedade exemplar.

Para quase todos os fatos gramaticais não aceitos na língua exemplar encontra o linguista, o filólogo ou o gramático uma explicação; mas, como bem nos ensina Said Ali em lição de mais de meio século:

> Explicar um fenômeno linguístico não significa recomendar a sua aceitação no falar das pessoas cultas.[1]

No estudo de uma língua estrangeira o objeto de aprendizagem se torna menos complexo, porque o aprendiz tem apenas uma variante, a do professor; de modo que os dois não se preocupam em saber quais são as variantes regionais, sociais e estilísticas, como ocorre com o professor e aluno falantes nativos do português. Por isso é que se diz que a tarefa primordial da escola é transformar o aluno num poliglota reflexivo em seu próprio idioma, isto é, capaz de adequar a cada momento de sua vivência social a variante pertinente.

Essas considerações prévias nos permitem melhor entender o papel positivo dos consultórios gramaticais e nos preparam para evidenciar-lhes os excessos negativos, quando, extrapolando o seu campo de ação, procuram caminhar pela visão estreita e redutora de um logicismo purista, ou pela visão extremamente larga do linguista, quase sempre motivado pelo mote: *Deixe sua língua em paz*, que já foi título de livro (*Leave your language alone*).

Afirmávamos serem importantes os consultórios gramaticais, pois que, para além das lições que ministram, estimulam, no público em geral, o dever da correção da língua como veículo da integridade da cultura e da identidade nacional.

Foram concorridíssimos os consultórios gramaticais assinalados pelo português Cândido de Figueiredo e pelo brasileiro Cândido Lago, que têm o mérito de manter aceso o interesse da língua. Desses consultórios saíram inúmeros volumes, como *Lições práticas, Falar e escrever, O que se não de deve dizer, Problema de linguagem*, cada título com três volumes publicados, todos de autoria de Cândido de Figueiredo, o mais famoso e o mais produtivo dos consultores.

A missão importante de seções desse gênero apresenta-se também muito delicada, por vários motivos, entre os quais, cabe-nos ressaltar:

a) A natureza mesma do jornal e da revista, órgãos que, não sendo especializados, impedem ao responsável, digressões mais largas acerca das questões propostas;
b) Por outro lado, a natureza do leitor que lê a coluna para tirar dúvidas imediatas, no ledo engano de que tudo se resolve na filosofia simplista do pão, pão, queijo, queijo;
c) A necessidade de preparo do responsável, que deve conhecer a língua em maior extensão do que o normal das pessoas, de modo que sua lição seja simples, mas correta; que não provoque polêmicas inúteis com companheiros do próprio periódico, ou com seu leitor mais avisado, ou com colegas de profissão.

O maior perigo desta última hipótese é transformar o idioma num rosário de regrinhas cerebrinas que amesquinham o tesouro que a língua amealha, e que, por não serem regras fundamentadas naquilo que a variante exemplar registra, encontram contradições a cada passo.

A grande virtude que pode ostentar um consultório gramatical é a de transmitir aos consulentes a convicção de que muitas vezes o idioma põe à disposição dos falantes cultos mais de um modo de dizer a mesma coisa, reflexo de que a língua não lhes é imposta, mas é o veículo de que eles se servem para a sua liberdade de expressão, como partícipes da comunidade.

Essa atividade de ensino do português encontra obstáculos sérios a uma perfeita execução, porque ainda faltam muitas pesquisas e muitas informações sobre nosso idioma, quer no plano fonológico, quer no plano gramatical (morfologia e sintaxe), quer no plano do léxico. Tal deficiência tem seus fortes reflexos na elaboração de uma gramática normativa, eminentemente pedagógica, cujo alicerce, disse o italiano Campanella: *"constat ex autoritate usuque clarorum scriptorum"*.

Essas deficiências por parte do responsável pelo consultório gramatical estão patentes nas obras de Cândido de Figueiredo atrás mencionadas: falta de uma base linguística teórica; falta de um conhecimento mais aprofundado e extenso da tradição exemplar; excesso de uma visão purista e logicista dos fatos da língua portuguesa.

Tais insuficiências marcaram seu critério de correção de linguagem e de preferência de uma forma em detrimento de outra, também válida pelos mesmos princípios ou razões que elegeram a forma aplaudida e recomendada.

Os erros e falhas foram logo sentidos pelos especialistas — como José Leite de Vasconcelos, em Portugal; Said Ali e Mário Barreto, no Brasil — e por não especialistas. Mas que tinham excelente leitura nos bons autores de todas as épocas do idioma e um conhecimento de obras gramaticais, como Heráclito Graça, entre nós, conforme se pode comprovar no seu excelente livro *Fatos da linguagem*, de 1904, e em artigos, de fevereiro a novembro de 1903.

Muitas decisões saídas desses consultórios que não encontram apoio na tradição nem fundamentação na teoria gramatical ainda correm como verdades absolutas, criando nos leitores a falsa ideia de que é uma língua difícil. Cheia de regras, senão a mais difícil. Cheia de regras e exceções, melhor será não levá-la a sério e usá-la como bem aprouver.

As falsas lições e distinções casuísticas ganham particular efeito e, por consequência, produzem mais funestos resultados, no leitor comum de periódicos, que toma a informação por verdade indiscutível.

Um bom exemplo do que vimos dizendo ocorre em recentíssimas lições exaradas em um dos mais lidos consultórios do país. Num primeiro momento, considera errôneo o emprego de custas, no plural, na expressão *F. vive às custas do pai*, quando, para o professor, o correto será *F. vive à custa do pai*.

Na verdade, acreditamos que houve confusão no ensinamento: emprega-se com mais frequência o plural quando *custas* for sinônimo de *expensas*, não sendo errôneo o uso do singular: *Vive à custa do pai* ou *Vive às custas do pai*. *Vivo à minha custa*; *Vivo às minhas custas*.

A dupla possibilidade de flexão de *custa* já não ocorre quando, na locução à custa de, vale por *o emprego de, a poder de, à força de*: *Foi aprovado à custa de muito esforço*. É o que ocorre, em geral, nas locuções prepositivas e conjuntivas, em que entra o substantivo no singular: *à moda de, ao encalço de, de forma que, de maneira que*, etc.

A repreenda injusta — que confunde o leitor desavisado e empobrece as virtualidades do idioma já aparece em consultórios gramaticais antigos; vemo-la, por exemplo, no incansável batalhador da boa linguagem que foi Napoleão Mendes de Almeida.

Infelizmente, ainda não possuímos um dicionário de usos, mas esperamos que bem cedo o *Dicionário de usos*, a sair pela Editora Ática, preparado pelo competente linguista Francisco da Silva Borba e sua equipe da UNESP (Araraquara) venha suprimir essa lacuna. Contamos, quase sempre, apenas com as leituras pessoais e com a documentação, nem sempre capaz de resolver problemas dessa natureza, que exibem os grandes léxicos. O chamado *Morais*, em 12 volumes, oferece-nos exemplos de *às custas de*, no emprego tido como errôneo, em autores a partir do século XVI, para mostrar que a tradição não foi consultada para a prolação da sentença condenatória: [...] com o qual modo se forneceu grande armada às custas alheias" (Gaspar Correia, *Lendas da Índia*, III, 355), ao lado de "[...] e castigam-se à causa alheia".[2]

O que haveríamos de esperar do consultório seria ou não tocar no assunto para fugir a discriminações perturbadoras e redutoras das riquezas idiomáticas, ou, precisando comentá-lo para responder a consulentes, fazê-lo de modo correto. *Magister dixit sed dixit male*.

No mesmo dia em que deu a controvertida lição de que não estaria certo o emprego de plural em *F. vive às custas do pai*, também o articulista condenava o emprego do substantivo *via* no plural, em expressões do tipo: "*O projeto está em vias de ser aprovado*", sob a alegação de que se se diz "a caminho de", só se poderá usar "em via de".

Esse procedimento de procurar respaldo em construções sinonímicas ou análogas nem sempre nos leva a bom termo; dá, por exemplo, muito mau resultado — e daí surgiram ensinamentos errados —, se estamos em dúvida no emprego de *a* ou *à*. Dizia-se, e ainda hoje se repete, que, se se emprega sem artigo *escrever a lápis*, se deverá escrever somente *escrever a mão* (sem acento grave). Ou se se emprega *vendas a prazo*, se deverá escrever somente *vendas a vista* (também sem acento grave), o que, com certeza, não ensinará o prezado articulista.

Todavia, posteriormente, diante da pergunta: *a distância* ou *à distância*, manifestou-se o articulista a favor de *à distância*, o que significa negar ao escritor a faculdade de também usar *a distância*, quando quiser enfatizar, em certas circunstâncias expressivas, a indeterminação do substantivo. Comparem-se as frases, semanticamente diversas, por haver numa e faltar noutra o desejo de tomar a noção expressa pelo substantivo de modo indeterminado:

Assistiu a cena interessante (sem determinação)
Assistiu à cena interessante (determinação)

Concordamos em que geralmente se deva empregar o acento em *ficar à distância*; mas isso não significa tirar ao escritor a possibilidade de querer marcar a indeterminação, se isso ele julgar necessário à fiel comunicação de sua mensagem. É esse uso reflexivo das construções do idioma que o professor deve propor / ensinar e desenvolver junto aos seus alunos.

Aberto e fechado o parêntese, tomemos ao caso de *via* no plural, na construção: "O projeto está em vias de ser aprovado." O articulista não se acha só na sentença condenatória; vemo-la em um ou outro autor, mas sem peremptório juízo: "É considerada incorreta a forma *em vias de*."[3]

Eis mais um caso que reflete o quanto falta de estudo para se resolverem problemas dessa natureza, em português. Em primeiro lugar, pela pobreza de documentação; parece que a expressão *em via de* não é atingida no idioma; mas para tal certeza faltam-nos um dicionário histórico e um dicionário de usos. É possível que se trate de uma braquilogia ou abreviação de complexo verbal do tipo de *pôr-se em via de*, *pôr-se a caminho*, construção já de antiga data no português, que poderia alterar seu significado para indicar a iminência de realização de um fato, de algo que está prestes a consumar-se.

Via, no português, não é desses exemplos de *singularia tantum*, isto é, de nomes que normalmente só se usam no singular; temo-lo no plural em *ir às vias de fato*, *por vias travessas*, entre muitos outros casos.

O espanhol, como o português, prefere, em geral pôr o substantivo no singular, quando se trata de locução prepositiva, ou a caminho de sê-lo. Mesmo assim, só emprega no plural *en vias de* 'en curso', 'en trámite', 'en camino de', como se pode ver no *Diccionario* da Academia Espanhola ou no *Diccionario de uso*, em María Moliner, embora só esteja registrado o singular noutra locução, *por via de*.

Entenda-se que não queremos dizer com tudo isto que *em vias de* se use na mesma generalidade de *em via de*; o que reprovamos é essa rapidez com que se condena uma construção sem apresentar a fundamentação necessária do julgamento. E isso só se pode fazer com minuciosa pesquisa e olhos atentos à tradição culta do idioma.

Infelizmente, assistimos hoje a ensaios especialíssimos na área universitária para explicar o que já sabíamos (p.ex., que no português do Brasil se prefere a próclise do pronome adverbial, enquanto Portugal atual pende para a ênclise), e problemas do tipo de que agora nos ocupamos — e que interessam a todos os que manejam o idioma — são considerados de segunda e terceira ordem, e cujo estudo se julga estar destituído de toda qualidade científica. Muitos cientistas da linguagem ainda não perceberam que tais problemas também estão inseridos nos seus domínios de interesse, de investigação e de reflexão.

Finalmente termina a lição do mesmo dia preferindo como única forma correta a concordância verbal "Ele é um dos deputados que mais trabalham" (no plural), em detrimento de "Ele é um dos deputados que mais trabalha" (no singular). Apoia-se em algo que chama "a lógica da estrutura da frase" sem nos dizer bem o que entende por isso.

A prevalecer esse ponto de vista, estaríamos pecando por falta de "lógica de estrutura da frase" se usássemos o verbo da chamada oração subordinada no singular.

Para começo, já o nosso Carneiro Ribeiro, sempre de proveitosa leitura, depois de nos ensinar, em lição de mais de cem anos (1890), que em tais construções se pode pôr o verbo no singular ou plural (a ordem de nomenclatura é de sua responsabilidade), acrescenta:

> Bom é de notar que nessas espécies de construções se erra muitas vezes, empregando-se o plural. Assim nas frases: "foi um dos teus filhos que *jantou* ontem comigo", "é uma das tragédias de Racine que se *representará* hoje no teatro", será incorreto o emprego do número no plural: o singular impõe-se imperiosamente pelo sentido do discurso. Enunciando assim o pensamento, intento dizer, na primeira frase, que não foram todos os teus filhos que jantaram comigo: a ação de jantar afirmo-a tão somente de um deles, como a ação do verbo representar-se, na segunda, se não entende de todas as tragédias de Racine, senão de uma só da que se diz ser levado hoje à cena, ser hoje representada.[4]

Já se vê por essa lição que o fato gramatical é mais complexo, mais rico, mais expressivo, e que não pode ter a solução simplista do *certo* ou *errado* e, muito menos do *eu acho*.

Carneiro Ribeiro, na mesma página, estendia a possibilidade de se construir no singular uma frase como a condenada "Ele é um dos deputados que mais *trabalha*" também ao francês. Said Ali vai mais longe e, apoiado nos *Vermischte Beiträge* (Contribuições variadas) (1.ª série) do excelente sintaticista suíço, especialista do francês, Adolf Tobler (1835-1910), estende o uso do singular, em vez do plural, ao grego, ao latim, ao inglês, ao alemão e ao espanhol.[5]

Poderíamos aqui exemplificar o fato nessas línguas, mas isso fugiria à leveza que deve presidir aos artigos desta seção. Todavia não queremos furtar-nos de citar um notável romanista italiano, Adolfo Mussafia [leia-se mussáfia] (1834-1905), que, após preciosas notas gramaticais, mormente sintáticas, a uma edição de *Il Decameron* de G. Boccaccio; não registra o uso do verbo no singular em várias passagens (citamos esta: "*era una delle migliori mule che mais si cavalcasse*") e a respeito alude à *Grammatica* de Vanzoni com estas palavras: "*il quale osservò bene il modo, ma fece tropo da grammatico a riprovarlo.*"⁶

Em favor do articulista, que defende o plural, estão os grandes especialistas do português: Epifânio Dias, João Ribeiro, José Leite de Vasconcelos, Cláudio Brandão; mas do outro lado estão excelentes mestres que, numa posição — a nosso ver mais equilibrada — defendem tanto o singular quanto o plural, apontando certas diferenças de significado no uso de um e de outro, além de assinalar como o fez Carneiro Ribeiro, que em certas construções só o singular é válido: "é uma das tragédias de Racine que se representará hoje no teatro."

Essa condenação ao singular está ainda em Cândido de Figueiredo, lição que já foi erudita e contundentemente desmentida por Heráclito Graça, nos já citados *Fatos da linguagem*.⁷

Em resumidas contas: se a prática dos bons autores registra tanto o singular quanto o plural e se dessa variedade a língua oferece ao falante ou ao escritor a possibilidade de extrair com vantagem diversidades estilísticas e superlativantes, por que imolar as suas virtualidades no altar de uma "lógica da estrutura da frase" que não ficou bem qualificada?

Proceder assim é empobrecer o idioma e não adotar a posição de quem está inteirado de como se deve estudar e emitir parecer sobre a língua exemplar.

Texto publicado no jornal *Mundo Português* e na revista *Na Ponta da Língua*, originalmente em três partes: 24/12/1998, 31/12/1998 e 7/1/1999.

Notas

1   ALI, M. Said. *Meios de expressão e alterações semânticas*, Livraria Francisco Alves: 1930, p. 233.
2   D. Joana da Gama, *Ditos da freira*, 61.ª ed.: 1872.
3   CEGALLA, Domingos Paschoal. *Dicionário de dificuldades da língua portuguesa*, Editora Nova Fronteira: s.v. 1999.
4   RIBEIRO, Ernesto Carneiro. *Serões gramaticais*, 2.ª ed., Bahia: 1915, p. 615.
5   ALI, M. Said. *Gramática histórica*, II, 2.ª edição, Melhoramentos: 1964, p. 79.
6   MUSSAFIA, Adolfo. *Il Decameron* de G. Boccaccio. vol. II, 12.ª edição, Firenze: 1924, p. 535.
7   GRAÇA, Heráclito. *Fatos da linguagem*, Livraria da Viúva Azevedo: 1904, p. 318-326.

Renovação da língua, neologismos e estrangeirismos

Companheira dos seus usuários, a língua participa dos acontecimentos e mudanças históricas por que eles passam, sucessos ou fracassos. A língua portuguesa, transplantada à América pelos nossos descobridores e colonizadores, chega ao Brasil no século XVI num momento auspicioso para a humanidade. A vontade e a força indomáveis de heroicos navegadores fazem singrar por mares até então desconhecidos caravelas pouco favorecidas pela ciência náutica da época, mas, impulsionadas por acalentados sonhos de poder e de ambição, revelam novas terras e aproximam povos de variadas línguas e culturas. Nessa empresa têm papel relevante os portugueses, que, na frase feliz de Alexandre Humboldt, duplicaram o mundo até então conhecido. A florescente terra brasileira, depois dos obstáculos a serem vencidos na árdua tarefa de descobrir e fixar-se na nova terra, alargando-lhe os limites e enraizando as bases da nova nação, chega ao século XVIII, independente, ávida por acertar os passos civilizatórios com as nações europeias de mais prestígio na época.

A nova atmosfera cultural impulsiona o falante da língua a criar vocábulos novos, conhecidos pelo nome *neologismos*. Os neologismos podem começar por utilizar a prata da casa, alargando a família da palavra com a utilização de prefixos e sufixos: *pátria, patriotismo, patriotice, patriotada,* etc. Outros neologismos vêm do contato com outras línguas, caso em que são chamados *empréstimos*. Uma concepção antiga de língua "pura" via com maus olhos esses empréstimos exóticos, oriundos de outras línguas, fazendo exceção àquele que viesse do latim e do grego. Ocorre que não há língua de cultivo pura, sem o auxílio do patrimônio de outras línguas, com as quais um idioma entra em contato. Os filólogos, gramáticos e escritores de boa formação não entram no rol desses puristas. Mais adiante vamos ver como José de Alencar põe nos devidos termos a boa orientação em face dos estrangeirismos, especialmente os francesismos ou galicismos, isto é, os que nos chegam da França.

Na feliz declaração do nosso historiador Capistrano de Abreu, José de Alencar foi quem melhor teve a intuição da vida colonial brasileira, e é esse romancista que, em 1872, na "Bênção paterna" aos *Sonhos d'ouro*, denuncia o anseio da sociedade dessa fase da vida brasileira:

> Notam-se aí, através do gênio brasileiro, umas vezes embebendo-se dele, outras invadindo-o, traços de várias nacionalidades adventícias;

é a inglesa, a italiana, a espanhola, a americana, porém especialmente a portuguesa e francesa, que todas flutuam, e a pouco e pouco vão diluindo-se para infundir-se n'alma da pátria adotiva, e forma a nova e grande nacionalidade brasileira.

Vê-se por essa passagem que a língua da nacionalidade brasileira, consubstanciada nos dois séculos anteriores com o enriquecimento da contribuição das línguas indígenas e africanas, passou a receber também a contribuição de outras nações que vieram ajudar os brasileiros a construir a nova sociedade. A contribuição espraiava-se nos vários domínios culturais, desde os degraus da ciência até aqueles do dia a dia do cidadão comum. Entre essas novidades ocupavam lugar preeminente os fatos de língua, conhecidos, como já vimos, pelo nome técnico *empréstimos*. Entre a variada gama das variantes linguísticas (as fonéticas, morfológicas, sintáticas e lexicais), as mais suscetíveis de novas aquisições são as lexicais, porque o vocabulário é a mais larga porta do idioma para contato com o mundo exterior, com os laços culturais com outras nações. José de Alencar estava atento a esses contactos linguísticos, e sobre eles assim se expressa no mesmo texto já citado, reclamando dos seus críticos:

> Tachar-se estes livros (*Lucíola, Diva, A pata da gazela e Sonhos d'ouro*) de confeição estrangeira, é, relevem os críticos, não conhecer a fisionomia da sociedade fluminense, que aí está a faceirar-se pelas salas e ruas com atavios parisienses, falando a algemia universal, que é a língua do progresso, jargão eriçado de termos franceses, ingleses, italianos e agora também alemães.

Os termos e locuções de fontes estrangeiras eram trazidos por pessoas que sabiam os idiomas, ou que tinham sobre eles alguma informação de pronúncia e grafia; por isso, se vestiam com as feições originárias. Admitidos na linguagem diária, muitos desses estrangeirismos mais usados podiam ser acomodados à pronúncia e grafia do português, que os recebia; aportuguesavam-se, apesar da crítica de juízes mais exigentes. Alencar, sempre sintonizado com o que ele chamou "língua do progresso", perpetrou tais nacionalizações e assim se manifestou numa polêmica travada com Joaquim Nabuco, em 1875:

> Notou ainda o crítico a palavra *grog*, de origem inglesa, por mau aportuguesamento em *grogue*. Podia notar outras como *tílburi, piquenique, lanche*; ou *crochete* e *champanhe*, do francês. Desde que termos estrangeiros são introduzidos em uma país pela necessidade e tornam-se indispensáveis nas relações civis, a língua, que os recebe em seu vocabulário, reage, por uma lei natural sobre a composição etimológica, para imprimir-lhe o seu próprio caráter morfológico. A pronúncia e a ortografia alteram-se, em alguns casos profundamente; mas sempre conforme leis fonéticas, estudadas por Jacob Grimm e seus continuadores. Em português nós já temos de outros tempos, *redingote* de *redingoat*; *jaqueta* de *jacket* inglês

ou *jaquette* francês; *pichelingue* e *escolteto* do flamengo *Flessing* e *schout*, *dessér, trumó*, do francês *dessert* e *trumeau* e muitos outros. As línguas estrangeiras também por sua vez corrompem ou antes sujeitam ao seu molde os nossos vocábulos brasileiros. Assim os franceses mudaram *goiaba* em *goiave, caju* em *acajou, mandioca* em *manioc*; e o mesmo acontece com os outros povos acerca de várias palavras americanas. A iniciativa dessa nacionalização filológica do vocábulo exótico há de partir de alguém, mas será o primeiro a dar-lhe o cunho brasileiro; e por que não pode ser este seu escritor?[1]

Todo esse trecho de Alencar antecipa de quase 150 anos as questões de que hoje tratam linguistas, filólogos, gramáticos, escritores e jornalistas. As propostas do escritor cearense pouco diferem das apresentadas agora, embora tenha de haver bom senso no processo da nacionalização, porque muitos desses termos estrangeiros pertencem ao rol daqueles que Sergio Correia da Costa chamava "palavras sem fronteiras", que pertencem a terminologias técnicas e que na forma estrangeira correm mundo em todas ou quase todas as línguas; a nacionalização pode segregar o idioma em face do internacional generalizado.

Na história dos estrangeirismos merecem atenção especial as palavras de torna-viagem, isto é, aquelas que depois de passar por uma língua a outra, retornam à primeira sob a roupagem exótica da 2.ª; aconteceu isso com o português *feitiço*, que passou para o francês *fétiche* e depois foi tomado do francês para o português sob a forma *fetiche*, com o derivado *fetichismo*.

No tempo de Alencar, com vigência até nossos dias, os empréstimos do francês — os galicismos — eram repelidos com veemência por todos os puristas de plantão, portugueses e brasileiros, gramáticos e escritores. O nosso romancista encontrou a razão da rejeição, mostrando a sem-razão do procedimento, antecipando-se de anos à lição exarada pelos filólogos Adolf Noreen e Michel Bréal, segundo a qual esse repúdio continuava dissensões e desavenças políticas entre povos, com as quais, apesar de justas, os estudos linguísticos nada têm ver. Assim os filólogos gregos proscreviam as palavras turcas, como os tchecos as alemãs, os alemães as francesas e os portugueses as francesas, aqui para vingar a invasão de Portugal pelas tropas de Junot. Leia-se o comentário certeiro de Alencar em defesa dos galicismos que ele emprega em suas obras: "Mas a mania do classicismo, que outro nome não lhe cabe, repele a mínima afinidade entre duas línguas irmãs, saídas da mesma origem. Temos nós a culpa do ódio que semearam em Portugal os exércitos de Napoleão?"[2]

Texto publicado no jornal *O Dia*, originalmente em duas partes: 3/10/2010 e 10/10/2010.

Notas

1 COUTINHO, Afrânio. *A polêmica Alencar-Nabuco*. Editora Tempo Brasileiro: 1978, p. 195-196.
2 ALENCAR, José de. *Iracema*, 2.ª ed. Garnier: 1870.

Como uma língua funciona

Helena, que trabalha na área da engenharia, encantada com ciências humanas, nos pede que comentemos como as línguas funcionam. A indagação de nossa leitora nos oferece a oportunidade de dizer algumas coisas de interesse aos consulentes desta nossa seção. Comecemos por lembrar que nosso primeiro gramático, Fernão de Oliveira, já em 1536, afirmava que os homens fazem a língua, e não a língua os homens. Isso nos leva a concluir que uma língua é essencialmente um objeto cultural, conquista da inteligência e labor dos seres humanos. Esse passo nos permite lembrar outra lição de Oliveira, que as línguas são o que os homens fazem dela; isso significa, portanto, que as línguas acompanham os acontecimentos históricos, de glória ou de fracasso por que passam as comunidades que as falam. A língua é patrimônio de cada indivíduo, mas também patrimônio de cada comunidade em que cada indivíduo está inserido. Isso significa que cada indivíduo tem limitado seu poder de criatividade; seu sucesso vai depender de aceitação do grupo a que pertence por que a língua é também um fato social.

O indivíduo, por maior que seja seu prestígio no grupo, não pode passar a chamar *cadeira* o objeto que todos conhecem por *árvore*. Se a moda pega aqui ou acolá, estará logo fadada ao insucesso. Como a sociedade, por mais uniforme e igualitária que seja, se apresenta diversificada em grupos de indivíduos distinguidos pelo grau de instrução, de poder, de atividade profissional, de ascensão social. Por isso uma língua está sempre em mudanças, quase sempre imperceptíveis, mas sempre em mudança dentro daquilo que se chama "equilíbrio instável", porque tem de garantir um mínimo de comunicação entre os seus usuários, entre todos que integram o coletivo social.

Todas essas variedades são linguisticamente válidas: da variedade oral de um usuário analfabeto à variedade oral e escrita de um usuário escolarizado ou de um literato de renome. Karl Vossler, filólogo alemão, disse certa vez que "a mais pequena gotinha idiomática de um vendedor de milagres de praça pública é, em resumidas palavras, tão boa água de Hipocrene como o imenso oceano de um Goethe ou de um Shakespeare" (*Filosofia del lenguaje*).

Adquirir uma língua de um grupo social — na dimensão mínima que pode reduzir-se a uma família ou a uma tribo, ou que pode expandir-se na dimensão maior de um país — significa efetivar um conjunto de saberes que ultrapassam os limites daquilo que costumamos chamar "gramática". Um excelente linguista falecido há pouco, Eugenio Coseriu, distinguia três planos desses saberes: a) o *saber elocucional*, que é o saber falar, articulando física e fisiologicamente o aspecto biológico do falar, bem como, num nível superior, operar as regras elementares do pensar, para falar com congruência; b) o *saber idiomático*, que é conhecer um idioma particular, usando reflexivamente, isto é, um saber fundado e fundamentado, as bases e as regras de sua estruturação e funcionamento; c) *o saber expressivo*, que é saber estruturar discursos, textos, para atender a situações deteminadas. A suficiência manifestada no falar de acordo com esses três saberes é o que chamamos, respectivamente, *normal* e *congruente* (saber elocutivo), *correto* (saber idiomático) e *adequado* (saber expressivo). O maior responsável pelo insucesso ou sucesso parcial no ensino/aprendizagem de um idioma, especificamente o que tem ocorrido com o português, é não ter sido levada em conta essa dimensão dos saberes linguísticos que limita e circunscreve o mestre de sala de aula a um professor de "língua", em vez de ser um professor de "linguagem".

Texto publicado no jornal *O Dia*, em 19/9/2010.

Cuidados na leitura e outras questões de língua

Nosso consulente nos indaga se o novo Acordo unificou as grafias de *salário-mínimo* (signifcando "a pessoa que ganha pouco") e *salário mínimo* (significando "benefício trabalhista"), pois, consultando o *VOLP*, só aí encontrou a palavra com a primeira forma, isto é, com hífen. O *VOLP* nada unificou; continuam as duas formas de grafar, com seus significados diferenciados. Mas a pergunta feita nos oferece a oportunidade de insistir na oposição — nem sempre fácil de se fazer, é verdade — entre vocábulo composto (*salário-mínimo*) e grupo sintático (*salário mínimo*), assunto de que tratamos em nossa coluna de duas semanas atrás. Dizíamos ali que há alguns critérios de distinção, uns menos confiáveis (fonológico, morfológico e sintático), sendo o semântico, aqui referido, o de mais fácil entendimento pelo falante não especialista. O registro do composto é que está na obrigatoriedade de um vocabulário ortográfico, exatamente porque é nele que pode haver alguma dúvida de grafia, como, por exemplo, o emprego do hífen, quando for o caso. Por isso o leitor só viu no *VOLP* o composto *salário-mínimo*. Caberá ao dicionário, quando for necessário no verbete do substantivo, registrar o termo que o modifica no grupo sintático (*salário mínimo*). Portanto, é importante que o leitor saiba ler a informação de um guia ortográfico, como o *VOLP*, e de um dicionário comum. Assim, temos o composto *boia-fria* e o grupo sintático *boia fria*, mas só o primeiro ganha registro no *VOLP*.

Pergunta-nos outro consulente qual a construção correta: "Eu vou para minha casa à noite" ou "Eu vou para minha casa de noite." As preposições *a* e *de* podem-se alternar corretamente nessas locuções adverbiais para expressar o tempo em que um fato acontece.

Ainda sobre emprego de preposições que entram em locuções, consultam-nos alguns leitores sobre a correção de "daqui em diante" e "daqui a diante" (a que acrescentamos "daqui por diante"), como sinônimos de "a partir daqui" ou "a partir de então". Todas essas formas são válidas; a que não entra nesse rol de correção é "daqui adiante", porque o advérbio *daqui*, nesse significado que marca o ponto de partida no tempo ou no espaço, exige a presença de preposição *a*; por isso, *daqui a diante*. Já vimos em outras ocasiões que se devem evitar construções sem essa preposição, modo de dizer e de escrever que se vai erradamente generalizando entre nós: "daqui dois dias" (em vez de "daqui a dois dias"), "daqui uma semana" (por: "daqui a uma semana"), como corretamente só dizemos "daqui a pouco".

Outra consulta diz respeito ao anglicismo *drink*: se foi incorporada a letra *k* ao alfabeto de nossa língua, por que se continua a considerar *drink* como estrangeirismo, aportuguesando-se em *drinque*? Incorporar o *k* ao nosso alfabeto representou um movimento de coerência, uma vez que essa letra, assim como o *y* e o *w*, sempre estiveram presentes em nossos estrangeirismos e em abreviaturas e siglas internacionais em português. Mas tal incorporação de letras para atender a nomes estrangeiros não altera a natureza de sua nacionalidade. Portanto, *drink* é um anglicismo, e *drinque* o seu aportuguesamento.

Texto publicado no jornal *O Dia*, em 23/1/2011.

O idioma português como patrimônio

Nas preocupações da Academia Brasileira de Letras avultam as questões relativas à cultura e à educação do povo e, aí, ganha relevo maior uma competente e bem orientada política da língua portuguesa como fundamento e instrumento da cultura nacional. Se cabem às instituições de ensino o estudo, a pesquisa e a investigação da língua portuguesa em toda a sua dimensão histórica, caberá fundamentalmente à ABL a promoção dos meios e providências necessárias ao cultivo e florescimento da língua escrita padrão ou exemplar, como a entendemos, para efetivar os objetivos traçados pelos fundadores da Casa de Machado de Assis e que estão consagrados, como cláusulas pétreas, no artigo 1.º dos nossos estatutos.

No tocante à cultura da língua nacional, a ABL tem cuidado da questão ortográfica e da elaboração no dicionário. Nesse sentido, a Comissão de Lexicografia, sob a competente presidência do confrade Eduardo Portella, está trabalhando na área de suas atribuições e de projetos paralelos. Há cem anos, quando se fundou a Casa de Machado de Assis, essas atividades eram suficientes. Mas hoje, com o privilegiamento das variedades linguísticas, a ABL está retomando, com medidas e ações efetivas, o compromisso da cultura da língua.

Para tanto, tomamos a iniciativa de propor a criação de uma nova coleção (que já foi aceita) — com o nome de Antônio de Morais Silva, destinada à publicação de obras de real mérito, originais ou reedições, sobre língua portuguesa, bem como um prêmio especial, com o nome de Silva Ramos, atribuído bienalmente a trabalho publicado relativo ao estudo da língua escrita padrão.

Com essas providências, como salientou recentemente o acadêmico e jurista Miguel Reale, a Academia legitima a sua importante posição central no cenário cultural do país.

Na ABL, nós reconhecemos que, com o advento dos estudos linguísticos modernos introduzidos no Brasil no fim da primeira metade do século passado, se vem acentuando, não só nos meios universitários, mas também nas propostas de política do idioma para o ensino fundamental e médio, a ideia redutora de que o objeto de estudo e de atuação gramatical é a chamada língua falada "primária", espontânea e usual, por ser a manifestação natural do falar.

O texto literário dos autores dos séculos XIX e XX foi substituído pelo texto jornalístico, pelas letras de músicas populares, pelas charges e cartuns e pelos textos verbais e não verbais da publicidade comercial. Privilegiou-se o uso, o discurso; deslocou-se também o eixo de preocupação da linguagem humana concretizada na língua para outros códigos de comunicação; saiu-se do sistema linguístico para o plano semiótico; passou-se, então, como seria esperado por natural, a falar mais sobre a língua do que de língua, quer no âmbito das universidades, quer no âmbito de sala de aula para alunos do nível fundamental e médio.

Essa alteração de pedras no tabuleiro do xadrez linguístico veio mexer profundamente em certos princípios em que se assentavam os alicerces didático-pedagógicos da correção idiomática e, por consequência, as metas de política do idioma. O professor de língua, cuja tarefa se caracteriza por um ensino normativo, passa a ser desbancado pelo linguista, que, na qualidade de pesquisador de como a língua funciona e não de como deve funcionar, defende o moto *Deixe o seu idioma em paz*!

Correto em língua é tudo o que é tradição fixada na comunidade, tudo o que é normal e usual em cada membro da comunidade com os outros dessa mesma comunidade. Esse conceito de correção, tanto no léxico como na gramática, tem vigência circunscrita: chamar o fruto da aboboreira de *abóbora* ou *jerimum* tem sua vigência territorial circunscrita ao Sul ou ao Norte e Nordeste do país, respectivamente. E no Sul a vigência da pronúncia *abóbora* está circunscrita ao regime formal, enquanto *abobra* está circunscrita ao regime informal e popular.

Na gramática, "eu *lhe* vi" tem sua vigência no registro informal e popular, pois é a construção eleita para os textos de natureza cultural, social ou científica. Professores e gramáticos puristas continuam a exigir que se escreva e até que se fale no Brasil:

- O livro *de* que eu gosto não estava na biblioteca;
- Vocês vão assistir *a* um filme maravilhoso;
- O garoto *cujo* pai conheci ontem é meu aluno;
- Eles *se* vão lavar / ou vão lavar-*se* naquela pia.

Há dois anos, no cumprimento imperativo de suas disposições estatutárias, a ABL tomou a iniciativa de designar uma comissão constituída de cinco acadêmicos, que se debruçaram carinhosamente sobre o nosso problema linguístico e emitiram um parecer a respeito.

Desse parecer, resultou um documento oficial, talvez um dos raros documentos oficiais já emitidos pela Academia até agora, ao longo dos 107 anos de sua existência, que foi apresentado ao então ministro Cristovam Buarque, da Educação, definindo a sua atual posição na defesa da língua e da literatura nacionais.

Elas são um patrimônio sagrado que, como herança, recebemos dos nossos fundadores e antecessores e que devemos legar, forte e enriquecido, às nossas futuras gerações.

Texto publicado no *Jornal do Brasil*, em 31/8/2005.

Educação linguística às avessas

Não sei se o prezado leitor acompanhou recente noticiário televisivo pelo qual se anunciava que autoridades de ensino de determinada região dos Estados Unidos, tendo chegado à conclusão de que a deficiência escolar patente nos alunos negros se devia à sua insuficiência de conhecimento do inglês *standard* — tanto na gramática quanto no léxico —, resolveram ensinar e admitir nas escolas a modalidade de inglês que acredito seja o que lá se conhece, entre especialistas, por *black english* vernacular. Digo acredito, porque essas notícias culturais passam diante do telespectador como gato por brasas; dá-se preferência a assuntos gerais da política, dos esportes e da vida em sociedade, principalmente fofocas e escândalos do *grand monde*. Mas o noticiário registrou também o repúdio das pessoas entrevistadas sobre o que pensavam da medida; e a reação maior, com muita justiça, partiu dos pretos, alegando que eram pessoas normais, que queriam aprender o inglês padrão e que tinham os dotes intelectuais e culturais para consegui-lo, do que, aliás, dão prova vários segmentos da sociedade norte-americana, em todos os ramos das artes, das ciências e dos esportes.

Está claro que compreendemos todos o alcance da intenção da medida, à primeira vista extremamente correta. Mas a verdade é que, longe de ser uma medida democrática por intentar evitar os prejuízos da deficiência escolar, nivelando por baixo e permitindo que os alunos nessas circunstâncias desfavoráveis não deixem de concluir seus estudos e, diploma na mão, possam ingressar no mercado de trabalho, está causando mais mal do que bem. Pura ilusão e medida altamente antidemocrática! Facilitando o caminho e retirando da estrada os naturais obstáculos que a maioria dos alunos, pretos e brancos, enfrenta na lide dos bancos escolares, cria uma tênue expectativa de poder competir na luta por um posto no mercado da vida. Luta quase sempre inglória, porque o cabedal de preparo com que o aluno saiu da escola não lhe é suficiente e eficaz para corresponder às exigências que a competição exige dele. E é nesse momento que o aluno se conscientiza de que a escola lhe deu muito pouco, porque muito pouco lhe exigiu a ele aluno, e ele a ela escola.

A ponta do *iceberg* da crise fica sempre à vista na deficiência da língua materna; mas a verdade é que, atrás do idioma, aparece a deficiência em quase todos os horizontes do currículo escolar.

As razões desse triste quadro são muitas e complexas; porém para ela concorreu muito a inexistência, por muito tempo, do que hoje se costuma chamar "vontade política" da educação, permitindo o esvaziamento dos quadros de magistério com a ausência de jovens inteligentes e preparados, capazes de garantir o antigo grau de excelência da escola secundária. Há exceções, sim, mas só vêm confirmar a regra. Sem os incentivos de uma carreira de magistério decente e compatível com a função e a importância do professor na sociedade, com os irrisórios salários que envergonham qualquer estatística, a educação entre nós perdeu, por enquanto, o trem da história. E não se pode tentar recuperar o imenso tempo perdido com somente medidas ou discutíveis (como a promoção automática, a recuperação em dois meses do que não se aprendeu durante o ano letivo, etc), ou de eficácia a meio caminho (como a farta distribuição de livros onde faltam bastantes professores, preparados e estimulados ao bom combate).

Se se quer melhorar a cultura do país não se há de pensar como político, mas como estadista, sem esperar que a medida surta efeito em próxima eleição; porque educação é dessas coisas que uma geração planta hoje para só os netos colherem os frutos sazonados. E não é trabalho só dos governos nem só da escola; é trabalho em que se deve empenhar toda a sociedade, com todas as suas agências de cultura, se não quiser ser engolida ela própria pela barbárie.

Em matéria de língua portuguesa, não se recomenda ainda o *black portuguese* vernacular, mas algo muito parecido pela ineficácia cultural: a língua viva do povo. Além da ineficácia cultural, ela não precisa ser ensinada: o aluno já é falante competente nela. O que a escola tem por missão é, não desprezando esse patrimônio linguístico importante para o trato diário da convivência entre os iguais, acrescentar-lhe o patrimônio da língua de cultura, o veículo exclusivo de intercâmbio em situações especiais de expressão do discurso literário, científico, artístico, religioso, comercial, administrativo, burocrático, isto é, nas situações em que a pessoa ultrapassa os limites dos iguais para atingir os limites do mundo. Educar é justamente guiar para fora dos angustos limites da pessoa humana.

Os antigos tinham dessa língua de cultura — que não é toda a realidade de uma língua — perfeita noção de onde ela poderia ser aprendida. O nosso primeiro gramático, Fernão de Oliveira, já em 1536, dizia: "[...] para ser entendida (a língua) há de ser a mais acostumada antre os milhores dela; e os milhores da língua são os que mais leram e viram e viveram continoando mais entre primores, sisudos e assentados e não amigos de muita mudança".[1]

Hoje o que se pratica? Sob a alegação, correta em tese, mas falsa quando mal entendida, de que "o professor deve chegar ao aluno", fala-se exclusivamente e se permite escrever também exclusivamente na língua espontânea do povo. Ensina-se esta modalidade popular, que o aluno já sabe, e se deixa de ensinar aquilo de que ele vai amanhã precisar. Com a ideia de chegar até o aluno, essa prática pedagógica não estimula que o aluno percorra o caminho inverso: chegar ao professor, e não só o professor a ele.

Alega-se que tal procedimento normativo cerceia a "liberdade" do aluno, impondo-se-lhe "a língua da classe dominante". Essa alegação, ideológica e não idiomática, desconhece ou, o que é pior porque consciente, finge desconhecer que não se trata nem de imposição, nem de classe dominante. É uma contingência da própria historicidade do homem, da sua convivência com os outros, e o modelo a seguir, não é a língua da Corte — como dizia Fernão de Oliveira no seu tempo — mas a língua dos que falam melhor.

Texto publicado no *Jornal do Brasil*, em 16/2/2005.

Nota

1   OLIVEIRA, Fernão de. *A Gramática da linguagem portuguesa*, edição crítica, semidiplomática e anastátia. Organização de Amadeus Torres e Carlos Assunção, com estudo introdutório de Eugenio Coseriu. Lisboa, Academia de Ciências de Lisboa: 2000, cap. 38.

A língua exemplar

Sempre se ouviu o conselho de que se aprende a escrever bem lendo os bons escritores.

Escrever bem pode significar escrever com bom estilo (isto é, com clareza, eficiência, concisão, adequação e certa elegância) e escrever com boa gramática. É nessa segunda acepção que se insere a língua exemplar, e é, portanto, disso que trataremos neste artigo.

Todos os professores responsáveis por esta seção já tivemos oportunidade de assinalar que uma língua a serviço de uma comunicação entre os indivíduos dessa comunidade nunca está em repouso, mas sempre se acha num equilíbrio instável, que lhe garante ser instrumento de comunicação entre os indivíduos dessa comunidade. A feição oral da língua se caracteriza por sua maior instabilidade, razão por que se modifica mais rapidamente. Percebe-se isso nas diferenças que se notam, especialmente na fonologia (os sons distintivos das palavras, isto é, nos fonemas) e no léxico (nas palavras e seus significados), e um pouco menos na sintaxe. Já na morfologia (e aí repousa a alma da língua, a sua forma) as modificações são mínimas: repare-se que não se criam novas conjunções nem novas formas de plural nem novas palavras gramaticais (artigos, pronomes, preposições, etc.).

Já a feição escrita da língua é mais comedida nas suas mudanças, é mais lenta, está sempre mais atrasada nas alterações que já correm vitoriosas na língua oral. Por isso tem sido a feição ideal como instrumento e veículo de intercomunicação entre os indivíduos de uma mesma comunidade temporal (o de nossos tempos, por exemplo), mas ainda instrumento e veículo de intercomunicação entre os indivíduos de comunidades distantes no tempo (por exemplo, podemos ler com certa facilidade Fernão Lopes, que floresceu na primeira metade do século XV; com muito mais facilidade lemos Camões e Vieira, dos séculos XVI e XVII, respectivamente; e daí por diante a língua escrita, com pouquíssima variação, é na essência a de nossos dias).

As modas literárias que, por vezes, assaltam a língua escrita, como todas as modas, gozam de um pequeno momento de prestígio — principalmente na fase inicial —, mas depois se dobram ao peso do equilíbrio e passam a marchar, como meninos comportados, acertando o passo com a tradição. Os modernistas — e certos modernosos de hoje conhecerão a sua vez — começaram incendiários e terminaram bombeiros. Como bem disse João Ribeiro, intelectual a quem não se pode atribuir a qualidade de submissso. Mas vencida essa crise de crescimento, se não se quer ser infante toda a vida, não há outro endereço mais que o do amor e respeito aos modelos eternos da linguagem.[1]

Além da diversidade temporal, as línguas conhecem a diversidade espacial, os chamados dialetos, que, às vezes, dentro de uma mesma língua histórica (veja-se, por exemplo, o caso do italiano), apresentam diferenças tão profundas quanto as que separam duas línguas históricas, como o português e o espanhol ou o inglês e o alemão.

Assim é que, para se ter um instrumento de comunicação que reflita a unidade nacional, os diversos dialetos se pautam por um modelo para chegar a uma língua comum. Elege-se uma variedade dialetal que apresenta, em determinada quadra da vida nacional, condições culturais e políticas ideais, e é em torno desse modelo que — com a contribuição de outras variedades com maior ou menor grau — floresce o que se chama língua comum, que passa a ter a mesma denominação da língua histórica: o toscano florentino se chama língua italiana; o franciano de Paris passa à língua francesa; o interamnense se denomina língua portuguesa.

Agora, dentro da língua comum que, como vimos, é uma realidade supradialetal, nasce uma língua exemplar, de inspiração eminentemente cultural, que elege um somatório de usos considerados padrões da comunicação culta, em especial, da modalidade escrita. Nasce, dessa maneira, a língua exemplar, que é uma língua comum idealmente criada dentro da língua comum, já que essa língua exemplar paira sobre, como a língua comum às variedades dialetais.

Eugenio Coseriu, que tem tratado magnificamente bem desse tema, chama a atenção para a confusão que se faz, mesmo entre os especialistas, entre uso correto e uso exemplar. Todo falar, do analfabeto ao letrado, tem o seu padrão de correção, que é o padrão de normalidade de cada comunidade ou de cada fração de uma comunidade. Há variedades em que o normal (porque todos desse nível dizem assim) é *sastisfeito, framengo*, o *povo foram*, etc. Quem diz diferente desse grupo destoa. A confusão, portanto, restringe o conceito de exemplaridade ao conceito de correção. Conforme a lição de Coseriu, a exemplaridade de um modo de falar não é intrínseca (como o é a correção), mas depende de uma situação histórica e, afinal, de um ato prático de eleição. É uma língua exemplar mais uniforme do que a língua comum porque se normaliza intencionalmente, como fruto da educação e da cultura. Assim é que não basta ler um bom autor; é preciso que se leia na quadra da maturidade do seu saber linguístico, livre de certos usos que a tradição culta lhe ensinou a rejeitar. Machado de Assis e Camilo Castelo Branco também já usaram construções como *houveram fatos, deu dez horas, fazem três dias*, dislates de que depois se corrigiram.

A língua portuguesa, como toda língua, apresenta fases históricas que se delimitam pela soma de atos linguísticos comuns, especialmente fonológicos e gramaticais, compreendendo-se por estes últimos a morfologia e a sintaxe.

Hoje há várias propostas de divisão das fases históricas do português; sem desmerecer nenhuma, pois sabemos que todas elas são passíveis de críticas, já que os fatos linguísticos não têm, em geral, nem data de nascimento, nem de mudança, nem de morte, e até porque não se pode dizer que um fato nasceu ou desapareceu em toda a extensão temporal, espacial, social e estilística de uma língua histórica, sem desmerecer as outras propostas — dizíamos —, vamos aqui utilizar a nossa para entreter o leitor com as informações que este artigo se propõe comentar.

Dividimos o percurso histórico do português escrito (falado já o devia ser havia muito) até nossos dias em quatro fases: português arcaico (século XIII ao XIV);

português arcaico-médio (século XV até a 1.ª metade do século XVI); português moderno ou clássico (2.ª metade do século XVI até final do século XVII ou primeiros anos do século XVIII); português contemporâneo (século XVIII aos nossos dias).

O marco do século XIII como data do início dos documentos escritos em galego-português mais antigos de que temos até agora conhecimento é relativamente recente. Em 1957, graças inicialmente às pesquisas do padre Avelino de Jesus da Costa, e depois do professor Luís Filipe Lindley Cintra, ficou patente que os dois documentos até então apontados como os mais antigos — o *Auto de partilha* e o *Testamento de Elvira Sánchez*, ambos provenientes do Mosteiro de Vairão e datados de 1192 o primeiro e 1193 o segundo, tinham sido inicialmente redigidos em latim e os textos que chegaram até nós representam traduções de finais do século XIII, não marcando assim o início da língua escrita portuguesa. Destarte, consideram-se hoje os documentos mais antigos e marcos do início de nossa língua escrita a *Notícia de torto* (1214-1216) e o *Testemunho de D. Afonso* (1214), o que vale dizer, o século XIII, que assinalamos no início.

Antes de prosseguirmos, é oportuno acrescentar que o assunto da "*Notícia de torto*" é minucioso relato de uma série de violências, roubos e vexames que D. Lourenço Fernandes da Cunha sofreu, durante anos, dos filhos de Gonçalo Ramires e de outras pessoas, contra o seu patrimônio. O documento é assim conhecido porque as suas três primeiras palavras são "Notícia de torto", sabendo-se que o substantivo torto significava "injustiça", "dano", "agravo", "malfeitoria".

Das fases históricas apontadas, a língua exemplar dos nossos dias tem suas raízes no português contemporâneo, isto é, nos primeiros anos do século XVIII. Nessa fase linguística é que se assentam ou que se deveriam assentar as seleções de fatos idiomáticos correntes entre os melhores escritores e aqueles que atendem à tradição culta do português, que servem de modelos para a língua exemplar dos nossos dias.

Todavia a recomendação seguida é que se tomem por modelos os escritores dos dois últimos séculos, isto é, a partir do século XIX. A motivação deve ter sido de ordem estético-literária ou política, mas não de ordem linguística. Explicamo-nos: de ordem estético-literária, porque o arcadismo ou neoclassicismo, que floresceu no século XVIII em Portugal e no Brasil, pretendeu a reabilitação da expressão e espírito clássicos do século XVI, que o romantismo procurou contradizer. O fator político estaria determinado porque o século XIX coincide com o momento da nossa independência dos laços governamentais de Portugal, com o motivo adicional, também, do esforço de literatos brasileiros de criar uma literatura tipicamente nacional. Como disse Clóvis Monteiro, a literatura brasileira do século XIX, "fugindo, às vezes ostensivamente, à imitação da literatura portuguesa, começou a exprimir de algum modo, o espírito nacional".[2]

Se as duas motivações justificavam a opção pelo século XIX, do ponto de vista linguístico a escolha do século XVIII não destoaria dos fatos levantados como padrões da língua exemplar para os nossos dias. Afora isso, a não inclusão do século XVIII estaria abrindo mão da produção literária de muito bom nível, tanto de portugueses, como Antônio Diniz da Cruz e Silva, Correia Garção, Bocage, Filinto Elísio, Reis Quita, Marquesa de Alorna, quanto de brasileiros, como Cláudio

Manuel da Costa, Tomás Antônio Gonzaga (apesar de nascido em Portugal), Silva Alvarenga, Basílio da Gama, Santa Rita Durão.

Esse movimento nacionalista deu um passo à frente, já no final do século XIX e início do XX, tentando substituir a denominação *língua portuguesa* para a língua que falamos e escrevemos no Brasil. A denominação *língua brasileira*, proposta por políticos e intelectuais mais açodados (por exemplo, o visconde de Pedra Branca, em 1826), não conseguiu o apoio e o aplauso dos linguistas, filólogos, gramáticos e escritores mais representativos entre nós. Optou-se, então pela denominação *língua nacional*, alteração que acabou frustrada. A decisão não era original, porque acontecia com o português no Brasil o que ocorria com o espanhol no México e na Argentina, dois países hispano-americanos mais ciosos do falar local, e com o inglês nos Estados Unidos. Amado Alonso escreveu um livro muito bem fundamentado sobre o assunto, em relação ao espanhol, lembrando também o caso do inglês nos Estados Unidos e do português no Brasil: *Castellano, español, idioma nacional, historia espiritual* de *tres nombres*.

Como o modelo exemplar de língua pode, com o tempo e a adesão das pessoas de cultura, conhecer mudanças, torna-se imperioso que a sociedade conte com uma agremiação que congregue especialistas para examinar as mudanças linguísticas e se pronunciar favorável ou desfavoravelmente sobre elas. A Academia Brasileira de Letras, regimentalmente, seria esse órgão, mas lhe tem faltado avançar nesse sentido. Existe entre nós a Academia Brasileira de Filologia, a quem poderia competir tal tarefa, mas lhe falta o amparo legal, apesar dos seus quase sessenta anos de existência e de seus trabalhos em prol dos estudos linguísticos, filológicos e gramaticais entre nós.

Mais eficientes nessa tarefa se têm mostrado a Academia Espanhola, a Academia Italiana e a Academia Francesa, entre outras, por congregarem a nata dos especialistas, trabalho que se reflete nas obras de maior vulto, seus dicionários, suas gramáticas e suas numerosas publicações especializadas. Por solicitação e apoio dos governos — e o prestígio da sociedade culta — foi possível a 1.ª edição (e as sucessivas edições) do *Dicionário da Accademia della Crusca*, em 1612, do *Dicionário das Autoridades*, para o espanhol, em 1726, e o tricentenário *Dicionário da Academia Francesa*, ímpar entre todos, em 1694, hoje na nona edição. São exemplos e realizações que não nos permitem deixar de reclamar das instituições governamentais sua inércia, sua apatia, sua ausência em atividades desse alcance cultural e social.

Texto publicado no jornal *Mundo Português* e na revista *Na Ponta da Língua*, originalmente em três partes: 14/1/1999, 21/1/1999 e 24/1/1999.

Notas

1   RIBEIRO, João. *Páginas de estética*, 2.ª ed., Editora Clássica: 1905, p. 108.
2   MONTEIRO, Clóvis. *Nova antologia brasileira*, F. Briguiet: 1960, p. 7.

DIREÇÃO EDITORIAL
Daniele Cajueiro

EDITORA RESPONSÁVEL
Janaína Senna

PRODUÇÃO EDITORIAL
Adriana Torres
Laiane Flores
Adriano Barros

REVISÃO
Fatima Maciel
Rita Godoy
Alvanisio Damaceno

DIAGRAMAÇÃO
Ranna Studio

Este livro foi impresso em 2022
para a Nova Fronteira.